BANZHURENZHUANYEHUA
PEIXUNCONGSHU

班主任专业化
培训丛书

U0889606

做专业化班主任的100个怎么办

ZUOZHUANYEHUABANZHURENDE
YIBAIGEZENMEBAN

杨连山 著

天津出版传媒集团
天津教育出版社
TIANJIN EDUCATION PRESS

图书在版编目(CIP)数据

做专业化班主任的 100 个怎么办 / 杨连山著.
—天津:天津教育出版社,2013.9
ISBN 978-7-5309-7385-1

Ⅰ. ①做… Ⅱ. ①杨… Ⅲ. ①中小学—班主任工作
Ⅳ. ①G635.16

中国版本图书馆 CIP 数据核字(2013)第 232004 号

做专业化班主任的 100 个怎么办

出版人　胡振泰

作　　者　杨连山
选题策划　耿学明
责任编辑　谢　芳
封面设计　郭亚非

出版发行　天津出版传媒集团
　　　　　天津教育出版社
　　　　　天津市和平区西康路 35 号　邮政编码:300051
　　　　　http://www.tjeph.com.cn
印　　刷　唐山天意印刷有限责任公司
版　　次　2014 年 1 月第 1 版
印　　次　2014 年 1 月第 1 次印刷
规　　格　16 开(787×1092 毫米)
字　　数　300 千字
印　　张　19.75

定　　价　35.00 元

前言

《班主任的100个怎么办》经江苏教育出版社出版后，立即得到了教育界的关注。有学者在《中国教育报》上撰文，以《带着魅力做班主任》为题对此书进行了深刻的评述和解读，此书被《中国教育报》列入教师暑期阅读推荐书目，不少中小学的"教师专业阅读书架"上此书都赫然在目。这无疑是对作者的巨大鼓舞，但是，这本书在写作时，将读者对象基本定位在初当班主任的年轻教师。因此，在理论阐述和策略建议上更适合处在"适应期"的班主任阅读。未曾过多考虑处在"成熟期"和"骨干期"的班主任的期许和要求。这也是我写《做专业化班主任的100个怎么办》的宿愿。于是从2008年开始，我就列出了班主任们关注的一些工作难题180多个，向一些优秀班主任们征求意见，得到了热烈的响应和支持，不仅对这些题的内涵及表述方式提出了宝贵的建议，而且又提供了30多个热点选题，经过近两年的反复修订，确定了本书的基本体系，并于2010年初着手写作。2012年10月完稿，经过通读修改后，于2012年12月，请天津市十佳班主任中营小学王振刚、民族中学张昊、宝坻四中张国良，2011年天津教育十大年度人物优秀班主任、北闸口中学孙艳红，天津市河西区德育研究室副主任、特级教师么青分别对本书五个部分进行审校。经过大家的努力，现将本书呈现给广大班主任，希望她能成为广大班主任专业成长和做好班主任工作的助手，也诚恳地盼望您对本书提出批评指正。在此，除了对本书在写作过程中所有给予帮助的朋友们表示谢忱之外，对参加本书写作的王振刚（22题）、侯淑君、卢太金（28题）、温伟平（42题）、管志伟、卢小茹（43题）、杨照（49、60题）、胡化清（50题）、刘继仑（68题）、陈维义（59、61、63题）、徐红红（75题）、曹荣年（77题）、王如宏（82题）、吴卫（99题）等也借此一并表示感谢。

杨连山

2013年3月于天津华苑

目录

自我完善

治班方略

呵护心灵

德育心语

艺术方舟

自我完善

既然选择了教师职业，就要把塑造自身完美人格、走专业化的道路作为一生不懈的追求。这种追求是在不断应对挑战、战胜挫折的过程中实现的。

——题记

1. 做有教育信仰的班主任该怎么办

朱自清在他的《教育的信仰》一文中说："教育者须对于教育有信仰心，如宗教徒对他的上帝一样……假如教育者不对教育事业心存敬仰，而是将其看作名利的阶梯，忙于钻营和应酬，那么他就体会不到教育的信仰，就会在职业的艰难、苦恼和社会上出现的浮躁和功利的冲击时，不能矢志不渝地坚守住自己神圣的岗位；有了教育的信仰，才能够不受外物的诱惑、才能摆脱虚荣，体会到这一崇高事业所带来的成就感和幸福感，否则，可能教出同样把教育看作'阶梯'的学生。"这些充满哲理的语言，一定会使我们的灵魂受到震撼和洗礼。

许多优秀班主任的事迹已经证明，有了教育的信仰，就会抵御世俗的惑乱，不去追求物质生活的享受，而重视精神生命的升华，就能做到得意不忘形，失意不悲观，如孟子所说的"贫贱不能移"；有了教育的信仰，就会在挫折面前，披荆斩棘，激情满满地在挑战挫折的同时，更能战胜自己的懦弱，一直战斗在为中华民族伟大复兴奠基的教育岗位上；有了教育的信仰，就能够认真学习《中华人民共和国教师法》、《关于进一步加强中小学班主任工作的意见》等法律法规，明确班主任工作的地位和作用，及其对推动素质教育的意义。教育信仰不仅是班主任专业素养的灵魂，也是班主任形成教育激情的动力。

教师从事班主任工作要有动力、能力和精力。缺乏动力不愿干、缺乏能力不会干、缺乏精力不能干。这三者之间动力是关键。动力是什么？就是教育信仰。教育信仰是班主任的职业理想与信念、事业心与责任感、坚强的意志品质的总和。它既是班主任专业素养的核心，也是形成其他素养的动力。愿意长期从事神圣的班主任工作，而且能够克服一切困难把工作做好。

班主任行为动机形成的心理因素很多，最重要的是教育信仰，亦即人坚持某种认识和选择的正确性，并经常用来支配自己行动的个性倾向。信仰以理想信念为核心，以师爱为表征，集中反映在班主任的认知、情感、意志、态度和价值观上，反映着教师的立场，支配着教师的行动，满怀激情走班主任专业化道路。无数优秀教师和班主任也都在用自己的行动践行自己的教育信仰。

斯霞老师墓碑上深深地镌刻着她的一句名言："我为做一辈子小学教师而自豪。"这句虽然极其朴实却振聋发聩的话，集中体现了她对教育的大爱，也诠释了教育信仰的丰富内涵，激励着所有的教师们。

"一辈子做班主任，一辈子学做班主任。"这是全国教师楷模于漪老师的一句朴实又感人的名言。这是于老师教育信仰的深刻写照。语文教育家张志公先生称她是"着了魔"，而学生们却说：于老师对教育有着"宗教般的虔诚"。正因为她对教育怀有崇高的信仰，才形成了闪烁着教育智慧与人格魅力的教育风格和教育思想。于漪老师之所以成为人们崇敬、爱戴的教育家，即取决于她的教育信仰。

于漪老师这位颇具影响力的教育家，战胜了许多艰难险阻，甚至闯过生命险关而对教育研究之路终生无悔地热情追求，建筑起被称为教育家的人格长城。她在教育教学研究上的知名度与她身上折射出的知识分子的品行和情怀，一直被广大教师们称道。任何挫折，都没有让她放弃一辈子教书育人的理想和信念。最终以扎实的功底，鲜明的学术风格和富有感染力的精神气质，成为教育界的一位大家，一棵不断抽枝展叶的常青树，成就了她享受终生的职业幸福。我们广大教师和班主任就应以她为榜样，长期历练，做一个有教育信仰的优秀班主任。

做班主任是应该具有信仰的，没有信仰，就没有教育家，就没有名师，真正有教育信仰的人，不仅有理想、有追求，而且能在理想与现实之间找到实现理想的现实路径。班主任岗位的专业性，这种具有生命价值的神圣的专业性岗位，足以让我们用不懈的努力和自己的智慧，履行好班主任职责，完成好班主任应承担的历史使命，为学生的终身发展和一生幸福奠定基础，为祖国的伟大复兴培养有用人才。

我们要实现专业成长也需要信仰的力量,信仰好比灯塔,能给黑夜里海上航行的水手照亮前进的路,能使我们班主任始终坚守一种纯净和崇高。不管在实践中遇到什么曲折和困难,都能从容应对,赢得胜利。

一个班主任能把师德规范融进自己的心中,并将其变成自觉的行为,就逐步形成了教育信仰。

天津市北辰区宜兴埠一小模范班主任李广鹏在总结他的成长时说:我们班主任要“咬定青山不放松”,肩扛管理班级、教书育人的神圣职责。要从“昨夜西风凋碧树,独上高楼,望断天涯路”式的明确方向,到“衣带渐宽终不悔,为伊消得人憔悴”式的执著追求,最后到“众里寻她千百度,蓦然回首,那人却在灯火阑珊处”式的终有所获,经过不断总结、不断超越,才能逐步成长起来。而且他一直以“一身正气”廉洁从教,“一腔热情”热爱学生,“一视同仁”,做到平等、一马当先,做学生的表率和榜样、“一手绝活”、严格修炼。正因为他对教育有一种虔诚,才能使他有动力向高素质的方向发展。

班主任工作可能会遇到许多麻烦,也不可能没有烦恼,但烦恼皆由心生,心情平静下来,烦恼就会一扫而空。自身道德修炼也就跃上一个新的台阶。班主任应用自己的智慧看清前边的路,分析利弊,选准方向一直走下去,就会明白“脚比路远”的道理和教育信仰比什么都重要这一真理。要用自己脚踏实地的努力践行自己深爱的工作,实现自己的人生目标。

许多优秀班主任跟我表达过这样的观点:我们一辈子站在讲台上,默默地耕耘,吃着粉笔灰,过着平凡而清苦的生活,一个个都如同奔跑在教育的马拉松跑道上,跑完全程所用的时间可能是漫长的三十多年,这是经历八届奥运会的时间啊!可是,也许最终我们连一块奖牌也拿不到,但我们一直无怨无悔地坚持着,没有豪言壮语,没有惊天地泣鬼神的业绩,但我们坚持着、坚持着,把一代一代的莘莘学子送上国家有用的岗位,而自得其乐。每每听到这些话,我们无不为之动容。正是有这种教育信仰支撑,我们教育战线上才有了层出不穷的优秀教师和优秀班主任!

2. 不知如何进行人格修养怎么办

班主任的根本任务是教书育人、管理育人和服务育人。培养学生成为德、智、体全面发展的建设者和接班人是育人目标。育人目标是通过班主任对学生的传道、授业、解惑的教育过程来实现的。班主任是学生心目中的“圣灵”。再任性的学生,不听家长的话、大人的话,唯有听教师特别是班主任的话。班主任平时说话的一招一式,学生都会刻意模仿。所以,班主任的人格修养和业务素养,潜移默化地影响学生。要实现育人目标,培养一代高素质的人才,就必须有一支具有良好人格修养的班主任队伍。

班主任的人格,是指其信仰、情操、价值观、气质、风度、兴趣和习惯等的总和,是其所具有的综合的心理特征和教育能力以及育人魅力的集中体现。

班主任在人格方面应怎样加强修养呢?这里仅从道德方面提点建议。

一、修炼爱国主义道德情操

爱国主义是中华民族的灵魂,是民族情感的源泉,是教师特别是班主任高尚的道德信仰和情操。只有一个具有爱国主义情操的班主任,才会具有坚实的教育事业心和责任感,才会以满腔的爱国热忱来教育学生、影响学生,塑造热爱社会主义祖国的一代新人。

当前,在建设有中国特色社会主义的新的历史阶段,由于市场经济体制的转轨,加上改革开放所带来的外来文化道德观念的冲击,使教师的道德观念也受到影响。有的民族自尊心减弱,自豪感不强,自信心不足,甚至出现信仰不坚、道德滑坡;有的弃教从商(某地区调查显示在教师地位提高、工资待遇大幅增长的情况下仍有近50%的教师不安心工作);有的远嫁海外;有的在课堂上有意无意地宣扬中国不如外国的思想。这对培养一代新人是极为不利的,一个缺乏爱国主义情操的教师,怎么能培养出爱国人才?所以,班主任更应加强爱国主义的人格修养。这是班主任自身修养所必需的,也是培养德、智、体全面发展的建设者和接班人所必需的。

为了修炼爱国主义情操,我们要认真学习李四光、华罗庚、钱伟长等老一辈学者的高尚爱国情操。他们毅然放弃在国外的优厚待遇,报效祖国,发扬了高尚的爱国情操和民族的优秀传统精神。他们是我们的楷模。我们要以教师队伍中无数的道德楷模为榜样,学习他们对教育使命宗教般的虔诚,甘当人梯的奉献精神,为培育具有爱国主义的栋梁之材而尽心尽力。我们还在教师中开展“爱国情操事迹报告会”,经常学习先进人物的爱国事迹、听他们的专题报告,提高自己的政治觉悟,增强报效祖国的事业心和责任感。

二、修炼真善美的道德心灵

注重和追求“至善至美”的人格修养，是中华民族教师的传统美德，班主任只有具备“真、善、美”的心灵，才能在市场经济复杂的环境中对学生的道德情操的形成起一定的导向作用。如果班主任能够坚持真理、修正错误，就能教出求真的学生。正如陶行知所说教育目的是“千教万教，教人求真”。如果班主任心地善良，具有同情心、仁爱心，学生也会心中有他人，做到与人为善；如果班主任重视心灵美的修炼，做到语言美、行为美、仪表美，也就不会有心灵龌龊、语言粗俗、行为恶劣的学生。这就是以心灵感染心灵的道理。中国的教育先祖孔子，非常重视自身道德修养，他要求学生成为“圣人贤才”，自己首先就要是个道德完善的人。我们后辈必须继承这种教诲，要想学生成为心灵美的人，教师必须加强人格修养，成为具有“真善美”心灵的班主任。

三、修炼无私奉献的道德情怀

无私奉献精神是中华民族的传统美德，也是衡量一个人道德水准的尺度。全心全意为人民服务，尽心尽力教书育人是班主任无私奉献精神的体现，也是衡量师德修养的基本尺度。当前我国正处在由计划经济向市场经济转轨的历史时期，教育这个“圣殿”也受到功利主义的冲击，出现了教育畸形发展的现象。所以，在市场经济条件下，班主任应正确处理应尽义务和雇佣、无私奉献和金钱补偿的关系，崇尚无私奉献的道德情怀。

我们崇尚教育的无私奉献精神，对具有这种情怀的班主任，我国每年都要评出一批道德楷模，宣传他们的先进事迹，倡导他们的精神。这已经形成了强大的社会舆论氛围。许多优秀教师、道德楷模，已经给我们树立了鲜明的榜样，我们要像他们那样，默默地在教育这块园地里耕耘，一生奉献教育，一生奉献给学生。

四、修炼严于律己的道德习惯

中华民族历来崇尚言行一致的教育美德，而班主任言行一致，严以律己，能在学生中起到无形的教育威慑作用。中小学生尽管年岁不大，但分辨是非、好坏、善恶的能力还是初步具备的。他们对教师夸夸其谈、言不由衷会表示不满，他们对严以律己的教师会表示赞赏并默默地学习。班主任清早率先到校，打扫教室、准备教具、迎接学生上学，这个班学生多半勤学、很少迟到；班主任讲究礼仪、举止文明、谈吐高雅,学生多半彬彬有礼。班主任书写端正,一丝不苟,学生作业多半卷面整洁,字迹清秀。要学生做到的自己先做到,班主任对学生的承诺,能不折不扣地兑现,学生也多半“言行一致”。这就是身教重于言教的道理。

我们要求教师养成严以律己的良好道德习惯,特别是青年教师较多的学校更要重视。这是一种校风,也是一种教风。学校多数教师能严格要求自己,其文明程度必然高。因此,每个教师特别是班主任必须在一丝不苟履行职责的过程中严格要求自己,处处以身作则,以良好的行为习惯为学生做表率。

五、修炼崇尚礼仪的道德风尚

对班主任来说重礼仪是爱生最直接的表现,讲礼仪就能建立平等、民主、和谐、融洽的师生关系。班主任的礼仪美是其道德美的外在表现。班主任的道德美,集中体现在对学生的信任和尊重上。这种尊重最具体的表现,就是热爱学生,关心学生的成长。这是为师的最基本品格。高尚的美德,是教师职业的生命和本质特征。

所以,我们要认真学习《中小学职业道德规范》和《中(小、幼)教师专业标准》,以此为标准,严格修炼,做学生的道德模范。

班主任讲礼仪的目的,还在于使学生学会敬重别人,善于和人相处,增强与人交往的能力。班主任注重礼仪,就是为学生良好的礼仪习惯和社会交往能力提供道德示范。

3. 要成为受学生崇拜的班主任怎么办

班主任在师德修养上追求的目标是什么?说到底就是做一个让学生崇拜的人。达到这个目标应该从以下几个方面做出不懈的努力。

一、既要有崇高的理想,更要有坚定的信念

班主任专业化是基于理想与信念的专业化。理想是对岗位选择和事业成就的向往,任何一种职业的从业人员,要想做好本职工作,必须树立自己的专业理想,这是班主任做好本职工作和提高专业素养的精神支柱和力量源泉。班主任追求的师德目标就是成为学生崇拜的有较高专业素养和专业精神的学生心目中

的“好老师”，要实现这种理想，关键是把《中小学教师职业道德规范》（下简称《规范》）真正融入自己的思想，成为自己的行动指南。

信念可以理解为确信的观点和看法，即坚信某种认识、专业选择的正确性，并经常用来支配自己行动的个性倾向性，使某种动机居于主导地位的动力因素。信念以理想为核心，是观念、情感、意志的合金。班主任的专业的信念，即《规范》第一条所说的“爱国守法”，做到热爱人民，拥护中国共产党的领导、拥护社会主义，全面贯彻国家的教育方针，自觉遵守教育法律法规。

理想与信念的结合像灯塔照耀着班主任工作的方向，激励着班主任奋勇前进，引领着班主任走专业化的道路。几年前，一位在学校工作的青年教师，在面对当教师有什么发展的置疑时，他用“人不重我我自重，我看教师最光荣。若无教师费心血，你我才学尽是空”这首诗做了强有力的回答，足见这位老师坚定的教育信念。理想与信念来自于对教育事业的忠诚，对学生的关爱。正如孔子所说：“爱之能勿劳乎，忠焉能勿诲乎？”

二、既要做经师，更要做人师

班主任的职责是教书育人、管理育人、服务育人，必须把《规范》要求融入自己的思想，变为自觉的行动。《规范》第四条明确要求教师要教书育人。教书就要有学问，做好经师；育人就要有高尚人格，做好人师。自古以来就有“经师易得，人师难求”的说法。可见，做人师，教学生做人，比做经师，教学生知识更重要，也更难。做经师要求班主任要终身学习，学而不厌，使自己成为具有渊博知识和专业技能的人。在学生心目中知识渊博、满腹经纶、见解独到、循循善诱、诲人不倦、因材施教是班主任最大的特征。这样的班主任就会使学生油然而生敬意。做人师要求班主任要不断提高人格修养，成为人格高尚的人。人格是无声的命令、无形的感召、无穷的动力，记得苏联心理学家赞科夫曾说过一个例子：一次，一批女中学生找到校长告状，说一位女教师总把她们喊做“丫头们”，认为这样称呼对她们是一种侮辱。校长觉得奇怪，因为自己有时也这样称呼她们，而自己的年龄和女教师一般大。女学生这样解释说：“这是另一回事，您可以这样称呼我们，我们对您绝不生气，可是她，没有这个权利。”校长追问为什么，是不是因为自己是校长，担任了领导职务，就可以得到她们的原谅。女学生们回答：“不，问题并不在于您是校长，而在于您可以像母亲那样……您就是再凶一些，我们也不会生气，可是她，根本就不像母亲，所以我们不愿意她这样称呼我们。”

这个故事足以说明同样的教育手段，由于教师人格的不同也就产生了截然不同的效果。校长正是因为具有母亲般的品格才赢得学生的尊重和信任。对学生心灵具有强烈的辐射力、震撼力和同化力，发挥着感染、激励和促进作用。教育家乌申斯基深刻地指出，“教师的人格就是教育工作的一切”，教师的人格属于师德的最高层次，其主要特征包括：热爱祖国，无私奉献的师魂；热爱事业，关爱学生的师德；全面发展基础上的个性发展的师观；勇于探索，开拓创新的师能；严谨求实，严于律己的师风。这些恰恰是班主任人格自塑的目标。

三、既要言教，更要身教

教书育人工作有两个要素，一是言传，二是身教，言传与身教的关系是身教重于言教。大家都清楚，当前的学生不仅听班主任是怎么说的，更看他是怎么做的。言传固然重要，身教更为重要，德国教育家第斯多惠说：“教师是学校里最重要的师表，是直观的最有意义的模范，是学生最活生生的榜样。”叶圣陶先生说：“教育工作者的全部工作是为人师表。”学生天生具有模仿性，这就决定了班主任的示范性。你要求学生成为什么样子，首先自己就得成为什么样子。不能台上讲一套，台下做一套，否则就不要怨学生不买你的账。

古书《钟伯敬秘笈十五种》里有这样一个故事：一位学究时时告诫弟子勿昼寝。一日，弟子见学究方睡，请曰：“先生戒人而自蹈之何也?”曰：“吾梦周公耳。”一弟子次日故睡，先生蹴之起，曰：“吾亦梦周公。”先生曰：“且道周公有何言?”曰：“亦无他语，只道昨日实不曾会得先生。”

这个故事说明了：要求学生做到的自己首先应该做到，不能像这位学究那样言行不一，也说明了身教的重要性。正如孔子所说：“其身正不令则行，其身不正虽令不从。”只有言必信、行必果的班主任，在学生心目中才有魅力。

四、既要关爱学生，更要甘为人梯

师爱是源于母爱又高于母爱的博大的爱，它与爱祖国爱人民紧紧连在一起。班主任要爱所有的学生，不管其家境如何，也不管学生聪慧还是迟滞，都应把自己诚挚的爱洒向他们的心田。这就是“博爱”，体现了教育的公平和公正。

有崇高师爱的班主任，既关注学生的智力，更关注学生的情感、态度和价值观；既关注学生的基础，更关注学生学会创造；既关注学生的身体，更关注其精神成长；可见师爱是一种深刻的爱。那天上课，老师提了个问题，学生争先恐后地举起手。令老师惊喜的是，一向性格内向、不善言辞的文静也把手举得高高的。“下面，请文静同学起来回答。”老师微笑着说。“哐”，她在站起来的同时，却不小心把凳子绊倒在地上。顿时，教室里笑开了花，文静的脸也羞得通红。老师心想，如果让她坐下，内向的她以后可能更没有勇气起来回答问题；如果批评其他同学，让他们保持安静，认真听文静的答案，这样又会伤害她的自尊。怎么办呢？老师急中生智：“文静同学的开场白与众不同，她的答案也一定很精彩，同学们愿不愿意听听呢？”“愿意。”同学们异口同声地说。老师见缝插针：“那大家为文静同学鼓掌。”文静沉思片刻后，通红的脸露出了一丝喜悦，正确流利地说出了答案。掌声又一次响起，文静也高兴地扶起凳子坐了下来。

这位老师一句略带幽默的语言，竟然为一个害羞的女生解除了尴尬，增添了信心，这让我们赞叹不已，同时也让我们明白了，作为一名教师，在学生遭遇尴尬时，要想方设法给他们一个台阶。这就是一种理智而深刻的师爱，是教育智慧的体现。

师爱是智慧的，班主任就是要用师爱呵护学生的心灵，焕发学生生命的活力，使学生产生无穷的斗志。师爱以尊重学生、理解学生、一视同仁、严格要求为前提，反映在教师工作的各个方面，只有这种伟大的师爱，才能做到。

一位年轻教师，要求学生分别用举左手、右手表示判断的正确与错误时，突然一位女生站起来说：“我分不清左右手。”全班哗然。这位老师惊讶之后立即冷静下来，他首先制止了全班的笑声，对提问的同学说：“请你看好，这是左手，这是右手。”他边示范边说：“这其实并不可笑，我们每个人都可能发生这种情况，心理学上叫暂时性遗忘，据说大科学家爱因斯坦有一次竟忘了自己的姓名。”然后，他话锋一转：“哪是左右手的问题都敢提，这是一种敢于质疑问难的良好学习习惯，也是一种非常好的学习品质，有了这种好习惯，你一定能把功课学得很好。”

显然这个偶发事件，足以让老师动怒，然而他不仅没有发怒，而且这种做法分明是在呵护学生的自尊、灵性和生命。这位年轻的老师之所以令人敬佩，就是因为他对学生的爱是一种智慧的爱，深刻的爱。

4. 不知如何提升个人魅力怎么办

提升班主任的魅力，除了要加强人格修养、提升人格魅力、不断提高专业知

识和专业能力、提升学术魅力外,班主任工作中有许多细节可以影响他的人格魅力。下面介绍几条:

一、举止儒雅

举止儒雅是班主任良好气质的外在表现,是班主任魅力的关键所在。它对学生起着此时无声胜有声的影响,可以使学生成为文雅的学生。举止儒雅的主要内涵是"博学尚志、严谨笃学、仪表端庄、温文尔雅"。

二、仪表端庄

班主任给学生的第一印象就是仪表,仪表是班主任气质、性格、文化素养、审美情趣的外在表现,是美好心灵的表露,班主任的仪表对学生的影响十分深刻。班主任切不可将其视为小节,要高度重视自身仪表对学生的影响。既不能让学生感觉你太土、太过时、太随便,又不能太俗、过于时髦。不修边幅,不符合教师职业要求,不懂礼仪,不合教师的职业规范。班主任的服饰无小事,因为它能反映班主任是否具有高雅的气质、风度、情趣和品位。做到仪表端庄得体,不仅会产生一种亲和力,而且也是班主任的魅力所在。

三、宽容仁爱

学生出现问题,犯了错误是再正常不过的了。这时,班主任不能以权威者自居,采取凌驾于学生之上的无情指责和批评,而应深入了解错误背后的动机和原因,有针对性地予以帮助。特别要采取换位思考的办法,理解他们原谅他们。需知有时宽容产生的道德震撼比惩罚更强烈。宽容是仁爱的体现,是智慧的结晶,是师生关系和谐的润滑剂,是班主任魅力形成的原因之一。勇于自责,班主任是人不是神,班主任工作中出现差错也在所难免,关键是在学生面前如何对待错误,为了维护自己的面子而文过饰非,学生是最反感的。如果敢于面对自己的缺点和错误,并敢于在学生面前做自我批评,反而会赢得学生的信赖和尊敬,增强自己的人格魅力。

四、阳光微笑

微笑是上帝赐给老师特别是班主任的专利,这种含义深远的身体语言是在告诉学生"你好,朋友,我喜欢你……",这足以鼓励学生的信心,融化师生之间的陌生和隔阂。微笑是阳光教师的重要表现，在喜欢什么样的班主任的调查中，学生几乎众口一词地说“喜欢阳光微笑”的老师，可见微笑的魅力。

五、溶入学生

凡是能够溶入学生的班主任，其魅力也是无穷的。这样的班主任热情，具有青春的活力，坚持与学生共学习、共生活、共劳动、共游戏，完全与学生打成一片。学生将其称为“自己人”，因此，也就产生了“自己人效应”。

六、充满激情

激情是一种工作态度的外在表现，有正面激情（也称有益激情）和负面激情（也称无益激情）。我们这里说的教育激情是指前者，它是班主任在工作中表现出来的积极的工作状态、昂扬的进取精神，这是一种崇高的师德境界，它能使班主任思想境界更为开阔，生命滋味更加甜润、青春活力长盛不衰。这种激情又是内心情感的自然表露，它能产生强大的磁场，震撼学生的灵魂，拨动学生生命的心弦，点燃他们希望的圣火，在全面履行班主任职责，不断深化素质教育中具有至关重要的意义。

七、热情赞美

莎士比亚有这样一句名言：“赞美是照在人心灵上的阳光，没有阳光，我们就不能生长。”心理学家威廉姆·皮尔士说得好：“人性最深切的需求就是渴望别人的欣赏。”学生的这种需求更加强烈。因此，班主任不要吝啬你的赞美之词，热情地赞美你的学生吧。你的赞美不仅会激励学生在这些赞美的方面更加全力以赴，而且会激发出一股自信与激情，使其巨大的潜力得到开发。同时班主任的赞美可以使学生体验到像荒漠中的甘泉一样让人心灵滋润的美意，而且会使班主任魅力无穷。

八、乐观心态

乐观心态是“传染”的，学生总是喜欢跟积极乐观的班主任在一起。当班主任的行为与心态日渐积极，就会获得一种美满的人生感觉，信心也会倍增，这对于学生来说是一种吸引和感召，使他们也会乐观起来，使师生关系更加和谐。

九、幽默风趣

《现代汉语词典》上说:幽默即"有趣或可笑而意味深长"的话。幽默有高尚、庸俗之别,庸俗的幽默如同讥笑,往往一句普通的讥讽话便会使人当场丢脸,反目不悦。所以,这里说的幽默话应是高尚的,文明的。

在一份问卷调查中,90%的学生认为幽默是"最受欢迎的老师"必不可少的条件,而且是首要条件。一个小朋友这样写道:"我最喜欢张老师,因为我喜欢幽默的老师。"在一所学校的特色班主任评选中,当选"魅力班主任"的陈敏老师就有这样一个在师生中流传的"魅力故事":一个春天的早上,陈老师正在上语文课,一位女生迟到了,并且落落大方地站在教室门外。陈老师顺口问了一句:"怎么迟到了?"众目睽睽下,女生答道:"春眠不觉晓。"轰的一声,教室里爆发出一阵大笑,孩子们扔下了手中的书,等着看热闹,陈老师没有发怒,笑着对她说:"冲着你诗意的回答,我原谅你的这次迟到。"就这一件小事,让陈老师的"魅力"值飙升。

十、换位思考

在师生交往中,难免发生一些矛盾冲突,对于班主任来说,最有效的解决办法是换位思考。换位思考是人与人之间心理体验过程中的将心比心,班主任能站在学生的立场上体验和思考问题,达到师生之间的心理沟通。这种理解至上、宽容为本、体察学生的心理世界,设身处地为学生着想的班主任肯定是具有魅力的。因为这样的班主任体贴、理解、关爱学生。在学生心目中威信高,魅力大。而且可以使学生也学会换位思考,树立起"假如我是你,假如你是我"的换位观,提高人与人之间的交往能力。

5. 缺乏人文素养怎么办

一、加深对人文素养的认识

人文素养是由知识、能力、观念、情感、意志等多种因素构成的一个人的内在品质,表现为一个人的人格、气质、修养。

一所乡村小学好不容易请到了一位省特级教师来上一节公开课。学校里的老师都没有见识过特级教师,有的对特级教师不以为然,有的认为特级教师是凭关系、熬教龄评上的。

特级教师来了,没想到竟是一位年轻美丽的女老师。她说,上课时她将随便走进一间教室上课。谁也没想到,她走进的恰恰是一个全校闻名的后进班。

讲台上乱七八糟地散落着粉笔,桌面铺着一层厚厚的粉笔灰。特级教师用目光扫视一周后,迅速收拾好桌上的粉笔,然后走下讲台,绕到前面,背对着学生,轻轻吹去桌上的粉笔灰。片刻的鸦雀无声后,教室里响起一片掌声,所有观摩教师和学生用掌声给她的“开场白”打了最高分。

课上她出了几道题让学生做,然后讲解了这几道题的做法。讲完之后,她说了一句:“请做对的同学扬一扬眉毛,暂时没做好的同学笑一笑。”

此刻,所有的老师似乎都明白了什么样的教师才是特级教师,什么是人文素养。

读完这个故事,我很感动,也深受启发。尽管特级教师向我们展示的是一节平常得不能再平常、朴实得不能再朴实的课了,然而我却深信所有在场听课的老师和学生都会被她的人格魅力和教育行为所感动。她的一举一动无疑是用行动为学生做出了一个完美的示范。

新课程改革的“三维目标”把科学与人文密切地联系起来,但是在实际教学过程中却有不少教师忽视了“情感、态度、价值观”的培养,不仅影响了素质教育的发展,也影响了教师素质的全面提升,给我们的教育造成沉重的代价。只有科学与人文的密切结合,才能展示人与人、人与自然、人与社会的和谐统一,才能实现人的全面素质的和谐发展和教育对真善美的目标追求。

从这位特级教师的身上,我们便可十分自然地找出人文素养的基本特征:

中国伟大的思想家孔子认为人应知和能知的是人类自己,爱人、事人才是人的本分,孔子将“仁”作为其哲学的最高范畴,也是着眼于日常的人际关系(《说义》:“仁,亲也,从人从二。”侧重在人与人的关系),“仁”既是做人的道理,也包含知人的方法,它不在远处就在最切近的人生日用,且中心是返求诸己,推己及人。此其一。

其二,正是因为人们的一切言行和思想文化创造只有在为了人的时候才有意义;而一切事情也只有通过人、依靠人才能实现,这就决定了中国古代人文精神的高度自觉:对人的命运即对自己、家、国、民族的兴衰荣辱、悲欢离合的关怀,永远是主题。周人由于强调“以德配天”,把重点转向了人事,故在继承改造殷商文化时,创造出了一整套礼乐德治的典章制度——周礼。表现这种新文化的诗、书、礼、乐等典籍,后经孔子及其门徒整理加工,成为了中国传统文化的基本经典和以后发展的源泉。这是一种道德意识,是确立其主体性之始,它引起人对自身的把握,以及人自身的升进。忧患意识在周初表现为“敬”,此后则融入“礼”,而后更升进为“仁”,再后来则发展成为以忧患意识为基础的心性之学。它不仅是儒家思想的基本品格,也是中国文化的基础,是孔孟老庄以至宋明理学乃至中国化了的佛学的一条大纲之所在。

二、明确教育人文性的基本要术

目前,教育目标的价值取向有一个重要变化,就是由重视科学知识技能教育变为既重科学又重人文的教育;由单纯满足社会需要变为注重满足社会需要与满足人的发展需要相结合。人不再作为社会工具来培养,而是被作为社会的主体来培养,人的发展成了教育目标的重要组成部分。良好的人性,健康的人格,以及人的主体意识和价值意识的形成,已成为当代教育的一种目的性追求。忽视良好德性和健康人格的培养,忽视培养人良好的主体意识和价值意识,都是漠视人的发展的表现,都不能体现教育人文性的要求。人的良好发展是教育实现社会目的的重要前提。如果没有人的良好发展,教育要很好实现它的社会目的也是不可能的,也不能有力促进社会更好发展。因此,满足学生素质的可持续的和谐发展的需要,成为教育的一种目的性追求。而班主任尊重关爱学生便是教育人文性的一个重要体现。教育过程的人文性具有这样几方面的基本要求:

一是尊重学生,不讽刺挖苦学生,不歧视学生,不体罚或变相体罚学生。

二是关心学生,把学生的痛苦或不幸以及他们各方面的良好发展放在心上,关注他们生活的冷暖、学习的进步以及他们做人的好坏,为他们良好的发展积极创造条件,能在他们需要的时候给予及时的帮助和指导。

三是热爱学生,对学生的发展不仅寄予良好的期待,而且还能以爱的情感,对学生的发展给予全身心的投入。维护学生的合法权益,能在学生身心和利益受到危害时挺身而出,敢于同危害学生身心健康和合法权益的现象作斗争。

四是平等公正地对待学生,与学生保持民主、平等的师生关系,不能因身为班主任而在学生面前盛气凌人,或以不公正的态度对待学生。要善于与学生平等交往,遇事通过民主协商的方式来解决,而不是压制学生。要认识班主任和学生在人格和社会地位方面的平等性,对学生中出现的问题一视同仁,不以出身贵贱而喜欢一部分学生或厌恶另一些学生。班主任如不按上述要求去做,则是职业道德观念淡化的表现。如果违背了上述表现,则是不道德的表现,将会遭到人们的谴责。

但是,尊重关爱学生,不是不要批评和必要的惩戒。但批评、惩戒是以尊重关爱为基础的,不能违背教育人道性的要求,不侮辱学生的人格,不损伤学生的自尊、伤害学生的情感。尊重关爱学生是一种教师职业道德规范,体现着一种伦理境界。这是由我国社会主义教育的人文性和人道性所决定的。它不仅体现了社会主义所倡导的新型师生关系对学生深厚的人道关怀与期待,而且这一师德规范还包含明确的伦理层次性。

第一个层次的要求是班主任要尊重学生,这是在师生关系上对班主任的最基本的要求,是其在日常的教育、生活中对学生最起码的态度和行为。如果做不到这一点,那就说明他连最基本的人文性修养还没达到,缺乏为师应有的职业道德。当代伦理学告诉我们,在社会活动交往中,相互尊重,相互信任,这是人对人应有的最基本的行为标准。也就是说,一个人即使是不做教师,在社会生活中对他人也应是这样,可见对班主任提出这样的要求是极为平常的,一点也不高。

第二个层次的要求是关爱学生。关爱学生虽然含有对学生尊重的成分在内,但已不仅仅是这一层次的问题了,不是一般的对学生的尊重,而是一种责任,是对他们成长寄予良好期待的态度和行为。学生是祖国的未来,他们发展得如何,关系到国家的前途和命运。这种责任感使班主任对学生的成长寄予良好的期待,由此使他们产生关爱学生的情感和行为,所以说这一层次的要求不是一般的对学生的尊重信任,而是高于对学生的尊重信任。一个班主任如果不关爱学生,则是缺乏责任感的表现。无数的事实说明,一个富有责任感并对学生寄予良好期待的班主任,他会经常把学生放在心上,体察他们的酸甜苦辣,关心他们的生活冷暖,关心他们学习、做事、为人和各方面的健康发展,同情他们的痛苦与不幸。当学生的身心和他们的人格尊严、合法权益受到践踏和损害的时候,能挺身而出保护学生。当学生遇到困难或挫折时,能够给予及时的鼓励,帮助他们解决实际问题,努力使他们成功。这样的班主任不仅为学生所爱戴,也为社会所称道赞赏。举观我国当代优秀班主任,他们无一不具有关爱学生的良好美德和思想境界。从他们众多的事迹中可以发现,关爱学生已成为他们主要的精神生活和精神世界,成为他们工作乐以忘忧的源源不断的动力,成为他们生命意义的追求和自我价值实现的根本。这种崇高的精神境界，正是他们在自己平凡工作岗位上创造出不平凡业绩的根本所在。

班主任只有经常从伦理层次上要求自己、检查自己、反省自己，才会不断促进职业道德的升华。班主任要不断通过自我修养来强化理智性和自觉性，在崇高的育人事业中展示高尚的伦理境界。

6. 法律观念淡薄怎么办

一、提高法律意识

由于一些班主任法律知识知之不多，法律意识不强，施教中常常发生一些违背法律的问题，这种违法现象多是先由学生违反学校纪律，而后教师控制不住自己的情绪，甚至不顾后果造成的侵犯学生受教育权、财产权、自由通信权、隐私权等违法行为。这不仅伤害了学生及其家庭，也使自身形象和学校形象蒙受重大损失。如侵犯学生隐私权问题，在《中华人民共和国预防未成年人犯罪法》第三十条明确规定："任何组织和个人不得披露未成年人个人隐私"，可是，有的老师却在公开场合大谈学生及其家长的隐私，甚至在斥责学生时也以其家庭和个人隐私为杀手锏，这便伤害了学生自尊心，造成学生的逆反心理，甚至起诉。再如侵犯学生的财产权。众所周知：学生违纪往往是有"道具"的。例如上课不注意听讲而玩电子游戏机、看课外书，老师提醒又不改正，一气之下予以没收、毁弃，或者长期扣押留用，客观上就侵犯了学生的财产所有权。其实上述情况，班主任可以根据具体情况采取不同的办法。课堂上收缴的课外书刊、手机之类，只要经教育，学生认识了错误，即可退还本人。比较贵重的东西可与家长联系交家长处理。即使是黄色书刊或凶器之类的东西，也要在对学生进行教育后，按规定上缴，让学生心服口服，避免误会。再如有的班主任为了解决学生早恋问题而私扣学生信件，则侵犯了学生自由通信权等等。

依据《中华人民共和宪法》，我国陆续出台了《中华人民共和国国旗法》、《中华人民共和国教师法》、《中华人民共和国教育法》、《中华人民共和国预防未成年人犯罪法》、《中华人民共和国义务教育法》、《中华人民共和国未成年人保护法》、《中华人民共和国侵权责任法》……使我国的教育成为在法制轨道上运行的教育,提高法律意识,依法执教已形成了不可动摇的趋势。

二、提高执法的自觉性

《中小学教师职业道德规》第一条就要求教师“爱国守法”,这不仅是对一个公民的要求,更是对教师执教的要求。另外,在我国这个法制的国家里,学生权利范围的扩大和维权意识的增强,已是不争的事实。可是,有的班主任由于地位的优越感,认为自己的岗位是法律照不到的地方,又忽视了自己工作的每一个环节、每一个教育行为都可能触犯法律、引起纠纷,而遭到学生及其家长的诉讼。因此,班主任不仅要学法、知法——提高执法的自觉性,而且要明责任——在工作中保护学生享有的合法权益。可是有的班主任由于缺乏法律知识,甚至将自己侵犯学生休息权的违法行为当成经验来介绍。下面这个案例就发生在一位优秀班主任的身上:每天中午这位班主任都和学生一起用餐,饭后在大屏幕上布置大量题目让学生做,有的学生困倦趴在桌上睡觉,班主任就进行严厉批评或进行“循循善诱的教育引导”。殊不知,这样做,明明是侵犯了学生的休息权,还当成经验来介绍,真让人哭笑不得。这样的例子在中小学并不少见。

下面再以侵犯学生受教育权为例,做简要的说明。受教育权已被《世界人权宣言》宣示为“人之为人的基本权利”,是一项宪法性权利。我国宪法第四十六条明确规定:“中华人民共和国公民有受教育的权利和义务”,《义务教育法》第五条规定:“凡年满六周岁的儿童,不分性别、民族、种族,应当入学接受规定年限的义务教育”,可有的学校对适龄儿童进行智力测验,拒绝测验成绩不好的“笨孩子”入学就是一种侵犯学生入学权的违法行为。《教育法》第九条规定公民不分民族、种族、性别、职业、财产状况、宗教信仰等,依法享有平等的受教育机会。那种把学习差、不守纪律的学生推出校门或拒绝他们参加集体活动的现象就是侵犯了学生受教育的平等权。《教育法》第四十二条规定,受教育者“享有参与教育教学计划安排的各种活动的权利”。有的班主任和学校一起弄虚作假,不让成绩差的学生参加考试,即违背了这条的规定。类似于侵犯学生上课学习权利、强制分流侵犯升学考试权利等问题依然存在。可见班主任只有学习掌握法律知识,才能提高依法执教的自觉性。千万不要做那些侵犯学生财产权、隐私权、选择权、姓名权……的傻事。

三、用法律保护自己的合法权益

教师特别是班主任要善于拿起法律的武器保护自己的合法权益。而恰恰是这一点我们重视不够、法律知识不足、自我保护意识不强，在遭遇诉讼时处于被动地位。因此，在法制社会里，班主任的法律知识，已成为专业化班主任知识结构中不可缺少的组成部分。班主任要认真学习上述所列的法律，领会其精神实质，要牢固掌握班主任在执教过程中应遵循的相关法律法规。掌握教师特别是班主任以及学生所享有的权利和义务。同时还必须学好《侵权责任法》（2010 年 7 月 1 日正式实施），用该法指导自己维护自己的合法权益。一位学生经常上课捣乱，搞得班上一片混乱，使老师讲课和学生听课受到严重干扰。一次数学课上，这位学生又挑起事端，撕了同学的书，还大吵大闹，老师劝阻无效，无奈将其请出教室，并让班长把他送到班主任那里。可是他坚决不去，还擅自逃离了学校。下课后数学老师立刻与班主任进行沟通，梳理了整个事件过程，并通知其家长说明情况，要求家长配合学校做好学生的工作。第二天学生仍未到校上课，班主任打电话询问情况，家长却责怪数学老师为什么将其赶出教室，不容分说将电话摔掉，第三天区教育局就给学校打来电话，询问情况，并说家长告老师侵犯学生受教育权。教育局根据学校详细说明，与校长一同做家长工作，但毫无效果。家长还扬言要诉诸法律。这时校长坚定地说，诉诸法律是您的权利，但我可以肯定地说我们的老师没有侵犯您孩子的受教育权。结果正如校长所说，家长败诉，教师的合法权益得到保护。之所以学校胜诉，根本原因在于：1. 处理学生违规行为的程序周密，教师和班主任都无过激言行。2. 证据保存完整，对事件过程记录详细清楚，无懈可击。3. 法律在心，依法行事。众所周知学生伤害事故、侵权事故与教师、班主任有密切关系，了解相关法律知识，不仅可以有效地保护未成年人的合法权益，也可以拿起法律的武器保护自己的合法权益。

7. 宏观思维能力不强怎么办

班主任宏观思维能力的强弱，与其工作决策是否正确，方法是否得当，效果是否显著，具有十分紧密的关系。

班主任除从事教学工作外，还承担着对学生实施德育，对班级进行组织领导的任务。只有自觉、主动、积极地锻炼自己的宏观思维能力，才能使自己的全部工作具有明确的指导思想和较强的计划性、针对性和科学性。下面着重谈谈如何提高自身的宏观思维能力。

一、要胸怀全局，培养整体思维能力

目前，我国正处在改革开放的年代，一切工作都应围绕社会主义核心价值体系展开。十七届六中全会审议通过了《中共中央关于深化文化体制改革推动社会主义文化大发展大繁荣若干重大问题的决定》。为此，教育部党组下发通知，要求教育系统广大党员和干部教师认真学习、宣传贯彻十七届六中全会精神，教育部还明确了贯彻《决定》精神的十项重点工作，当前中小学要围绕这个大局，进行周密设计和精心的实施。班主任工作也不例外。不管是德育工作、教学工作，还是班级管理与建设，都必须对学生进行这方面的教育，加强班级文化建设，搞好精神文明建设和物质文明建设，培养具有"四有两热爱两精神"的合格人才服务。离开这个大背景、大主题，无论工作如何努力，也不会取得很好的效果。因此，班主任应胸怀全局、顾全大局，培养自己的整体思维习惯，时刻将自己的工作作为大局和整体的一部分，从整体利益出发，为全局总目标服务。

另外，从教育对象分析，学生生活在广阔的社会环境之中，观念在不断地更新，思想日趋活跃，具有鲜明的时代特点。因此，班主任不可把眼光只盯在班级的小范围内或某个学生身上，应当把学生看做是广义上的"社会人"。对他们中的问题，不仅看其表面，更应当分析研究问题产生的原因，不但要看其过去和现在，更要预见其未来。这样才能抓住纷繁复杂的事物本质，随时把握工作发展的方向，才能为学生精心设计前景，提出各项工作（特别是德育工作）的适度目标。在制订目标时，做到近景、中景和远景相结合，各阶段的目标又要注意做到分成不同层次，使目标具有吸引力和激励作用，使学生永远保持积极向上的姿态，并通过开展丰富多彩的、为学生喜闻乐见的活动，引导学生为实现目标而努力进取。

二、要勤于思考，学会超前思维

超前思维是指班主任工作中要有科学的预见性，做到不仅对现实有周密的思考，更要从长计议，预见未来。俗话说"凡事预则立，不预则废"，一项工作目标的制订和实现，取决于班主任对事物发展趋势的全面分析和准确的判断。不仅要对各项工作中可能出现的问题作出周密的预想，随时把握住工作的方向，而且对实施工作计划过程中，可能出现的问题和矛盾能够作出基本的估计或及时发现，并采取相应措施，对症下药，予以解决。超前思维还可以根据变化了的情况，修正工作目标、调整工作计划、改善工作方法、提高工作效率，避免遇事慌乱。

学会超前思维，就要善于研究社会环境和学生(个体与群体)的新情况，提出新观点，要善于在抓共性的基础上抓个性。抓共性，即对班级群体中可能出现的倾向性问题，作出全面的预见，以便有条不紊地、目标明确地把班级工作引向正确的轨道。抓个性，即对班级群体中的个体，能够按照心理学规律，了解、研究他们，预见其思想变化的可能性，使自己的思想始终比学生先行一步。这样才能达到防患于未然的目的，或把问题解决于萌芽之中，才能使班级各项活动更符合学生的思想实际和年龄特征，取得较好的教育效果。

三、克服单维型思维，运用多维型思维

在学校教育中，目前仍然不同程度地存在着不管遇到什么问题便去套用某种公式，搞“一刀切”，“大一统”的思维模式，以致在工作方法上采取领导怎么说，我就怎么做，对学生则采取“我讲你听，我说你做”的单向灌输式的教育，致使工作‘有共性，无个性’‘有一般，无特殊’，甚至出现一人有错，大家受罚，一人得“病”，大家吃“药”的局面。有的班主任也存在着只看学生接受知识的一面，看不到学生更需要提高能力；只看智育，看不到德育、体育、美育对智育的影响和作用；只重以智育评价学生的标准，忽视其他标准。这种“传统”固有意识中的顽固的抗变性心理，和一个思维目的、一条思维路线、一个思维角度的单维型思维模式，直接影响着班主任的工作效果。

班主任工作的对象是活生生的青少年群体，就其中某一个小群体来说，也是一个活生生的多元有机体。他们的理想或人生观的树立，是建立在对人类社会发展规律的科学认识基础上的，是一个长期复杂的过程。加之他们所处的家庭，邻里环境不同，接触的人不一，知识水平和能力结构有别，兴趣、情感、态度、价值观和性格、意志品质各异，造成了学生的思想是千差万别的。这就需要我们在研究和教育学生时，必须运用多维型思维，即用变化发展的眼光，多指向、多层次、多角度地看待他们。即使对你认为比较了解的学生，也要用多种思维原则，多种评价标准，才能作出科学的判断，使工作具有较强的针对性，才能改变学生在教育过程中的被动的客体状态，充分发挥其主导作用和主体作用，才能积极主动地调节、控制社会、家庭、学校、教师对学生以及学生间的影响和作用，做到多方位的信息流通，使教育达到理想的效果。

四、要善于自省，充分运用反馈思维

班主任在工作中应善于研究和运用信息，明确信息在主客体之间的传递过程，不要脱离思维主体来谈信息。随着接受者的气质、地位、情感、生活经历、思想水平、学识程度、思维方式的不同，信息会有完全不同的意义。这就是控制论主张的信息的主观性。因此，运用反馈思维，必须以提高个人素质为前提，才能防止将带有主观色彩的信息同客观实际等同起来，当我们获得经过人的思维加工的信息时，才能进行“由此及彼”、“由表及里”、“去伪存真”的分析；才能使我们在反馈思维的过程中得出正确的结论，充分获得信息的价值。实践证明，反馈思维一般要经过两种渠道来完成。

1. 直接反馈思维

众所周知，评价班主任工作，最有发言权的是自己的学生。因此，当班主任完成某项工作时，应立即通过分析学生对自己工作的态度，主动征求意见，个别谈心，民主评议等方法，从学生中收集反馈信息，并认真反思，总结自己工作的成败及原因。

2. 间接反馈思维

即从本班的班风情况，学生德智体美诸方面的表现、班级各项活动的效果、班级工作在年级和全校所处地位和学校领导、教师、学生家长的评价中反思自己工作的成效及得失。

反馈思维是否能使自己的工作更符合科学性的关键是，班主任不管完成哪项工作都应当问一问，这项工作是否达到了预期的目的？遇到什么挫折，造成什么失误及其原因是什么，应该如何改进？这种反馈思维的完成，靠的是班主任的事业心和责任感，靠的是政治理论和教育理论的指导。因此，必须加强自身的师德修养。

8. 心境不佳怎么办

管理好一个班级，最重要的是班主任要有较高的专业素养，当然也受班主任心理因素——心境的制约。心境，是能使人整个精神世界都染上某种色彩的微

弱而持久的情绪状态。班主任在班级管理中,发出各种要求时,总是伴有一定的个人情绪,诸如愉快、忧郁、愤怒、恐惧等,这些复杂的心理情绪,构成了班主任的心境。心境可分为良好心境和不良心境。

良好心境,会使班主任"人逢喜事精神爽",觉得学生十分可爱,而学生亦会觉得老师可亲可敬,师生关系融洽、协调;班主任会思路开阔,思维敏捷,灵感迭出;班会课上则妙语连珠,表情自然,手势适当。良好心境还能使班主任的情绪逐渐升华成一种激情,全身心地进入角色。这时班主任的管理水平、管理能力得到充分的发挥,班级气氛活跃,管理效果达到最佳状态。由于班主任的自身价值得以充分的表现,又促使其产生发自内心的深层愉悦感,产生更好的心境,进入管理上更高层次的良性循环。

若心境不佳,或低沉、郁闷,或消极、愤怒,必然导致思维迟缓、思路阻塞、精神颓唐,甚至"城门失火,殃及池鱼",觉得学生一举一动都不合要求,于是就会滥用批评,造成班级气氛紧张、压抑,班级管理要求,因班主任的无益激情而难以被学生理解,酿成事倍功半的尴尬局面。若班主任不良心境不能尽快调解,肯定会影响班级的教育质量。由于心境具有传染作用,也必然会使学生感染上消极的情绪,影响正常的师生关系,学生会产生逆反心理,甚至出现"顶牛"行为。班主任的不良心境若不能得以控制而"走火入魔",还可能出现国外研究者所说的"看不见的灾难"——心灵施暴。主要有以下四种表现形式:

严格控制、随意支配学生,无视学生人格;不管学生个性特点,对不合心意的学生或傲然视之,或不予理睬;不从实际出发,对学生要求过高,当学生达不到要求时,就火冒三丈,随意训斥、贬低;无视学生的主观努力,仅仅因为没有达到自己要求的"最低标准",便全盘抹杀其成绩,甚至将功为过。因此,而使学生自尊心受到严重打击。可见,班主任良好心境荣事益人,不良心境坏事损人。

人的心境是由外界的客观刺激产生的,但良好的心境也是可以"人工"造就的。班主任如能发挥自身的主观能动性,有意识地掌握、调适好自己的心理,就能当好心境的主人。怎样才能使自己具有良好心境呢?

一、提高思想素质,搞好志向调控

班主任要想始终保持良好的心境,必须具备精神内涵丰富、志向存高远,这样才能"不畏浮云遮望眼",面对暂时的功过得失、荣辱成败,能保持心理上的淡泊、宁静,克服思维上的绝对化、片面性,用辩证的眼光看问题,从失败中洞察到成功的因素，而在态度上显得洒脱、自然，使自己的言行，在任何境遇下，皆能举动从容，行止不乱，不急不躁，沉着而又稳定。

二、学会尊重学生，搞好平等调控

著名心理学家马斯洛认为人人都有自尊的需要。作为班主任要学会尊重学生，要有为学生服务之心，不能强迫他们适应自己，而要把自己放到与学生平等的地位上去，营造一种互帮互助、和谐融洽、有困难大家分担的氛围。这样班主任自身心理压力就可能减少，心境容易处于舒展开放的状态。

三、实施微笑管理，搞好态度调控

美国学者卡耐基说："一个人的面部表现，比穿着更重要，笑容能照亮所有看到他的人，像穿过乌云的太阳，给人温暖。"班主任的微笑，体现了他良好的心境，表达了他对学生的真诚、友好的思想感情。在一个班级，最易引起大家情绪变化的人莫过于班主任了。班主任的笑容、和颜悦色的话语，无疑会使大家倍感亲切，从而产生良好心境，搞好学习。因此，班主任就应面带微笑进入角色。为了做到这一点，到班前一段时间，班主任可以进行积极的刺激，如选择能使自己高兴的事来做，来回忆，以期产生愉悦的体验。当学生学习繁忙、单调时，班主任的微笑是对大家学习劳动的理解与尊重，是温暖人心的最美语言。学生在班主任充满阳光的心境感染下，会很快消释紧张感和疲劳感，觉得轻松愉快。若能在学生取得成绩时，作出肯定赞扬的微笑；在学生发生错误时，作出批评摇头的微笑；甚至在学生顶撞自己时，亦能不上火、不愤怒，以笑脸相对，让微笑来"融冰雪化春水，化干戈为玉帛"，则必会使学生如沐春光，如乘春风，乐意与你亲近。

四、积极预防不良心境

（一）正确认识自己，乐观生活

班主任要不断提高自我修养，要对自己的性格、气质、能力等有较全面、客观的了解，要根据外界评价积极调整自我认识。对自己要求既不苛求，也不贬低。为人处世能够拿得起，放得下，想得开。用"知足者常乐"，在心底扶起一个坚强的我，这是预防不良心境的基本原则。

（二）提高心理成熟度，正确归因

在工作中，我们经常会发现这样一种现象：一方心理比较平静，但他的言语、姿态、眼神、情绪、处理问题的方式作为一种信息被另一方接受后，却引起另一方不平静的心理，从而导致不良心境。正像大自然中的瀑布一样，上面平平静静，下面却溅花腾雾，这就是“瀑布心理效应”。如一位新班主任路遇一位班干部，他热情打招呼，但对方有急事，只“嗯”了一声就擦肩而过。这位班主任即以为学生看不起自己，越想越生气，境由心造，竟产生隔阂，一见到那位学生心里就不自在，这显然是“瀑布心理效应”在作怪。如何预防这种不良心境产生呢？

首先，班主任要有宽容精神，不要为小事而心存芥蒂。其次，班主任要克服易喜易怒、敏感脆弱、猜忌多疑等消极心理特征，努力提高心理成熟度，做到胸怀坦荡，大度达观，心平如镜，提高接受精神刺激能力。另外，在“怒发”将要“冲冠”之际，不妨自问一下，“谁得罪了我？他为什么得罪我？”对获得的信息注意分析以下三点：(1)发火的后果是什么；(2)怎样使自己不过分；(3)如何付之于建设性行动。这样一来，就能够不被表面、无关、偶然的现象所迷惑，不随意归因，避免“瀑布心理效应”的产生。

(三)排解学生困惑，避免感染

由于诸多繁杂事务的存在，班级中的学生常常会被心事、家事、学习成绩、评先进、选干部搅得心神不安，甚至丧魂落魄，愁眉苦脸。学生带着这种不良心境来班，学习打不起精神来，甚至会与班主任闹别扭，将不良心境“传染”给班主任。这时，班主任必须要有清醒的头脑，做好学生的心理疏导工作，防止感染上不良心境。面对失意学生，作为班主任一不能推，二不能压，三不能“伤口撒盐”，而应体察关怀，及时安慰排解。班主任若能首先创造一个宽松的环境，让学生吐出心中之不快，继而进行换位思考，或许能使他们茅塞顿开、柳暗花明。其次，班主任应尽力为学生解决实际困难，用关心和帮助改善学生的不良心境。

(四)不良心境的消减方法

一旦产生不良心境，班主任要采取适应的方式克服它。

1. 回避。戏剧理论家斯坦尼斯拉夫斯基打了个形象的比喻：当一个人从外面回到家里时，他首先把鞋留在过道里；当演员来到剧院时，他应当把个人的一切不快和痛苦留在剧院之外。班主任的职责决定了班主任一到班，整个人就属于班级了。因此，班主任在岗期间要有极大的自控力，将一切是是非非、恩恩怨怨都要抛于脑后，还要采取积极的自我暗示、自我安慰，进行自我控制、自我调节。若还不奏效，可转换“频道”，如去理发、洗澡、散步、听音乐，等不良心境消减后再处理棘手之事。

2. 宣泄。消极的情绪压抑、郁积到一定程度,拥有足够“能量”时,将会“自行决堤”,造成不好影响。“堵”不如“疏”,要把它们通过适当“渠道”排出去,如向领导或朋友倾诉,或写成日记,向自己倾诉。还可参加自己喜欢、擅长的运动,从而耗尽负性冲动能量。

3. 升华。且把苦水作美酒,变压力为动力,用坚韧不拔的毅力、坚强的意志,克服不良心境,充实完善自己,使精神境界上升到更高层次。无论是良好的心境的引发、修炼,还是不良心境的预防、消减,都离不开班主任的内在驱动力——责任感。作为一位班主任,必须自觉地调控自己的心境,以提高工作质量。

9. 缺乏教育激情怎么办

有调查显示,当前,绝大多数班主任都能在班主任岗位上任劳任怨地工作,这是事实,但是,工作疲沓、缺乏激情却是不少班主任的通病。其职业倦怠现象仍比较严重。这便成了班主任走专业化道路的一大障碍。

班主任工作是具有科学性、人文性和艺术性的工作。科学的本质是求真,即坚持真理,修正错误;人文性的本质是求善,即坚持人性善的教育,提升人的生命价值;艺术性的本质是求美、求新,即坚持创新,做到与时俱进。可见,班主任工作是一项专业性很强的、不是摸摸脑门就可以做好的工作,这就是它的不可替代性。因此要做好班主任工作,必须满怀激情地在专业化的康庄大道上阔步前进,即以专业理想与信念作为精神支撑,以专业知识和专业能力作为基础,以教育激情作为保障。

激情是一种工作态度的外在表现,有正面激情(也称有益激情)和负面激情(也称无益激情)之分。我们这里说的教育激情是指前者,它是班主任在工作中表现出来的积极的工作状态、昂扬的进取精神、不惧艰难的斗志,这是一种崇高的师德境界,它能使班主任思想开阔,生命滋味甜润、青春活力长盛不衰。这种激情又是内心情感的自然表露,它能产生强大的磁场,震撼学生的灵魂,拨动学生的心弦,点燃他们心灵的圣火,在全面履行班主任职责,不断深化素质教育中具有至关重要的意义和作用。如何才能满怀激情地奔走在专业化的康庄大道上呢?

一、树立崇高的教育理想与信念

(详见第1题,本文略)

二、对班主任职责的高度责任感

伟大的人民教育家陶行知先生说,教师手里操着许多家庭的家运和国家的国运,正所谓“国运兴衰系于教育,教育兴衰系于教师”,可见教师责任之重大。特别是班主任不仅要履行任课教师的职责,还承担着班主任的职责,即做好班级德育、班级组织管理、组织好班集体活动、关心每一位学生的健康成长、搞好学生综合素质评价和协调好各种教育力量等,以便使学生的素质得到迅速而持久的发展。班主任承担着教书育人、管理育人、服务育人的责任,有了这种责任意识和对责任的担当,才会使班主任工作充满人性的光辉、人文的关怀,其教育行为才会有生命的表现力,其工作才能充满艺术性和创造性,使整个教育行动体现出真、善、美的和谐统一。从而视教育如生命孜孜以求,探索不止,并从工作中体验到人生的价值和乐趣。没有爱岗敬业的精神,没有对“班主任岗位是需要较高素质和人格要求的重要的专业性岗位”的认同,没有对班主任责任的深刻理解和担当,你的工作就是苦涩的、缺乏灵性的,就会形成职业倦怠,甚至会产生无益激情(如暴怒等等)而迁怒于学生。这种无益激情一旦迁移到学生身上,就会突破教师的伦理底线而出现不尊重学生人格的讽刺挖苦、体罚、变相体罚等严重有损教师职业道德,甚至违法行为。班主任是世界上最小的主任,却又是最重要、最伟大的主任,他们肩负的责任重于泰山。班主任一定要在履行职责的过程中,引导学生学会做人、做事、做学问,使他们懂得“今天多学一点知识,多养一点元气,将来多为国家做一点贡献,这就是爱国”。这种责任,班主任必须勇于担当。这不仅是班主任职业道德的具体体现,也是其教育激情长盛不衰的动力。

三、要具有博大的师爱

凡是“关爱学生”的班主任都是充满教育激情的班主任。这个结论是被许多优秀班主任的事迹证明了的。我阅读了《班主任》杂志刊登的许多优秀班主任的事迹,在受到教育和感染的同时,也被他们博大的师爱和与之相关联的教育激情所震撼,所鼓舞,使我懂得了为什么“关爱学生”的优秀班主任会充满教育激情,那就是“爱之能勿诲乎,忠焉能勿劳乎”(孔子语)。班主任的爱是深刻而博大的，她与爱生活、爱人民、爱祖国紧紧地联系在一起，她体现出母亲、人民、祖国对接班人的肯定、关怀和期望。因此，师爱不是一己之爱，不是心肝宝贝式的哄着、掌上明珠式的亲昵，而是含蓄而深沉、真挚而热烈的爱。有了这种爱，就会使我们充满教育激情，为祖国的教育事业去拼搏。

云南怒江州兰坪县城区中学的和双萍老师坚守在班主任岗位上十九个年头，她深深地爱着教育事业、把师爱撒向了每一个学生的心田。她用自己的热情抚慰着一颗稚嫩而美好的心灵，用激情激励学生的激情，取得了令人瞩目的成绩(2008 年第 7 期)；南京第六中学陈宇老师，他在十八年的班主任工作中，一直以昂扬的斗志和创新的激情，探索着班主任工作规律(2009 年第 4 期)；湖南汨罗一中的张小广、北京第三实验小学冯勉、广州越秀区东风西路小学李娟……这一个个生动的形象，都在诠释着教育激情的深刻内涵和师爱与教育激情的关系。

哪位班主任"关爱学生"，学生就热爱哪位班主任，也会亲其师而信其道。班主任当你把师爱撒向每一位学生心田时，"亦师亦友"的和谐师生关系就会形成。这时全班的学生就会凝聚在你的周围，青少年的火热激情也会感染你，让你永远年轻、激情四射。"关心学生"吧，这不仅是师德的核心，也是使班主任永远保持激情的源泉。

四、要有淡泊名利的精神

廉洁从教，甘于奉献，这是班主任拥有教育激情的又一个重要的条件，全国师德标兵林崇德教授说："随着知识经济时代的到来，知识分子获得工资外收入的途径和机会多了，但是作为教师，我在处理这些问题时，一定要坚持一条原则，即'君子爱财，取之有道'。不可利用职权之便赚取不义之财，不法之财。"有了淡泊名利的思想，就能自觉地远离非分之财，抵御不良诱惑，不在学生身上打算盘。金钱有价，师德无价，言传身教，行为示范，保持着良好的操守。

许多优秀班主任(教师)都说，我们的工作是神圣的，不能以钱、权、实惠标定自己的职业价值，而以对人类美好的未来和文明的追求作为自己献身的事业，他们的理想是崇高的，信念是坚定的，境界是高层次的，因此，我在《为人师表》一书的序言中，写了如下这段话："一个人追求钱可以家财万贯，也可能倾家荡产；追求权可以高官厚禄，也可能身败名裂；追求实惠可得一时之舒服，却可能醉生梦死。而我们教师则因教书育人而精神丰满，因甘为人梯而芳名永存；因和孩子们在一起而永远年轻。"让我们无怨无悔、满怀激情地行走在专业化的道路上吧！

10. 遇到挫折怎么办

《关于进一步加强中小学班主任工作的意见》中指出:“中小学班主任面临许多新问题、新挑战。经济社会的深刻变化、教育改革的不断深化、中小学生成长的新情况新特点,对中小学班主任工作提出了更高的要求……”班主任就是在应对挑战、战胜挫折的过程中,实现专业化发展的。

困难和挫折将伴随人的一生,它是摧毁弱者意志的利器,也是激励强者成长的最好老师。因此,我想借此机会把下面这个故事奉献给遭遇挫折的班主任,相信它会给我们莫大的启示,也会伴随我们在坎坷的道路上战胜一个个挫折,迎来美丽的彩虹。故事是这样的:

白崇禧的儿子白先勇小时候患上了可怕的肺结核,这在当时是不治之症。得知病情严重,他的情绪悲观到了极点。

那天,下了一场大雨,白崇禧听保姆说儿子已经两顿不肯吃饭了,决定要跟儿子谈谈。刚走近儿子房间的窗边,父亲发现天上出现了一道美丽的彩虹。

白先勇见到父亲号啕大哭。父亲摸摸儿子的头,把他拉窗户边,指着天上那道彩虹,认真地说:“瞧,那道阳光是不是格外美丽!”儿子反驳道:“那不是阳光,是美丽的彩虹!”父亲微笑着答道:“我们看到的的确是阳光,只不过是雨后空中的雾把阳光折射了,从而产生了七彩的光芒。”儿子点了点头,父亲继续说道:“阳光的折射就像人生的挫折,受了折射的阳光会变成美丽的彩虹,而有了挫折的人生就会更精彩!”

小小年纪的白先勇似懂非懂,但父亲的嘱托——好好吃饭和好好学习,却深深刻在他的脑海里。从那以后,他老老实实吃饭,在厨子老央的影响下,他先后读了一系列经典名著,他已经完全忘记了病痛……心情也变得开朗了。

过了几个月,他的症状竟奇迹般地消失了,身体渐渐好转。随后,他开始像许多正常的孩子一样,重新步入了学堂。

在将近八十年的生涯中,他一直笔耕不辍,发表了一系列有名的作品,被文坛赞誉为“当代中国短篇小说家中的奇才”。

有人问及他成功的诀窍,他淡淡一笑,然后提起当年那个彩虹的故事。

在生活中,每个人都要坚信挫折会使人生更美丽,因为美丽的彩虹就是受了挫折的阳光，拥有了这样的心态，成功就会在前方向你招手！

如何应对挑战，战胜挫折，实现专业素养的提高呢？

一、战胜挫折，信仰是动力

班主任的专业成长实际上是以信仰为根基的。班主任既要从事教学工作，完成教书育人的历史使命，又要带好一个班，在这个“专业性岗位”上承担着管理育人、服务育人的重任，无疑对班主任的各项素质都有更高的要求，哪一样都不能掉以轻心，都需要认真修炼。然而，究竟有没有一些必须坚守的核心要素，来规范班主任的教育行为，推动着班主任专业化发展呢？回答是肯定的，那就是对教育的一种信仰，对班主任岗位的一种执著，有了它战胜一切挫折都不在话下。

我们许多班主任，在谈起班主任工作时，都怀有“捧着一颗心来，不带半根草去”的激情，可细细琢磨，还是眼界有限，特别是一旦遇到挫折、困难，难以化解的时候，往往会暴露出我们认识的浮浅，一些本质的深层次的原因却难以顾及，以至于消沉、退缩。其实这种困惑就连伟大的人民教育家陶行知也曾有过。陶先生在“知与行”中，就曾苦苦求索，先行后知，还是先知后行，或知行同步，亦知亦行？最终他选择了杜威的实用哲学，“行”而后“知”。我们借助陶先生问一下自己：“我们能跳出自己吗？”实在有点难，大师做起来尚且如此艰难，何况吾辈！然而，正因为陶先生把教育作为一种终生不渝的信仰，他才能提出并践行了“捧着一颗心来，不带半根草去”，这信仰就是支撑，就是动力。有哪位班主任不知道孔老夫子在辛酸悲苦中所坚持的“学而不厌，诲人不倦”，但又有多少人把它变成了自觉的行动？（目前许多教师不愿当班主任，即可从一个侧面说明这个问题。）又有多少人像魏书生、李镇西这样的大家如此之执著？因此，我认为，一位想实现专业发展的班主任，关键是把教育作为一种信仰，有了这种信仰来战胜一切困难、挫折、烦恼、纷扰，就有了方向和动力。班主任工作是基于理想与信念的工作，班主任专业化也是基于理想与信念的专业化。信仰问题不解决，一切都是空话。

二、战胜挫折，关键是战胜自我

鲁迅先生早就教导我们，要敢于、善于解剖自己，对此，我们班主任早已烂熟于心了，可是真正做到还真的不那么容易。面对困难、挫折，甚至失败，哪位班主任都会进行归因分析，这是十分必要的。不同的是，有些班主任首先是解剖自己，反思工作。自己哪里做得不好，是观念问题，还是方法问题；是思想意识问题，还是专业伦理问题，他们能够像孔子那样把"躬自厚而薄责人"作为为人处世的原则。特别是因人际关系不和谐而出现矛盾时，更注重检讨自我。即"责己严而待人宽"，反对挑剔别人。他说，"攻己恶，而不攻人之恶"，批评自己的坏处，而不批评别人的坏处。只有如此，才能战胜自我。可是，有的人总是在想，是别人有意和自己过不去，看到自己作出成绩，就犯"红眼病"，而采取讽刺挖苦，甚至恶意"诽谤"，恨不得"把人推到绝境"。这样越想越不平，越想越不服，于是有的"不抗争、不申辩，关起门来躲在古籍中，寻找宁静"，这样，倒也不错，可以在宁静中反思一下自己，如果真的像作者主张的要"抗争、申辩"，会是什么结果呢？如此的针尖对麦芒，结果会使心情更不容易平静，矛盾会更加激化，以致带来更大的挫折。文章作者还建议为了彰显自己的"才华"，不能"躲"，而应"使自己强大起来"，成为"巨匠、大师"，"让对手惭愧"，"让对手望尘莫及"，而且可以扼制其"兴风作浪的气焰"。我十分赞同班主任要面对挫折迎难而上，选择自主专业发展之路，但应"守住平常心态"，任何一位班主任想成为"大师"、"大家"、"巨匠"也无可厚非。俗话说，"不愿当将军的士兵不是好士兵"，可话又说回来，能当将军的总是凤毛麟角。就说班主任吧，中华人民共和国成立以来像魏书生、李镇西这样名副其实的"大师"、"大家"仍然是少数。如果把目标定在做"巨匠"、做"大家"上，却没碰上机遇、没遇上伯乐，也是很难实现的。期望过高，难以实现又会产生更大的不平衡，这样的挫折足以让人再也站立不起来。因此，我还是赞赏前者，把心态放得平和一点，能在"宁静"中找找自己的原因。特别是因为人际关系不和谐而造成的挫折，更应该先反思自己，切不可意气用事。真正优秀的班主任要让别人成为一面镜子，照亮自己，而自己应该像镜框能装下别人，才能清楚地看见别人的全部。李镇西成长的道路上遇到的挫折难以胜数，也不能和"讽刺、挖苦"同日而语。正是由于他以平和的心态处之，扎扎实实做好本职工作，加上信念的支撑、专业理论的保障，才有今天人人敬重的、名副其实的"大师"的头衔，迎来了挫折后的彩虹。

对此，魏书生先生更值得我们学习。他坚持"守住平常心做教育"。他说："保持内心的宁静，坚持真善美不容易，人最多的时候是与自己战斗，所以我们一定要守住内心那块美好的阵地，守住、守住、再守住。……不论现在还是将来，你住简陋的茅屋或高楼大厦，你的人生是冲向高峰，还是沉入低谷，你处在顺境还是逆境，都会淡定从容。"魏先生反复强调"多改变自我，少埋怨环境"。我在这里再重复一下；遇到挫折时，关键是战胜自我。虽然你不会样样顺利，你却可以事事尽心。正是有了这种阳光心态，才能不断提高专业素养，最终迎接你的是受了挫折的阳光——彩虹。

三、战胜挫折需要合作

教育是一项有组织的集体事业，教育效果有两个决定因素，一是在素质教育精神指导下，全体教育工作者的共同努力；二是有一支专业化水平高的、团结合作的教师队伍。教育效果不单是班主任或某一位教师个体劳动的结果，而是教师集体“塑群像”的结果，这也需要每一位教师要从我做起，共同营造团结合作、“和而不同”的良好人际关系。另外教师（班主任）的专业成长是提高素质教育水平的关键。而教师（班主任）的专业发展既包括个体的专业发展，更需要教师群体的专业发展。没有教师群体专业成长，就没有教师队伍的专业化，因此，每位班主任（教师）都应当树立“大家好，才是真的好”的合作共赢的正确价值观。只有这样，才能正确处理合作与竞争的关系，杜绝不健康的竞争。不要认为只有自己能够“强大起来”，做到“超凡脱俗”，让别人“望尘莫及”，一切一切“诽谤”就可以“销声匿迹”，有这种想法的人也很难做到拥有“淡泊的心”，也不可能“看淡你正在拥有或曾经拥有过的荣光”。何况你能“强大”，别的人就不能强大吗！这样下去健康竞争的心态怎么确立，团结合作的局面怎么形成？因此，我还是赞赏魏书生先生的观点“守住平常心做教育”。我也想用“大家好才是真正的好”与广大班主任共勉，“无欲则刚，有容乃大”，合作共赢天地宽。

就班主任专业成长来说，也需要合作。班主任劳动的“本体性”，往往会造成班主任工作的“封闭性”，这也恰恰是班主任专业发展的瓶颈，个人奋斗尽管很重要，但一旦进入“高原期”，若还不改变这种封闭的心态，还坚守与他人争个高下的心态，就会阻碍自己的专业成长了。这里我想引用一则寓言与广大班主任分享：

一只帆船在江水中优哉游哉地顺流而下。岸上的一匹马看见了，长啸了一声，傲慢地说：“伙计，你怎么总是这么慢吞吞呢，得跑快一点儿啊！”船哗啦啦地劈开江水，不紧不慢地说：“朋友，你认为你跑得很快吗？咱俩比试比试怎样？”“哈哈，你想跟我比试？好，现在就开始吧！”说完，马撒开四蹄就跑。

马跑呀跑，跑了个把钟头，当它确信自己已远远地把船抛在了后面，就在江边的一片草地上一边休息，一边啃点儿青草补充能量。

可是它的喘息还没有完全平定，船就赶上来了，马见船逼近了，撒腿就跑，看看又把船抛在了后面，再次停在江边的草地上啃起草来。马正吃得津津有味，见船又优哉游哉地驶来了，它慌忙撒开四蹄便跑……

就这样，马想摆脱船的追赶，而船就像影子一样，怎么甩也甩不掉。马终于累倒在地上，眼睁睁看着船从自己的面前超了过去。马有点儿不明白，高喊："伙计，你说实话，咱们俩谁跑得快？"

船老老实实地说："在一定的时间里，你比我跑得快。"

"可是，为什么最后我却输给了你呢？"

"很简单。"船仍是那么慢悠悠地说，"慢船累倒马——你依靠的是自己的力量，而我，却借助了风和水的力量。"

借助外力在我们的生活中已无处不在。每个人的成长过程也要借助外力，善于借助外力，才能越行越远。（摘自《未来作家报》2009年3月5日）

学会合作是新课改的一个重要理念，这种理念的确立也有利于自己的专业成长，也有利于合作者的专业成长，真正实现"大家好才是真正的好"，让我们广大班主任紧密合作，共同迎接雨后的彩虹吧！

11. 实现自主专业化发展该怎么办
——练好"气"功

班主任专业化是在实现教师专业化目标的基础上，在践行班主任任职条件、履行班主任职责的实践中，不断提高专业素养的动态过程。班主任的专业成长，单靠"外塑式"的专业培训是远远不够的，更主要的还得靠自我塑造（即"自塑式"），才能实现班主任自主专业发展，即通过自己的努力实现专业理想与信念、职业道德与专业精神、专业知识与专业能力等专业素质不断完善为基础的专业成熟的过程。这种专业成熟的过程是随着时代的不断发展，不断具有新目标的动态过程。因此，要实现专业成长，提高教育质量，必须练好"气"功。

一、修炼职业精神树"正气"

有一身正气是班主任施教的出发点和归宿。这也是班主任职业精神的具体表现。职业精神与职业道德是同一范畴的概念，不同的是职业精神是全面履行

《中小学教师职业道规范》、"班主任任职条件",及其在履行"班主任职责"中所表现出来的精神境界。

班主任的职业精神是其具有明确的角色意识,较高思想境界和不懈追求自主专业发展的心理状态,是对现实自我的自觉超越和向着专业化标准攀登,向着理想班主任形象拼搏的进取精神。这种精神体现了人类追求真善美的科学精神与人文精神的高度融合。其价值取向是更加重视全体学生包括自身的整体素质的可持续发展,更加突出对学生的精神关怀。

班主任的职业精神,实质上也是对党和人民的教育事业执著追求所表现出来的坚韧不拔的意志,是对教师职业道德和班主任任职条件的践行过程中的精神升华,是爱国主义精神、无私奉献精神、爱岗敬业精神、开拓创新精神、廉洁自律精神、终身学习精神、团结协作精神、民主法制精神的集中体现。班主任修炼自己的职业精神必须以时代精神、民族文化为背景,以人文精神为渊源,以自身专业素质可持续发展为根本目标,严格要求自己,不断趋美向善、修身正己、探理求知、奉献示范,向着理想化的目标执著地追求。有了这种职业道德和精神,才能千方百计地将其做好,而且将师德规范变为自觉的行动,使自己具有纯美的品格、慈悲的心怀和廉洁的操守。俗话说一个教师心地不善,绝不会有高尚的职业精神,正如一个心灵肮脏的人绝无纯贞的爱情一样。一身正气,两袖清风是做个好教师、好班主任的至关重要的前提条件。

二、读书学习增"底气"

当今是知识爆炸的时代,一般的国人都在用"学不可以已"的古训要求自己,作为承担着教书育人、服务育人、管理育人的教师,特别是班主任更应当坚持读书学习,不断更新自己的教育观念、完善自己的知识结构、提升自己的人文素养。宋代哲学家朱熹在他的富有哲理的《观书有感》一诗中,说:"半亩方塘一鉴开,天光云影共徘徊。问渠那得清如许,为有源头活水来。"班主任专业成长的"源头活水"就是浩如烟海的书。教师的全部素养都是和书分不开的。只有经常有源源不断的新知识在自己头脑中积淀,才能使自己具有深厚的功力、施教的底气,引导学生做人、做事、做学问。目前在知识更新极其迅速的时代,我们确实存在专业知识匮乏、底气不足的问题。特别是面对好奇心强、求知欲望高的青少年的千奇百怪的追问,确实信心不足、缺乏底气,亟需加紧读书学习,提高自己的专业知识和技能。因此,当我们选择了教育的那一天起,就已经与书结下了不解之缘,而且注定要与书终身为伴。腹有诗书气自华，饱读诗书不仅可以使我们具有优雅的气质，而且会增加我们做好班主任工作的"底气"。

三、实践反思聚"灵气"

班主任练好"气"功离不开实践，实践出真知；离不开反思，反思聚"灵气"。美国心理学家波斯纳提出了一个教师专业成长的公式：经验+反思=成长，其正确性已经被大量的实践证明。朱小蔓教授在她的《教育的问题与挑战——思想的回应》一书中说："反思的本质是一种理解与实践之间的对话，是这两者之间相互沟通的桥梁，又是理想自我与现实自我的心灵上的沟通。"

没有反思的实践充其量只是狭隘的经验，至多只是一些肤浅的认识。只有实践才能产生经验，只有对实践经验进行反思才能形成属于自己的、独具特色的实践性的理论知识，使自己产生无限的灵感，使自己更有教育智慧。实践反思是以实践中遇到的疑难问题为前提，通过批判性思考，找出问题的原因，考虑解决问题的办法，并用行动证明这种新办法是正确的，并形成自己的教育案例。在这个过程，实际上您已经走上了自主教育科研的道路。这样长期坚持下去，就会凝聚灵气，形成智慧，使自己尽快成长为科研型班主任。

四、同伴互动有"真气"

班主任的专业成长离不开同伴互动和团队合作，每个班主任都有自己独特的思想和专长，同伴之间的互动与交流，可以丰富每个人。俗话说，你送我一个苹果，我送你一个苹果，我们每个人手中仍有一个苹果。而我们之间思想交流之后每个人就有了两种或多种思想，你教我一个特长我教你一个特长，每个人就有更多的特长，无形中我们的专业素养都得到了发展。互动交流一定要求真，即坚持真理修正错；一定要坚持"和而不同"，择善而从，真诚相待；一定要知无不言，言无不尽，毫无保留；一定要诚心诚意地向对方学习。

五、专业写作显"才气"

写作不仅是教育科研成果的文字表述，而且其本身就是研究，就是教育反思的过程。它不仅是对自己教育思想的记录和梳理，还可以使其不断深化，在某种程度上是人的思想在推进着研究，写作可以帮助作者进行深入思考，而且对我们的思维方式和内容进行挖掘和澄清，使教师的正确理念和教育教学方法得以彰显。

写作还是一种知识转化的活动。它可以把自己的隐性经验显性化。许多时候,班主任经验是处在可意会难以言传的隐性状态,难以向其他教师传播,不能实现资源共享。班主任本人的专业素养提高也会处在一种高原期。要想突破自己专业发展的瓶颈,走出高原期,必须提高自身的主动发展的自我意识,特别是问题意识,并善于将问题变成课题。

写作可以彰显自己的才气。史载唐代才子王勃挥笔立就耀古烁今的《滕王阁序》,这就是才气使然。当然也离不开由情景相触引发的人生感受之发挥:把人生悲剧性和奋发不息的价值追求之矛盾抒写得动人心魄。于是人们皆称其有才气。司马迁赞美屈原说:“其文约,其辞微,其志洁,其行廉。”这更说明才气的涵养实际是指精神境界的修养,是对心灵和人格的倡导。可见,才气看似纯属个人之事,其实它与天赋、机遇、社会环境都相关联,主要表现为人对事物的敏感度问题。

其实有才气的班主任不乏其人,魏书生、李镇西这些大师不说,像以一部《兵法》走红全国的万玮这样的青年班主任也不少。我一直坚信每位班主任和任课教师都有潜在的才气,只是没有展示的机遇和条件罢了。才气的开发仍然以自我为主,其方法是坚持研究、坚持写作。有人主张:教书 + 写作 = 完师。上边所举之例都说明,写作是彰显人才气的重要方法之一。因为写作的基础是实践,是对诸多教育现象的敏锐感悟,是对自己实践经验、教训的理性反思和升华,并将其用文字表述出来,才气也就在这字里行间了。班主任要实现专业成长,一定要拿起笔来,满怀激情地参与到教育文化创作的行列,万万不可忽视专业写作。

六、不断创新铸“锐气”

温家宝同志在“百年大计,教育为本”的讲话中要求我们教师要“严谨笃学,与时俱进”,“求真务实,勇于创新”,创新既要有志气,又要有勇气,既要有灵气,又要有锐气。它是班主任修成“气”功的集大成者。任何一位优秀班主任都是在锐意创新中不断走向辉煌的。我们常说,任何人不会蹚过同一条河流,任何一位班主任也不能仅凭自己的经验带班、育人,经验固然十分宝贵,而只满足于经验,故步自封,专业成长就会止步不前。只有不满足现状,永远想着超越,锐意创新,才能攀上专业发展的一个个新高峰。创新是在继承传统基础上的超越,是学习他人、超越他人的历程,是战胜自我、超越自我的革命。创新是旧我与新我的较量，这一切都需要勇气和锐气，需要决心与恒心，需要知识与能力。创新铸就锐气，锐气又推动创新。

温家宝还要求教师要静下心来教书、沉下心来育人，其实质就是告诉我们要力戒浮躁，静心养气，脚踏实地地教好书育好人。

12. 实现自主专业化发展该怎么办
——把握四个着力点

自从教育部在《进一步加强中小学班主任工作的意见》中提出“班主任专业性岗位是具有较高素质和人格要求的重要专业性岗位”之后，对班主任专业化这个概念，已经没有人再提出质疑，这似乎已成了一个大的趋势。人们越来越清楚和坚信，班主任工作绝非“人人可为，人人能为”的工作，从事班主任工作有严格的任职条件和极具专业性的职责。而且对班主任的角色定位也十分明确：即班集体的组织者、教育者、管理者，是影响学生成长的重要他人。同时班华教授还提出班主任是学生的“精神关怀者”，也得到广泛的认同。这足以说明班主任应当是具有丰富的专业理论知识、人文科学知识、专业技能和专业道德、专业理想信念的教育专业工作者，具有不可替代性。

对于班主任走专业化道路我曾在多篇文章中提出“走自主专业发展之路”的观点，本文想重点说明班主任自主专业发展的四个着力点，与广大班主任共勉。

一、在读书中更新知识结构

《中小学教师职业道德规范》中，要求教师要坚持“终身学习”，这也是根据教师的职业特点提出的。因为我们都是教书者，不可一日不读书。朱求新先生在他的《我心中的理想教师》中深刻地指出：“……你不读《论语》，不读陶行知、不读杜威、不读苏霍姆林斯基，恐怕很难成为教育家。”不读书学习，就不能获取新知识，更新知识结构；原有知识随着知识爆炸不断老化而逐步落伍；不读书学习就不能形成新的思想，孕育新的智慧；不读书不坚持用专业理论武装头脑，就不能适应专业性岗位对班主任工作的要求；不读书学习就不能获取中华民族的人文知识，涵养人文精神，就很难对学生实施精神关怀。读书可以使人心胸开阔、境界高远；读书可以使智慧跃动、心灵飞扬。总之，读书学习使班主任增长知识、使自己的思想更加深刻,见识更加高远。一位有知识有思想有见地的班主任,在自己专业性岗位上,才能得心应手、游刃有余,有效地完成好工作任务。

目前一些中小学在组织教师读书活动时,比较重视专业理论的学习,却很少向老师推荐文、史、哲方面的书,存在着重理论轻人文的倾向,甚至有的教师读小说、诗歌的书被批评为故弄风雅,不务正业。显然这是一种唯科学主义的思想在作怪。殊不知,读史可以明智,读诗可以聪慧,哲理可以使人深刻。指导班主任工作的理论方面的书不可不读,文史哲方面的书也不可等闲视之。因为提高人文知识,可以形成宽厚仁爱的人文精神、独具魅力的人格品质,有了它才能有效完成对学生实施精神关怀的历史使命。

先说读什么书,王力教授说,现在的书浩如烟海,一辈子也读不完,“因此,选择书很重要。不知选择,如果读的是一本没用的书,或者是一本坏书,那就是很浪费时间——有时还接受些错误的东西。到底读什么不读什么,这要根据各人的专业来定”。(《浙江日报》编辑部:《学人谈治学》,浙江文艺出版社 1983 年 10 月第 1 版)我们班主任工作这个专业的书,也越来越多,书的质量也参差不齐,让人一辈子读不完,也应当注意选择。有些人在一些专业报刊上荐书的也不少,我们还要据此作适当的选择。除了读专业书外,还应读些文史哲类的书,目的在于提高我们的人文知识,涵养我们的人文素养。

至于怎么读书这个问题,王力先生提了三点建议:“首先应读书的序例,即书的序言和凡例。”“其次,要摘要做笔记。”“第三点,应考虑试着作眉批。”“另外,要写读书报告。”总之要养成“不动笔墨不读书”的好习惯。不动笔墨不读书体现在以下四个方面,即查读,读书遇到不懂的问题或概念,应立即查阅工具书,并将结果记录下来。画读,即将书中的重要观点、精彩段落用笔标示出来;摘读,即把书中的一些新观点、新内容及时摘记在专用的笔记本上;写读,除王力先生提出的“作眉批”、“写读书报告”之外,我们还可以结合班主任工作实践,写读后感。这种习惯是最可宝贵的。

有的学者还提出除读书本外,还要读“无字书”,要向生活、向工作实践学习,在信息化社会读网络书也是不可忽视的。

联合国教科文组织在《教育——财富孕育其中》里旗帜鲜明地指出:“终身学习是打开世纪光明之门的钥匙。”作为学生学习的指导者,人类文明的传播者,中华民族传统文化的继承者与发扬者,教师理应成为终身学习者,终身阅读的示范者,并在读书中增长知识、享受快乐。

二、在实践中历练才干

班主任的自主专业发展的第二个着力点是在学习中实践,在实践中学习,通过班主任工作实践积累经验、增长才干。履行班主任的五项职责,完成教育教学任务,是班主任最基本的实践活动。班主任的专业成长是离不开这个大舞台的。这个舞台是班主任专业化的重要载体,是班主任专业成长、成熟的肥沃土壤。俗话说,“实践出真知”,班主任的专业成长应牢牢地植根于实践这块沃土之上。教育作为一门科学,是以实践哲学为基础的,教育的原野很辽阔,教育的土壤很肥沃,必须根据每个班主任不同的工作环境和事业重心来决定自己思考、历练的重点。

众所周知,班主任的专业能力是班主任专业化的关键性指标,而能力的提高是在履行班主任职责的实践中历练的结果。如组织管理能力,只有在班集体的组织管理的实践中才能逐步掌握如何制订班级发展目标、如何带领学生共同制订科学的、人性化的、师生都认同的班级规章制度,如何选拔和培养班干部,使他们在班级管理中发挥骨干作用。这些能力都是在班级管理的实践中形成的。不亲自去组织班集体活动,策划、设计、实施班集体活动的能力就难以形成;不在实践中与任课教师、学生及其家长沟通,不善于尊重他们、虚心向他们学习,班主任的交往与协调能力也不可能有所提高。班主任的专业能力包括基础能力(如终身学习能力、了解研究学生的能力、运用话语的能力……)和核心能力(如驾驭课堂的能力、德育工作能力、教育科研能力……)哪一样能力的提高也离不开实践。因此,在班主任专业化的进程中,必须像魏书生倡导的那样“想干事、会干事、干成事”,在实实在在的工作实践中历练才干。

特别值得一提的是,没有工作实践就不可能有经验的产生。而班主任必须在工作实践中不断积累升华自己的工作经验,这种积累的过程是一个由量变到质变的过程。经验在初始阶段,往往处在只可意会难以言传的“隐性”状态,经验积累多了,再经过不断反思、升华,就会产生质的飞跃,转化为可以用文字表述出来的“显性”状态,就形成了标志自己专业成长的“实践性理论知识”。这就是班主任在理论指导下进行实践,又在实践中进行理论创造的过程,也是班主任专业成熟的重要标志。

三、在反思中加速成长

经验 + 反思 = 成长,这个公式的正确性已经被大量的实践证明。朱小蔓教授在她的《教育的问题与挑战——思想的回应》一书中说:“反思的本质是一种理解与实践之对话,是这两者之间相互沟通的桥梁,又是理想自我与现实自我的心灵上的沟通。”任何一位班主任在履行班主任职责的实践中都会产生种种困惑和遗憾,而这些问题恰恰是契机,如果能够将这些问题课题化,进行行动研究,想方设法去解决它,问题就成了班主任专业成长的宝贵资源。要想“做一个有思想的班主任”就必须坚持在工作实践中反思,反思是一种内在的醒悟过程。反思什么?学生思想工作、班级管理成败、活动组织理念、协调各种教育力量、读书学习情况等班主任工作中任何问题,都可以成为反思的对象。怎样反思?要把班主任在履行职责中应坚持的正确教育理念作为反思的着眼点,对照理念审视班主任工作的成败,结合自己的班级工作思考自己在多大程度上体现了理念的要求,还需要在以后的工作中做些什么,有何改进。特别是在工作出现明显失误或突出成绩时都要及时进行反思。对出现的失误,要分析问题产生的原因,把原因找准了,立即需要提出解决问题的方法策略,并将其投入再实践,问题解决了,紧跟着是用文字把这个过程记录下,形成教育案例。对于工作取得的成绩,同样要及时反思,分析成功的原因和经验,并将用文字表述出来,这样坚持日积月累,就会出现量变到质变的飞跃,形成自己的教育智慧。这也被称之为“案例研究”,是班主任参与教育科研的最便捷的方式,也是最理想的选择。美国学者舍恩认为,人们职业水平的提高,最主要的渠道不是离开职业活动的专门学习,而是在职业实践当中不断反思。事实上,65%以上的教师专业技能都是在任职以后的实践环节中形成的,实践可以弥补职前师范教育的不足。日常教学反思是在日常教学活动中,教师对专业实践中的经验问题进行回忆、思考、评价,总结和探讨问题解决的办法。教育反思,撰写教育随笔、案例或论文,开拓了班主任专业成长的重要途径。这个途径就是个人行动研究。个人行动研究要解决的不仅仅是“如何做”,而且是“应该怎么做”、“为什么这样做”,就是说要“发明”此“理”。班主任带着问题,通过实践探索问题解答的一般原理,或者在理论的指导下去解决和验证某些现象与问题,都属于个人行动研究。此外,根据自己的兴趣和方向,还可以开展富有成效的个性化研究。教育(学)是实践之学,我们甚至可以说只有教师和班主任才能做真正的教育研究。当前,班主任缺乏的是敢于发出自己声音和相信自己感受的那种自信。教师通过行动研究,哪怕是一个很小的问题,只要长期关注、探索,日积月累就会形成自己的“实践性理论”,并由此弘扬开来,辐射教育整体,感悟教育真谛,提升专业水平。

四、在写作中提升教育智慧

班主任有丰富的实践经验和较为系统的教育科学理论知识，有一定的科研和写作能力。可以说班主任具有教育科研和写好教育教学论文的得天独厚的有利条件。坚持在实践中撰写教育教学论文，也是提高教师专业素养，形成教育智慧的有效途径。

写作不仅是教育科研成果的文字表述，而且其本身就是研究，就是教育反思的过程。它不仅是思想的记录和梳理，还不断深化着思考，在某种程度上是人的思想在推进着研究，写作可以帮助作者进行深入思考，而且对我们的思维方式和内容进行挖掘和澄清，使教师的正确理念和教育教学方法可以彰显出来。

写作还是一种知识转化的活动。它可以把自己的隐性经验显性化。许多时候，班主任经验是处在可意会难以言传的隐性状态，难以向其他教师传播，不能实现资源共享。班主任本人的专业素养提高也会处在一种高原期。要想突破自己专业发展的瓶颈，走出高原期，必须提高自身的主动发展的自我意识，特别是问题意识。因为播下一种意识，就会收获一种行动，播下一种行动，就会收获一种习惯，播下一种习惯，就会收获一种命运，即习惯决定命运。

有了这种意识，你就会对自己的经验进行反思，分析其成功的原因和失败的教训，使其在头脑中逐渐清晰，这时如果能够提笔将其梳理、提炼、记录下来，就不是太难的事了。于是那些平时散乱于日常教学生活中的素材，就会被唤醒，为你的经验提供依据，将隐性状态下的经验显性化，真正形成具有个性化的“实践性理论知识”。这是班主任专业化的最重要的标志之一。因为写作也会使你感到一定的难度，这也是一件好事，知难然后知不足，知不足才会有学习的动力，才能不断加紧阅读、关注理论前沿，从理论和现实中寻求灵感和解决的办法。“著名教育学者肖川有一个诊断：会写论文的教师是一个好教师。我想，这其中真正的根源就是：会写论文，必有积累；会写论文，必善总结；所以会写论文，理应智慧。因为智慧，所以优秀。”

写作在于反思自我，与他人共享教育经验，通过表达来完善自我的专业水平。朱永新教授曾有“成功保险公司”开业启事，投保条件是“每日三省吾身，写千字文一篇，坚持十年；若十年后自感未能跻身成功者之列，公司愿以一赔百”。除此之外，班主任要实现自主专业发展，成为智慧型教师，必须坚持写作。写作可以使班主任有知有识、有见的、有思想、有谋略、有智慧，真正成为高水平的专业工作者。

13. 实现自主专业化发展该怎么办
——做好五项修炼

班主任专业化是在实现教师专业化目标的基础上,在践行班主任“任职条件”履行班主任职责的实践中,不断提高专业素养的动态过程。专业培训是班主任专业化的有效途径之一,其最大的益处就是培训的系统性、导向性和专业性。它可以系统地介绍、讲解班主任工作方面的政策法规、班主任工作的基本规范,以及关于学生心理健康指导、班集体活动的设计与组织、班级管理、未成年人思想道德教育等方面的系统理论。这样可以减少班主任遨游书海的时间和精力,为班主任自主学习提供方便,为其履行班主任职责和开展各项专业性工作提供政策保障和理论指导。班主任必须按要求积极参与班主任专业培训。

班主任的专业化,单靠“外塑式”的专业培训是远远不够的,更主要的还得靠自我塑造(即“自塑式”),才能实现班主任自主专业发展,即通过自己的努力实现专业理想与信念、职业道德与专业精神、专业知识与专业能力等专业素质不断完善为基础的专业成熟的过程。这种专业成熟的过程是随着时代的不断发展,不断具有新目标的动态过程。因此,班主任必须从以下五个方面加强自我修炼。

一、修炼师观——树立自主专业发展观

班主任专业发展观体现了科学发展观所倡导的“内在发展”的思想。这种发展观已经成为“唤醒自我”和激发创造力的过程,而不再单单被看成是由行政领导组织设计,由专家学者从外部来解决问题的过程。由此可见,班主任专业化发展,越来越被认为是自觉、主动、能动、持续地在自己的专业实践中坚持反思、改造教育行为,把实践经验变为“实践性理论知识”,并实现不断超越自我、完善自我的过程。

观念是行为的先导,只有树立“自主专业发展观”,才能在自己的工作实践中,坚持自主学习专业理论,坚持在实践中不断积累工作经验,通过积累和反思,实现从量变到质变,从而把那些只可意会、难以言传的“隐性”经验,用文字表述来,变为具有自己个情的“显性”的“实践性理论”,逐步实现由经验型向研究型

转化,实现专业素养的不断完善。

二、修炼师德——形成崇高的专业精神

专业精神与职业道德是同一范畴的概念,不同的是专业精神是全面履行《规范》和“班主任任职条件”及其“班主任职责”所表现出来的精神境界。

班主任的专业精神是其具有明确的角色意识,较高思想境界和不懈追求自主专业发展的心理状态,是对现实自我的自觉超越和向着专业化标准攀登,向着理想班主任形象拼搏的进取精神。这种精神体现了人类追求真善美的科学精神与人文精神的高度融合。其价值取向是更加重视全体学生包括自身的整体素质的可持续发展,更加突出了对学生的精神关怀。

班主任的专业精神,实质上也是对党和人民的教育事业执著追求所表现出来的坚韧不拔的意志,是对教师职业道德和班主任任职条件的践行过程中的精神升华,是爱国主义精神、无私奉献精神、爱岗敬业精神、开拓创新精神、廉洁自律精神、终身学习精神、团结协作精神、民主法制精神的集中体现。班主任修炼自己的专业精神必须以时代精神、民族文化为背景,以人文精神为渊源,以自身专业素质可持续发展为根本目标,严格要求自己,不断趋美向善、修身正己、探理求知、奉献示范,向着理想化的目标执著地追求。

三、修炼师智——实现专业知识与人文知识的和谐发展

教育部《关于进一步加强中小学班主任工作的意见》中第一次明确了“班主任工作岗位是具有较高素质和人格要求的重要专业性岗位。”这就清楚地告诉我们,从事班主任工作必须具有丰富的知识与合理的知识结构,特别是要实现专业知识与人文知识的和谐发展。班主任的专业知识和人文知识是班主任专业化的基础。专业知识主要包括履行班主任职责过程中所需要的德育理论、班级管理理论、组织班级活动的理论、协调人际关系理论,以及专业伦理等方面的专业知识。缺乏这些专业理论的支持,就难以胜任这项专业性很强的工作。人文知识是以文、史、哲知识为基础的广泛的文化学知识,以这些知识为背景,不断提高自己的人文素养,涵养人文精神,也是完成班主任工作的重要条件。班主任工作的实质是对学生实施精神关怀,即关注学生的生命价值、提升学生的生命质量,推动学生素质的全面、和谐、可持续发展。班主任具有这种人文精神才能有效地引导学生继承中华民族传统文化,成为具有精神文明素养的合格接班人。班主任

的专业知识和人文知识也是班主任专业化的两个重要指标。

四、修炼师能——形成班主任的综合能力

班主任专业能力是班主任专业化的关键性指标,是最能体现教育智慧和专业化水平的部分。它包括基础能力(了解研究学生的能力、终身学习能力……)与核心能力(德育工作能力、组织管理能力、设计组织班集体活动的能力、人际关系协调能力、教育科研能力……),这些能力又集中表现为班主任的开拓创新精神。班主任的专业能力不是天生就有的,也是在工作实践中自主发展起来的。如终身学习能力是班主任实现专业化的基础能力,它要求班主任要有较强的自学和获取多学科知识的能力,并具有发现、分析、选择、保存和灵活运用新信息的能力。要求班主任能够紧跟时代步伐,既崇尚学习,又善于学习,通过学习不断更新自己的知识结构,实现博采众长,并在工作实践中,主动以自己的教育工作为反思对象,对自己的决策、行为进行审视和分析,实现对旧况的批判和超越。可见这种能力对班主任专业成长是多么重要。班主任工作是针对性很强的工作,只有具有了解研究学生的能力,才能真正实现因材施教。至于核心能力中的逐项能力,都取决于班主任各项职责都是专业性很强的工作,不具备这些能力是难以胜任的。这里就不再赘述了。

五、修炼师风——形成高雅气质

(详见第4题,本文略)

14. 实现自主专业化发展该怎么办
——做自己的皮格马利翁

皮格马利翁是一个流传很久的故事的主人公。他是一名雕塑师。一次,皮格马利翁对自己正在雕刻的一尊少女像萌生了爱意,并强烈地期望少女像被赋予生命。结果他如愿了。最后,皮格马利翁与自己心爱的作品喜结良缘。无独有偶,美国心理学家做过一个试验。在大学低年级选定一个成绩平平,其他条件也一般的女学生,他告知老师和同学,这个女生“具有各方面优异发展的特殊资质”,并嘱咐要保密。结果是,师生们在各方面对这个女生另眼相看,有意无意地倾以厚爱。这个女生不知不觉中自尊心、自信心大增,各方面分外努力。一年以后,她的各门功课都有了明显的长进,进入了优等生的行列,连衣着打扮也与从前不同,甚至她的外貌和举止也变得楚楚动人了。

我一直在想,我们班主任能不能成为塑造自己的皮格马利翁呢?换句话说,班主任如果没有第二者的期望与激励,能够通过自我激励实现自己的专业发展吗?能够通过自我期待改变自己的教育行为,优化自己的班主任工作吗?答案是肯定的。自主专业发展理论研究表明,班主任专业素养的提高,绝大部分是“自塑”的结果,是后天习得的。如班主任的专业理论的提高,当然需要专家的指导,学校领导的帮助(外塑),但更重要的还得靠内因,靠自己强烈的自我期待,明确自主发展目标和具有强烈的自主专业发展的愿望,并在行动上不懈地努力,加上你所掌握的行为科学知识,你就会成为自己的皮格马利翁。要成为自己的皮格马利翁,应当做到以下几点。

一、自我期待

班主任要根据专业发展阶段论的理论,分析自己专业发展所处阶段(适应期、成熟期、骨干期、研究期),及其“最近发展区”(现阶段专业发展的现状与发展目标之间存在的差距),制订出自己近期自主专业发展目标,这就是按照皮格马利翁效应,对自己提出的目标期望与自我激励。有了合理的目标,就会形成自主专业发展的动力,就会产生具体的行动方案和行动措施,你的美好愿景就会在你的目标激励下而实现,就会像皮格马利翁一样如愿以偿。

一位班主任的自主专业化发展,不是一蹴而就的,这个长远目标的实现,需要一个个近期目标的实现而达成。“登门槛效应”告诉我们,班主任不管是对学生还是对自己,要提出适度的期望,就要把终极目标分解成一个个经过努力即可实现的小目标,才能一步步登上终极目标的巅峰。同样的方法也适用于自己的专业发展。一个多么要强、多么有才能的刚参加工作的年轻班主任,也不可能在短期内成为专家型的班主任,而必须经过长期努力才能实现。即按照优秀班主任专业发展的每个阶段,制订自己的专业发展规划,并根据每个阶段应达到的目标,找准自己的最近发展区,适时适度地提出自我期待,一步一个台阶地走好专业发展之路,渐渐地,你就变成了塑造自己人格形象和学术形象的皮格马利翁。

二、自我调控

如前所述,班主任自主专业发展,要不断克服不良行为习惯,养成良好的行为习惯,为此,也可以利用皮格马利翁的暗示效应。众所周知,班主任工作最有效的方法是言传身教,而且身教最为重要。能够影响班主任某种教育行为习惯的原因很多。既有外在的,更有内在的,而且内驱力才是形成某种良好教育行为,纠正某种不良行为的最重要的动力。为了有效地自我控制某种不良行为,首先就要找到能够暗示我们进行该活动的诱发事件。例如,班主任脾气暴躁,爱发火,只要班上出现一些问题就沉不住气,常常怒火中烧,甚至惩罚学生,使一些学生提心吊胆,小心翼翼,也造成了不少学生与之顶牛的逆反现象。爱发火是一种专业不成熟的表现。要想克服自己的无益激情,改掉爱发火的不良习惯,形成较强自我控制情绪的能力,就可以借助皮格马利翁效应的“暗示”作用,进行“自我暗示”。首先,应当回忆容易引起自己发火的事件,然后将它们一一列举出来:(1)学生做错事情的时候;(2)班级评优失利的时候;(3)自己心情不佳的时候。接下来,再按照皮格马利翁的“期望效应”,对自己提出期望,并通过反思,问问自己:“遇到这些情况就发火能够解决问题吗?”“我怎样才能减少、避免或克服这些消极暗示?”最后,把发火可能带来的负面影响和解决的方法也列出来:(1)发火只能增加师生的心理隔阂,甚至顶牛,对纠正学生的错误和评优毫无帮助,解决办法是调整心态、宽容学生、沟通解决。(2)把自己生活中的不快迁怒到学生身上,不仅是不公平的,也会影响师生关系的和谐,解决的办法是提高自身修养,调节好自己的情绪。总之,为了彻底改变这种坏脾气,最好按照上述方式列一张更详细的更具体的表格,然后针对这些暗示物,对自己的修养提出有针对性的期望,即可逐步一一克服。

三、自我激励

皮格马利翁效应的暗示性激励是显而易见的。罗森塔尔也曾利用此效应做过一个实验:他到一个学校里做完调查后,随意写了一部分名单告诉校长和班主任:这些学生很有发展潜力,但要求班主任不要告诉学生。从此以后,班主任和任课教师,对这些学生却寄予了厚望和特别的关注,一个学期后发现这些学生进步很快。这个实验告诉我们,真诚的期待和不懈的努力,终会结出预期的果实。平时,班主任的期望和关心,发挥了积极的暗示作用,使这种真诚的暗示性期待(强化物)成为学生发展的动力和方向。

班主任在行为的自我塑造中,强化物的控制是非常重要的。行为强化物,通俗地说就是引起某一特定行为反复出现或立即停止的刺激物(也称激励诱因)。

如,在工作中,我们通过努力,获得领导的奖赏,这奖赏即是强化物。不难理解,强化物可以使某种行为频繁出现,并且巩固下来。这种强化物就是正强化激励。当然,有时我们工作出了问题,受到领导批评或舆论谴责,这是否定性强化物,即能引起某一特定行为终止的刺激物,但这些都是外因(外动力),班主任的自主专业发展更需要自我激励,即自我肯定、自我批评和惩戒。如有的班主任总觉得自己的知识足以应付班主任工作的需要;有的觉得自己太忙,无暇读书学习。其结果是影响了自己知识结构的更新、专业理论的提升和班主任工作的创新。按照皮格马利翁效应进行自我激励则是解决这个问题有效的方法。

如何进行自我激励呢?具体做法是,可以先扪心自问(即反思):"满足自己现有知识和工作太忙,无暇学习的想法对吗?不对,错在哪里?"你就会发现在知识迅速更新的时代,我们如不加紧学习,自己的知识就跟不上时代的步伐,更不能满足学生求知的需要,而且面对当代青少年独立自主性强、不盲从、敢于挑战、敢于置疑班主任的性格,你就会手足无措。如果你的知识结构和教育观念不能随时更新,你就不可能把课教好、把班带好,你就会感到自己知识的不足、能力的欠缺、观念的陈旧,因而产生了刻苦学习的强烈愿望,然后根据皮格马利翁效应,对自己提出合理的期望——做终生学习者。这样,克服错误认识的办法就会应运而生。然后,再把所想到的措施写下来,如(1)合理安排工作、学习和生活的时间(可安排一个有一定弹性的时间表);(2)找准自己知识结构中的薄弱环节,制订一个读书学习的计划;(3)为自己选择一些有不同特点的班主任或教师作为自己的榜样,经常向其请教与其交流等等。皮格马利翁效应就降临在你的身上。

15. 实现自主专业化发展该怎么办
——做时间的主宰者

班主任专业化发展是一个长时间动态的过程,既需要外部环境的支持和政策制度保障,更需要自身不懈的努力。其中很关键的问题就是善于把握时间。班主任专业化发展是需要时间的,专业阅读需要时间、参加专业培训需要时间、反思自己的工作实践需要时间、与同事交流经验需要时间、专业写作更需要时间。谁掌握了时间特别是业余时间,谁就掌握了自主专业发展的主动权,谁就会攀上专业发展的新高度。尽管班主任沉重的教学任务和繁琐的班主任工作,使其用于专业发展的时间大大缩水,然而,这绝不意味着就没有时间用于自身的专业发展。下面从三个方面略陈管见。

一、不浪费时间

目前班主任浪费时间的现象并不少见,课余时间老师们聚在一起,天南地北地闲聊,拿学生学习中出现的问题和别人的缺点进行调侃,却听不到对自己工作的反思:这节课讲得效果如何,这次与学生沟通有无成功的经验和失败的教训,怎么才能更上一层楼,也看不到有人在那里认真写着反思小结。有的老师甚至打开电脑玩起游戏,就这样时间白白地浪费掉,岂不可惜。

学校把参加市区专业培训的宝贵机会给了班主任,有的却不知道珍惜,签个到就离开,或去办个人私事,或去逛商场,根本就没想如何带着问题参加培训,更没想借此机会与专家、优秀班主任对话、请教一些问题。一整天的时间就这样毫无意义地消磨殆尽。在一次全国性的班集体建设理论研讨会上,专家和优秀班主任云集,这是一次多么难得的机会呀,可是却有近三分之一的与会者中途退场,据了解多数退场者去逛商场,或去旅游。某地区组织的一些大型班主任工作会议,也是一个难得的经验交流的机会,可是集体活动结束后,一些人却是聚在一起打扑克,一玩就是大半宿。这种现象还可以举出许多,尽管这种现象仍是少数,但不能不引起我们的重视。

众所周知,时间是班主任专业成长的宝贵资源,是浪费不得的。有的班主任总是强调工作忙压力大(这是事实),没有时间用于专业发展,细想一想时间总还是有的,就看你有没有自主专业发展的需要和动机,千万不能白白地浪费掉。曾经听同事讲述一个真实的故事,就说明了谁会把握时间谁就会实现专业发展。现转述如下以飨读者。

甲和乙是同时分配到某中学任教的。试讲后,校领导对甲挺满意,被安排教两个年级的政治并担任一个班的班主任。对乙的工作不放心,暂教一个班的英语,兼任班主任。

后来的日子里,甲都是轻轻松松地上课,管理班级,很少见她为班上的学生烦恼,似乎根本不存在调皮的学生。她所带的班级也秩序井然,各科任课教师都反映到她班上课很舒服,很愉快。在任教的第一年甲就参加了县里的政治优质课竞赛,获得了较好的成绩。

乙恰好相反。在办公室里,你总能看到她认真地一遍遍地跟着录音带朗读,矫正发音，抱着英文书籍认真阅读；或者看一些教育教学理论书籍；有时还经常向有经验的教师请教教学和班级管理方面的问题。

第一学期结束时，甲所带的班级量化总分位居年级榜首，而乙所带的班级是最后一名。

甲和乙的表现和成绩让办公室的教师很是好奇，简直就是真实版的龟兔赛跑。当然，甲被认为是那只跑得快的兔子。

第二学期，甲还是轻轻松松地上着课。她坐在办公室唯一的一台电脑前，听听歌，或是准备上课的资料。课间依然很少见她找学生谈话，办公室教师闲聊的时候，她总能适时地发表自己的见解，的确不同凡响。

乙还是认真地听着录音带，练着口语和听力，看着英文书籍。她在办公室依然是很少言语，只是频繁地找学生个别谈话，常与家长进行面谈，还利用周末休息时间到学生家里走访，有时甚至步行很远的山路。

此时，年级组长安排甲写一篇《我心目中的教研员》的文章，甲婉言拒绝了。年级组长又请乙来写，乙洋洋洒洒很快就完成了。不仅文笔不错，而且对教研室的工作改进很有价值。后来，同事有问题向乙请教，乙都让同事满意而去。于是，大家对乙刮目相看。

再后来，大家说尽管在乙的班上课，感觉依然累，但她班上的学生课堂参与度高，都能大胆地发表自己的意见，能感觉到每个学生都在努力。县里期末统考，乙的班级量化总分明显要好于甲的班，甚至可以和有经验的英语教师相提并论了。同事们都对乙表示祝贺。

第二年，甲和一同事确定了恋爱关系。乙到北京买了很多的书，说是决定考研。

乙依然衣着朴素，依然常手捧书本……

甲说，人有两种：一种人聪明而不勤奋，一种人不聪明但勤奋。

甲说自己属于第一种。乙说，很多事，结果并不重要，努力的过程本身就是快乐的。

两个教师的故事仍在继续。但道理已经很清楚：谁能把握住时间，进行专业阅读，了解研究学生，谁就会尽快实现专业发展。

二、解放自己，开发时间资源

学校不能把班主任专业发展当成班主任个人的事，应该将其纳入学校内涵发展的规划之中,要按教育部的要求,减轻他们过重的工作负担和精神压力,要通过组织丰富多彩的专业活动(如读书沙龙活动、治班方略和个案交流点评活动、与专家和优秀班主任对话活动……)为他们创造专业发展的时间和平台。要尊重班主任的主体地位,把专业发展的自主权还给他们,鼓励他们主动寻求与开发时间资源,激励他们的专业成长。这是非常必要的。但根据我自己的经验,班主任专业成长的自主权还是掌握在自己手里,关键是把长期从事班主任作为自己的理想和信念,树立选择了教育就是选择了幸福的职业幸福观,这是班主任克服职业倦怠,实现自主专业发展的动力。对此,笔者在《班主任要坚持自主专业发展》(《班主任》2007 年第 2 期)一文中有具体的阐述。

这里想重点谈谈班主任要努力实现自我解放,最大限度地开发自主专业发展的时间资源。

班主任的自我解放,主要是如何使自己从沉重而繁琐的班级事物中解脱出来,能有更多的时间用于专业发展。我觉得只有充分相信学生、把自我教育和自我管理的主动权交给学生,才能既解放自己,又锻炼学生。一个成功的班主任,在他们的周围都有一批热心班级工作的小干部、小能人,许多班里事物不必班主任亲力亲为,只要授权给学生并加以指导,他们都可以做得很好。这会使班主任都有更多的时间了解研究学生和班级发展的规律,思考用什么样的理论和方法把班级工作开展得更好,更能促进学生素质的可持续发展。班主任只需尽全力抓好班干部队伍建设与培养,并鼓励学生自我教育和自我管理,这样即可从繁琐的班级工作中解放出来。时间资源也会源源不断地来到你的身边,为你所用。

实现自我解放也不能忽视团队的力量。班主任再有能力也不如团队合作的力量。只要班主任诚心诚意地相信、尊重和依靠任课教师和学生家长,使这两部分人与自己形成教育合力,共同为实现教育目标而努力,班主任就不必因孤军奋战而疲劳不堪了。你也就有了更多的时间,进行专业阅读、反思工作实践中的问题,并将其课题化,开展行动研究,这就大大拓展了自己专业发展的时空,迅速走上专业化的康庄大道。

三、合理运用业余时间

珍惜时间并不断开发时间资源固然重要,更重要的当属科学地支配时间,才能在有限的时间内,完成更多的自主专业发展的任务。如何科学地运用时间,具体到每个班主任也存在差异,综合成功班主任的经验和笔者的实践,谈几点见解，以期相互启发借鉴。

（一）明确自己专业发展任务，科学规划工作时间

科学规划和运用时间及其实施方法都有赖于对自身专业发展目标的清楚了解。如果我们不知道明天该干什么，就不知道行动的方向，就谈不上合理安排和运用时间。只要发展方向明确了，就可以本着重点任务用时优先的原则，预测一下各项任务所用时间，并形成一个阶段性的有一定弹性的行动方案，并努力依案实施。

（二）个人行动规划与学校工作安排整合

当前中小学普遍重视教师和班主任的专业发展，基本上考虑到班主任专业发展的需要，有计划地组织了各种专业活动，为其专业发展提供专业学习交流的时间和舞台，我们应当充分利用这些机会与自己专业发展行动计划有机整合，积极参与，做各种专业活动的主人。

（三）根据用脑科学，合理支配时间

你对自己的生理周期了解吗？生理周期因人而异，心理状态和精力充沛程度在一天内也有高潮和低谷。为了准确把握自己一天的心理状态、清醒程度和对事物反应的敏捷度，平时要记录自己的体力和脑力出现高峰的时间及其持续多久，找出生理周期的变化曲线，以便合理安排每日活动，利用好高峰期，提高专业学习和工作的效率。

（四）劳逸结合，形成规律

可以根据自己的学习和工作习惯或生物钟制订作息时间，如果觉得在某个时段内进行学习的效果最好，可以把它固定下来，休闲时间和工作时间一样，都是组成我们生命和生活的一部分。学会休闲是社会进步的一种标志，休闲的真谛是“自由、快乐、意义”，是“以欣然之态，做心爱之事”。要懂得放松，安排好自己的休息和体育锻炼时间，才能把自己的身体状况调整到最佳状态。作息时间可以因人而异。

除此之外，笔者根据自己的经验，还想提几点建议。

一是零碎时间不容忽视，应充分利用。零碎时间看似很小很小，但集腋成裘，聚沙成塔，如果能够将其充分利用起来，以很少的时间来做一些学习中的小事，坚持下来，也是非常可观的。如候机、候车、等待开会这些零碎时间也要充分运用。

二是清晨时间要用好。清晨,头脑清醒,可根据处理家务所用时间,安排出学习思考时间,内容可视自己的情况而定或读书、或写作、或为新一天的工作做准备。

三是巧妙拒绝一些邀请。现代人的生活越来越丰富,人际交往越来越频繁,这其中既有有益的,也有无益的,因此在接到邀请时应视具体情况有所选择,并学会拒绝,以免浪费时间。

四是每天晚上要读一篇自己喜欢的或与工作、与专业发展有关的文章,或在睡前梳理一整天的学习与工作情况,计划一下明天干什么。这个时段的思维是非常活跃的,会经常在阅读与思考中产生新的灵感。我在从事研究中许多有价值的选题是这时产生的。

我主张要善于把握时间,但并不同意"时间就是一切"的观点。我们不能忽视时间流淌中的生命享用和价值追求,即把握时间,实现自主专业发展。

16. 实现自主专业化发展该怎么办
——做"关键事件"的掌控者

班主任在自己专业性岗位上,会经常遇到一些影响其专业成长的事件,人们称之为"关键事件"。它之所以关键,是因为这些事件对班主任专业成长既是挑战更是机遇。它可能使弱者望而却步,坐失良机;使强者迎难而上,借助"关键事件"的处理,既提高教育质量,又实现自身的专业成长。我们班主任能否把握住教育过程中的"关键事件",能否将这些事件变成自己专业化发展的宝贵资源,并充分地加以利用,这也是班主任专业素养和水平的重要体现。

班主任在践行任职条件,履行班主任职责,对班级进行科学管理、对学生进行思想品德教育的工作实践中所出现的"关键事件",及"关键事件"对自身专业成长的意义缺乏应有的认识和把握的能力。这就需要我们加强修养,使自己对"关键事件"保持高度的敏感和深刻的反思,并利用它来发展自己。

一、把"关键事件"变成专业成长的资源

英国教育家约翰·沃克在研究教师职业时提出了"关键事件"这个概念。他认为"关键事件"是影响教师职业生涯和专业发展的"重要事件"。利用好"关键

事件”对教师专业成长具有重要作用。怎样才能把“关键事件”变为自己专业发展的可利用的资源呢？众所周知，班主任专业发展是自主的、能动的发展，是受其需求和发展动机的内驱力影响的。这种内部动力的强弱，取决于班主任自己的人生目标，对事业的追求及工作中的抱负水平。目标越明确、追求越执著，抱负水平越高，越能尽快地把“关键事件”转化为自己专业成长的重要资源，也决定着班主任专业成长的速度和质量。下面从两个方面略陈管见。

首先，要对“关键事件”保持高度的关注和积极的态度。一般情况下，“关键事件”本身不会对班主任的专业成长产生作用。只有班主任对“关键事件”高度重视，并采取积极的态度，以及在处理关键事件时所采取的有效的决策，并对自己特定的行为做出正确的选择，才能对自身的专业成长和发展方向发挥重要的作用。如，当校领导交给你一项相对较难而又非常重要的任务（参加主题班会大赛、参与教育科研、为学校撰写一份材料）时，态度不一样，结果也大不相同。有的班主任强调客观原因加以推辞，有的却迎难而上积极参与，并千方百计将其做好。前者就失去了锻炼和专业发展的机会。而后者因抓住了这次机会，克服了种种困难，出色地完成了任务，这个过程也就丰富了自己的专业知识、实践经验，提高了专业能力和专业水平。

第二，要善于把“关键事件”作为课题来研究。班主任在长期从事教学和班主任工作中会取得一些成功的经验，遭遇一些失败的挫折，这些都是我们遇到的重要事件。对此有的班主任可能因成功而高兴一阵子、因失误而沮丧一阵子，不久就忘却了。这就使关键事件失去了应有的价值。而一些有目标追求的班主任，往往会对这些成功与失败，都问一个为什么，对成功的经验要进行系统的理性思考和总结，对失误的教训进行批判性反思和梳理，在找准失误原因的基础上，寻求解决问题的办法，并用实际行动去再实践，验证新方法是否正确。这样一来，班主任也就走上了“问题—反思—设计策略—行动—取得成果”之路，并将这个过程用文字表述出来，形成生动教育案例的教育科研的道路，这个过程也正是班主任专业成长的过程。这其中问题是前提，反思是关键，调整决策、改变行动、解决问题是目的。这也就应了美国心理学家波斯纳提出的教师成长公式：经验 + 反思 = 成长。

二、迎接挑战，把握机遇

班主任面临的“关键事件”，一般有两种情况。

一种是始料不及的偶发事件，它可能让班主任感到非常棘手，甚至陷入尴尬的境地。这时有的班主任会大光其火、对学生大发雷霆之怒，造成师生关系的严重对立；有的班主任则因束手无策，而采取“弃课”的方式：“我教不了你们，我走还不行吗？”于是拂袖离开自己的神圣岗位，这显然也不是应有的选择；而有些班主任却能坦然面对，冷静处理，而且表现出三个突出的共同特点：一是善于控制自己的情绪，做到当怒而不怒，这是处理好偶发事件的前提条件；二是善于判断事件的起因和性质，体现迅速而准确的判断力；三是能够采取灵活的处理方法加以解决，体现其灵活而巧妙的变通力。记得一位一向以管理严格著称的张老师，新学期被派到高二(1)班担任班主任。学生得知消息后，很不欢迎他，于是就出现这样的“逐客”事件：当张老师走进教室后，发现黑板上赫然写着：“张老师，请出去！”张老师很生气，但他控制住自己的无益激情，面对教室里紧张的气氛，沉思片刻说：“同学们，我知道你们是在用一种新的方法考验你们的新班主任，你们知道吗，‘请出去’这三个字几乎把我打蒙了，可我发现你们还是很懂礼貌的。你们知道吗，这个‘请’字让我好感动，假如你们换成一个‘滚’字，我将无地自容。(同学们笑了)因此，我请你们收回成命，相信我一定能成为受你们欢迎的班主任。”教室气氛一下子活跃而轻松起来，问题也在幽默的话语中迎刃而解，张老师高水平的专业素养和教育智慧也在处理这次偶发事件中彰显出来。

另一种是当班(队)活动评比、班主任基本功大赛、治班方略展评、教育科研成果展示、教育案例交流等活动摆在我们面前的时候，都是我们在专业成长过程中的“关键事件”，这无疑是学校为我们专业化发展搭建起的广阔舞台。我们对这些事件持什么态度，是迎难而上，还是消极应对，直接反映出班主任是否能够坚持自主专业发展的积极性和能动性，也会决定一个班主专业成长的速度。班主任专业发展是内外因共同作用的结果，但推动其专业成长的根本动力是班主任的专业自我认知和情感体验。因为，班主任才是专业发展的主体，只有自己主动参与这些活动，才能实现自主发展、自我提高。也许参与这些活动，会给班主任工作带来一些麻烦，甚至有可能失败的风险，一些有目标追求的班主任绝不会因惧怕挫折与失败而退缩，反而会更加亢奋，迎难而上，在奋斗中实现专业成长。李镇西老师的职业生涯中遇到的挫折很多，有的所造成的压力是常人难以想象的，但他都能淡定自如，在战胜一个个困难的过程中，逐步成为我们敬重和学习的榜样。

三、对待成功与挫折，要有正确的态度

处理“关键事件”无非有以下几种结果：一是取得了成绩，获得诸多荣誉；二是遭遇失败和尴尬；三是说不上失败，也说不上成功。这三种结果都不重要，重要的是对结果的态度，决定着班主任今后的专业发展。为什么呢？先说如何对待成功。例如在全国班队活动大赛上有上佳的表现，获得了一等奖，报刊上也有了名字。对此就有截然不同的态度。有的教师在鲜花、掌声和奖励面前，沾沾自喜，甚至飘飘然起来。有的则不然，一位济南获大奖的班主任说：“我体验到了什么是成功的快乐与幸福，但我也发现每位参赛者都有值得我学习的地方，特别是您关于班会活动的设计创新与科学评价的讲座，使我发现了自己组织的班会活动还有改进的空间。”有的获奖者说：“成绩只能代表过去，未来的道路仍然遥远。这次参赛让我们开阔了眼界，发现了自己的设计、展示与同台展示的其他老师的差距，以后我要多学习、观摩，提高班队活动设计与组织能力。”我们有理由相信这些班主任在专业化发展道路上一定会阔步前进。

在处理“关键事件”的过程中，迎接我们的不全是鲜花和掌声，遇到挫折，甚至遭遇失败也不足为奇，关键仍然是如何对待挫折与失败。有的在挫折面前丧失信心，一蹶不振，甚至觉得自己就不是当班主任的料。从此，当一天和尚撞一天钟。做个好班主任的信念开始松动，专业成长的目标开始模糊，这样下去职业倦怠就会不期而至，还谈什么专业成长。而更多的班主任在挫折与失败面前有正确的态度和选择。这些同志有一个共同的认识：挫折并不可怕，只要我们不屈不挠、千方百计、勇往直前，一定会迎来雨后美丽的彩虹。有的班主任说：失败也是资源，如果我们真的能够好好反思，找准原因，改变行动就一定会达到吃一堑长一智的目的。当我们取得成功或遭遇失败的时候，更可怕的是不能正确地对待来自周围同志的反应。当你成功的时候，有的同事出于各种原因，或不服、或忌妒，可能对我们进行讽刺挖苦，当你失败的时，也可能向我们投来鄙视的目光。这些都是考验我们意志的时候。李镇西在面对同样的打击的时候，始终认定自己的方向，坚定地走自己的路，他成功了，成了著名的教育大家。

总之，班主任是自己专业发展的主体，只要信念不变、方向不变、努力不变，就一定能够实现专业成长，成为一名专业化的班主任。

17. 不善于捕捉德育信息怎么办

如何使班级德育显出新意，充满生机与活力，体现实效是广大班主任长期探索的重要课题。班级德育工作应从多方面着手，而善于把德育信息应用于德育实践则是提高德育效益的重要环节。特别是在当今社会已跨入信息化时代，善于捕捉信息、利用信息就成为做好班级德育工作必不可少之举。但是，捕捉不到有用的德育信息却成了班主任感到苦恼的一件事。本文试就此谈些粗浅之见。

信息是指能给人带来反映客观事物的新知识、新情况的消息。它是客观世界中各种事物的运动状态以及事物特征的反映。由于客观事物的多样性决定着信息的多种性，例如经济信息、商品信息、工业信息、农业信息、文化信息、科技信息、军事信息、股市信息、德育信息等。就德育信息而言，它是指能指导或启发班主任做好德育工作的新知识、新情况的消息。其表现为多种形式，归结而论，笔者认为主要有两大类：一类是直联信息，即与德育工作有着直接关系的信息。这种信息主要有：①教育行政部门所发的有关德育的文件、规定、活动通知；②有关教育、德育的书、报、刊所传递的信息；③非教育行政部门和非教育专刊所倡议、组织的德育活动信息；④学校师生言语、活动所引发的德育信息等等。这类信息的特点是它同德育工作有着紧密而又显而易见的联系，它是德育工作的主要依据，是德育工作的主要“指挥棒”；另一类是间接信息，即与德育工作不是直接联系，而是间接相关。这种信息表面上看似乎与德育工作无关，而实际上与德育工作有着内在的联系，它对德育工作有启发性，可通过班主任的积极思考、挖掘，能与德育工作很好地挂钩。例如，1996 年第 10 期《中国青年》杂志刊登《民心似镜——从“理解万岁”至“创业万岁”的蔡朝东》一文，在常人眼里只是一般报道，而仔细剖析便可成为德育工作的有益间接信息。我们透过此报道，可以组织开展下列德育活动：①让同学们演讲蔡朝东同志的事迹；②以蔡朝东事迹为蓝本编排话剧、小品；⑧开展与蔡朝东同志“对话”活动；④开展“创业与勤学”大讨论；⑤开展“将来我能为祖国为人民做什么?”征文活动……间接信息是对直接信息的必要补充，对于德育工作的纵横开展具有良好的作用。直接信息与间接信息共同存在，直接信息是主体信息，间接信息是必要补充，两者缺一不可。

面对两类信息又怎样进行捕捉、处理与运用呢？笔者认为主要应抓以下三个重要环节。

一、要尽量备足信息源

信息是以消息的形式传递的，而消息的传递方式又显多样性，德育信息的传递方式也是如此。有通过文件、书籍、报刊的图文传递；有网络、手机、电讯、广播、电话的语言传递；有电视、电影、录音、录像等的音像传递；有电脑软件及国内外信息网络化的高科技信息传递等。传递信息的这些“媒介物”便是信息源，作为学校应尽力备足信息源，以便为德育工作者获取德育信息提供来源。同时，对于广大的班主任来说，自备多方信息源也必不可少，也显得重要，尤其要订阅多种报刊。这样，一方面可吸收新知识、新技术，不断提高业务水平和工作能力；另一方面也为德育工作提供良好的信息源，为捕捉德育信息提供便利。

二、要抓好德育信息的收集、记录和加工贮存工作

德育信息是客观存在的，但它不会自动地反映给人们，相反，人们只有积极主动地收集、记录、加工并贮存信息，才能为人们所“吸收”。倘若我们面对很多的信息源而不去捕捉，那也得不到信息。为此捕捉信息要做到“三有”：一要“有心”，常言说得好，“世上无难事，只怕有心人”，作为一个德育工作者要有高度的责任感与事业心，要对自己所从事的工作负责，要有心舍得花时间对所从事的德育工作动态、消息有了解、有掌握；二要“手勤”，凡从报刊或其他渠道得知的德育信息必须将其记录、备案，长此以往，经常锻炼，便可成为捕捉德育信息的能手；三要有“思”，将信息收集后，要对信息加以思考、分析和归类。通过分析明确信息的应用对象、范围、方式以及应用后的效应性预测，让信息“潜意识”地为德育工作服务。

三、要及时地传输运用信息

德育信息的收集、贮存本身不是目的，真正的目的在于把获取的信息运用于德育实践。因此，当我们捕捉德育信息之后，要经过加工、处理，更要及时传输信息，以让其发挥作用。在此，要做到“适机”、“适度”和“适时”。适机就是把德育信息应运到德育工作最佳点上；适度就是将德育信息量依工作需要而释放，既不保守也不过度；适时就是传递速度要尽快。因为，信息有一个重要特点就是“新”，要新就不得不受时间限制，信息有其自身的价值与价值量问题。捕捉的信

息是过时的或没有过时而未及时应用则会将信息的价值减少甚至趋于零。因此,德育工作在捕捉信息后应高度重视信息的时效性,要将捕捉的信息及时应用到德育实践中。例如,有些学校领导自己在新闻报道中获得十七届六中全会的有关信息时,未等上级主管部门的安排布置,便立即组织开展多种活动:①学习十七届六中全会精神知识竞赛;②“文明工程”建设,即“办文明校,建文明班、做文明人”系列活动;③“社会呼唤文明”的专题演讲;④举行“不文明行为大曝光”;⑤征集同学们关于文明方面的“名言”……积极构建以班级文化为基础的学校文化,为社会主义文化大发展、大繁荣增砖加瓦。显然,这些活动是捕捉德育信息并及时应用的一个体现。

总之,掌握德育信息的捕捉、应用艺术,是班主任必须练就的基本功,也是一项富有重要意义的工作。捕捉并应用好德育信息会使德育工作明确方向性,增强德育工作的时代气息感和实效性,有利于德育工作迈出新步伐,走上新台阶。

18. 要成为科研型班主任怎么办

班主任走专业化之路,必须从经验型走向科研型,要成为科研型班主任必须主动参与教育研究并具有相应的学识素养与研究能力,这是新时代对班主任提出的不容置辩的要求。据教育人才市场信息反馈,当前各地中小学需要的不再是传统型的班主任,即只凭经验工作的班主任,而是需要品德高尚、教育理念先进、教育教学技艺精湛,且会结合实际进行研究,不断改进工作的科研型班主任。我这里不是否定经验,经验是宝贵的,但不能满足于经验。经验只有通过研究才能升为实践性理论知识形成自己的教育智慧。怎样才能成为科研型班主任呢?除了要认清教育科研的意义外,还应当从以下几方面做出积极的努力。

一是具有深厚的科学文化知识底蕴。“腹有诗书气自华”,教育科研是一种创造性的认识活动。要探究教育现象之间本质的必然联系,仅凭直接观察无法获得,它必须借助我们头脑中积累的大量科学文化知识,并通过艰苦的思维活动去把握它。比如,研究班级文化环境对学生思想品德的影响,不仅需要班主任具备一定的班级文化知识,还要熟悉学生思想品德形成与发展规律,以及儿童认识的心理特征,同时还必须掌握构建和谐的具有教育、陶冶功能的班级物质文化、制度文化和精神文化的哲学思想方法、思维科学方法等,缺乏上述这些科学文化知识功底，要从事这一课题的研究是绝不可能的。

二是具有教育研究的专业知识与技能。教育科研过程复杂而严密，来不得半点含糊。这就要求研究者必须了解教育科研常识，掌握教育研究过程诸环节的基本方法。如，研究课题如何选择与论证，怎样找准变量形成假设，如何合理地确定研究对象，怎样搜集、整理、利用和分析资料。小学教育科研活动中如何具体操作调查研究法、经验总结法、实验研究法，研究报告和论文如何撰写等等，没有这些专业知识与技能，教育科研便无从谈起。

三是具有良好的从事教育科学研究的心理素质。教育研究不可急功近利，必须能耐得住“寂寞”，有坚忍不拔的毅力，善于辩证地看问题。既坚信只要努力，锲而不舍，最终总会获得成功，又承认世界上许多新生事物被人们认识需要一个过程，对暂时不能成功有足够的思想准备。曾为非欧几何的创立作出杰出贡献的鲍耶在世时，他的数学研究工作几乎丝毫未引起人们的重视，在他穷困多病去世之后，非欧几何才被数学界和世界所接受，也只是到了这时，人们才记起了这位数学家，才惊叹他所取得的了不起的研究成果。有的教师搞研究开始时劲头十足，一段时间后看看自己的研究报告和论文未能见诸报刊，仍然是堆废纸，或虽见诸报刊但未能引起人们的重视，便心灰意冷，从而失去研究信心，半途而废。这是教育研究的大忌。

为此，班主任该怎样朝着科研型教师的方向努力呢？

首先，要树立终生学习的思想，抓住在校读书的大好时机，多读书、多听讲座，努力拓宽自己的知识视野。走上工作岗位后，仍然把读书学习作为自己的精神需求，并要针对学校开展的研究课题，或自己准备研究的课题，有选择地阅读一些文献，以保证自己有足够的“底气”走上科研的道路。

其次，要积极参与校内外教育科研活动，并注意对实践活动中遇到的问题进行理性思考。如努力争取参与本校教师的课题组活动，自告奋勇担当课题组的材料员或通讯报道员或打字员。也可参与学校的一些课题研究活动，利用节假日帮助课题组做事。当课题组老师的助手——“百闻不如一见”。让自己在参与过程中形成教育科研的感性认识。还可以在本班学生中成立教育科研社团，聘请教育科研有专长的教师当顾问，在教师指导下开展一些小型研究活动，如调查学生的学习兴趣或学风对学生学习的影响，班集体活动开展的情况及其对学生进步的促进作用等等，从而及早培养自己对教育科研的兴趣，积累教育科研经验，为把自己塑造成科研型教师打下坚实的基础。

第三要主动积累班主任工作的成功经验和失败的教训，及时进行自我反思，找准成功与失败的原因，对成功的经验要认真总结，写成文章，对失败的教训要在分析原因的前提下，提出新的解决办法，并依新法去实践，观察实践结果，写成教育案例，这本身就是研究，长期坚持就会走上科研型班主任的行列。

班主任朋友们，从现在起，要主动培养自己的科研兴趣、意识和能力。您一定会成为科研型班主任，为自己的班主任工作创造出骄人的成绩。

19. 有效发挥身教的作用该怎么办

班主任工作方法中最重要的是“言传”和“身教”，而“身教”重于“言教”是千古不变的真理。本文不准备谈两者之间的关系，仅就怎样有效发挥“身教”的作用，谈几点粗浅的见解。

一、不断提高非权力影响力

班主任的非权力影响力，是指班主任崇高人格的影响力和学术水平的影响力。班主任不管是班级管理和教学工作，都在做传道、授业、解惑的工作。传道先要修德，授业必先业精，解惑必须甘为人梯。这是人们谈了很多的问题，这里不再阐述。

二、以实际行动影响学生

从事班主任工作，关键是以高尚师德约束自己，规范自己，用自己的实际行动影响学生，具体体现在以下几方面。

一要以爱国守法、忠诚社会主义教育事业的革命热忱和激情，带动学生确立坚定正确的政治方向。

二要以爱岗敬业、教书育人的高度事业心和责任感，带动学生奋发进取的积极性。

三要以终身学习的精神和严肃、严谨、严密、严格的教风，带出学生孜孜不倦地探求真理的学风。

四要以创造性教育教学带动学生开拓性的自学。

五要以模范执行党和国家方针政策，带动学生遵纪守法，履行行为规范。

班主任在施教过程中要密切接近学生,拉近师生心理距离,增进师生情谊。这是充分发挥班主任影响力的前提条件。心理学研究表明:师生心理相容、关系和谐能使学生心情愉快,能使学生思维活动处于被唤醒的最佳状态,从而增强其强烈的亲师感,达到亲其师而信其道的目的。因此,班主任在施教过程中要以饱满的热情去感染鼓励学生奋发向上的积极性。特别是对后进生,一定要用显微镜去发现他们身上的闪光点,精心培育他们的自尊心和自信心。正像苏霍姆林斯基说的那样,要激发起学生自我教育的那颗自尊心,而对待学生脆弱的自尊心,就像对待一朵玫瑰花上颤动欲滴的露珠那样极为小心,不允许采取粗鲁的强力的凭意志的手段。只有这样前文所说的身教措施才能取得好的效果。

三、严于律己　为人师表

上文谈的是用自己的模范行动进行正面引导,但还不够,还必须有强行自我约束机制,来戒备自己,防止因自身的过失带来教育上的失误。就应在教师特别是班主任中倡导"六戒"。

一戒言行不一。简单地说就是为人处世要言行一致,要求学生怎样做,自己就要怎样做,在行动上为学生做出榜样。

二戒言行粗俗。出言不逊、行为失范的班主任对学生的不良影响是最恶劣的。只有班主任养成良好的行为习惯,学生才能形成良好的行为习惯。

三戒以权谋私,不利用教师特别是班主任的地位和权力,向学生索取"礼物"或钱财。不让学生家长办违反政策的事,不索收学生家长的礼品,不利用权力帮人择校,从中获取利益,不以损害正常教学质量为代价搞有偿家教。

四戒体罚、变相体罚学生。要依法保护学生的合法权益。不因学生犯错误就放弃正面教育的方法而侮辱学生人格尊严,采取体罚或变相体罚的方法,以致侵犯学生的受教育权、隐私权、休息权、财产权等等。

五戒厚此薄彼。对学生要一视同仁,不因学生家长的背景不同而厚此薄彼。不因学生家长有权有钱或是自己亲朋好友而在评三好、选班干部时失去公平公正。

六戒弄虚作假。班主任在学生面前要讲诚信,不用谎言欺骗学生,不能帮助亲朋好友的子女考试作弊。不能为了应付上级检查而教唆学生说谎,向领导提供虚假信息。

"六戒"是针对当前改革开放中出现的新情况、新问题提出的,无不关系到净化教育环境之大计。每一条都在潜移默化之中教给学生做人的道理。随着商品经济的发展,等价交换的原则侵入到意识形态领域,个别教师为了自己的利益,而不顾教师的尊严,通过教育的对象及其家长去寻补偿,以解决职业自身势力达不到的目的,有的教师甚至认为:“我为你教孩子,付出劳动,你为我办事多操劳理所应当。”“投之以教书的辛苦,报之以钱财礼品的酬谢符合市场规则。”就是在这样“等价交换”的过程中,教师职业的崇高形象被扭曲,圣洁的学校阵地被践踏,人类灵魂工程师的尊严被玷污。所以,教师不仅要身体力行地做到“五带动”,也要严格要求自己做到“六戒”,才能无愧于“灵魂工程师”的光荣称号。

20. 缺乏幸福感怎么办

追求幸福是人区别于动物的本质特点。任何人不管你承认与否,都在为此而不懈地努力。班主任教师也不例外。遗憾的是在追求幸福的时候,不少人却停留在财富的拥有和物质享受层面,殊不知,只有创造财富后所获得的精神充盈才是真正的幸福,因为,幸福是工作价值与精神享受有机结合的产物。幸福主要是来自于精神世界充实。最近我们又搞了一次“班主任专业素养现状”的问卷调查,现将其中一个题目的数据引述如下。

班主任幸福观的调查结果显示:认为“当班主任是一件很幸福的事”,占被调查人数 18.18%,说“有时有幸福感有时没有”的,占被调查人数的 45.46%,认为“只觉得工作很累,没什么幸福可言”,占到了 36.36%。看来当班主任还未能成为教师的理想选择,“当班主任是一件幸福的事”的观念并没有很好地确立。

不愿当班主任的原因与 2007 年时的调查相比变动不大,仍是以下几条:一是频繁的督导和评比活动给班主任增加了精神压力;二是学生的校园安全问题责任太大,甚至使班主任提心吊胆;三是班主任工作太繁琐,上边千条线下面一根针,感到力不从心;四是尽管班主任津贴有了提高,仍与付出的劳动不成正比;尽管班主任工作业绩已列入职称评定的条件,但权重不大,不如从事教学工作容易见成效。……不少班主任认为:做班主任只是学校工作流水线上的一名操作工,又累又不容易出成果,很难产生幸福感。

班主任既要管好班级,又要搞好教学,哪一样也轻视不得。这双重的压力已经使班主任苦不堪言,加上班主任角色的多重性:家长的代理人、学生的楷模、知识的传播者、学生的管理者，这些角色与个人的期待出现矛盾冲突，所造成的巨大精神压力很容易造成精神疲惫和焦虑，而出现工作倦怠。看来，教师特别是班主任的职业倦怠问题并未得到有效的解决。因此，班主任实现专业化发展，享受到专业幸福，必须从职业倦怠中走出来。怎样才能走出职业倦怠呢？

一、用理想与信念取代职业倦怠

有研究表明，班主任在进入专业成熟期时，他们积累了一定的工作经验，对班主任工作程序与规范有了进一步的了解，此时如果抱定“选择了教育就是选择了幸福”和终生从事班主任工作的信念，并一直坚持不懈地努力下去，就会踏上专业成长的快车道，成为班主任队伍中的佼佼者。然而，这样出类拔萃的班主任毕竟是少数，而多数班主任在这个时期最容易产生“船到码头，车到站”的想法。面对繁重的教学和班主任工作的双重任务，而产生理想与信念的松动，而满足于按经验工作的低水平上。这些班主任的专业成长实际上已经进入了高原期。职业倦怠开始形成，如果任其发展，势必会影响其专业发展和职业幸福。解决的办法还是要从树立专业信念上做起。

记得德国社会学家温勒曾提出，人的行为既受动于自身素质的高低(内在受动性)，也受动于外部环境的影响(外在受动性)。因此，克服职业倦怠的重要动力是从事教育的坚定信念。我们要加深对班主任工作意义和作用的理解和多重角色的认识与把握，不断地把自己对班主任工作的认识理解融入自己的教育行为，并坚持着、追求着、期待着一种良好的结果。我们要真正热爱班主任工作、热爱学生，并从中感受专业成长和职业幸福。有了这种坚定的信念我们才能主动驱除笼罩心灵的阴霾，深刻理解教育的精髓，积极把握自己专业角色，使其得到和谐的发挥，勇敢地承担起班主任的职责，面对一切艰难险阻，也决不动摇从事教育这项薪火相传的神圣事业的决心。

二、专业知识和能力是战胜职业倦怠的力量

一个班主任只有在工作中感到力不从心，班内出现的问题不知如何应对时，才会产生焦虑、恐慌和倦怠。力不从心的根本原因是自己专业底气不足，专业知识匮乏、专业能力不强。因此，战胜职业倦怠应该从提高专业本领开始，通过不断的学习、实践、总结，丰富自己的专业知识、人文素养和专业技能，积累自己的工作经验，提高自己的专业化水平。目前，从事班主任工作的外部环境已经越来

越好，教育部《关于进一步加强班主任工作的意见》的出台，教师绩效工资的改革，不管是政治待遇，还是工资待遇都有了空前的提高。班主任专业培训也在扎实有效地进行。这一切都为班主任创造了良好的专业发展的外部环境，可以说这种外部环境的空前和谐，是历史上不曾有过的。因此战胜职业倦怠关键是提高自己的专业素养了。我们都清楚，要胜任班主任带班与教学的双重专业性很强的工作，关键是要有完成任务的专业知识和能力。知识越丰富、能力越强，积累的经验越丰富，越能感到驾轻就熟，干起工作来就会得心应手、左右逢源。工作与精神压力就会大大减轻，焦虑心情也会不翼而飞。这样一来哪还有什么职业倦怠，有的只是从事班主任工作过程中的专业成长及其所带来的幸福！

三、阳光心态、钢铁意志是战胜职业倦怠的利器

有了做个好班主任的信念，就有了专业发展的动力；有了丰富的专业知识和技能，就有了专业发展的基础和战胜职业倦怠的本领，但是，还必须有良好的心态、宽广的胸怀和钢铁般的意志，才能赶走职业倦怠，实现专业成长、享受职业幸福。一个班主任要想实现专业化发展，更需要有比专业知识和技能更重要的东西，那就是情商。心理学家们几乎一致认为智商高并不预示着一个人的事业能够成功，班主任就能实现专业成长，因为智商在导致人成功的因素中只占百分之二十，其余的百分之八十是由其他因素决定的。其中包括渐为人知的情商。情商高的班主任能及时察觉自己不健康的情绪，如紧张、焦虑、倦怠，能够有效地调控自己的不健康情绪，使自己用健康的心态取代不健康的心态，并以坚强的意志力战胜不健康心态。具有坚强的意志，才能在面对困难和挫折时，有信心和能力驱逐职业倦怠，走上专业发展的康庄大道，进而拥有将挫折变成“雨后的彩虹”的快乐。

21. 不会制订个人专业发展规划怎么办

在倡导班主任自主专业发展的今天，越来越多的学校要求班主任规划个人的专业生涯，撰写“专业发展规划”。但是在领导期望与班主任自身要求相比仍处在“剃头挑子一头热”的状况。尽管班主任（教师）“自主专业发展”的意识在增强，撰写个人“专业发展规划”也提到了议事日程，但尚未对此给予普遍的重

视，因此，不像写“学期班主任工作计划”、“教学计划”那样轻车熟路。学校有必要进行具体的指导。

笔者再三强调，班主任实现专业发展必须从“他律”走向“自律”。这就需要有一个符合个人实际的专业发展规划，为自己专业发展绘制一幅蓝图。个人“专业发展规划”，除了在这个标题之下，写清个人基本情况，即姓名、性别、年龄、学历，专业，所教学科，担任班主任年限等，还要详细写出以下三项内容。

一、专业发展现状分析 找准自己最近发展区

对于自我发展的现状做出实事求是的、客观的分析和评价是制订切实可行的“专业发展规划”的前提和基础。它不但能说明班主任现在“处在哪个层次上”，而且将决定自己奔向“哪个层次”。

班主任对自身专业发展状况应该是最熟悉不过的了，但由于长期形成的思维习惯，对自己的分析评价反而“成见”很深，“不识庐山真面目，只缘身在此山中”就是这个意思。解决的办法是虚心听听领导和同事是怎样评价自己的，也可以请学生为自己写评语……这样会帮助我们客观地评价自己，找准自己的优势和劣势。个人专业发展现状分析，主要是分析自己专业素养现状与履行班主任职责对班主任专业素养要求之间的差距，以便确定个人发展目标，明确努力方向。具体地说要从以下两方面进行分析。

一是看看自己专业素养的优势在哪里，劣势是什么，只有做到“知己”才能确定符合实际的专业发展目标。分析的重点包括：(1)自己的教育观是否符合时代的要求，以学生素质可持续发展为本的观念是否确立？(2)对教师职业道德规范的要求做得怎样？是否已变成了自觉的行动？(3)自己从事班主任工作所需要专业知识和理论的不足在哪里？(4)在班主任必备的专业能力方面的薄弱环节是什么？总之，要全面分析自己的优势和劣势，自己的兴趣和爱好等等。

二是对自己所处环境的分析。外部环境对自己的专业发展是有关联、有影响的。哪些有助于自己的专业发展，哪些可能不利于自己的专业成长，把这些情况应当分析清楚，做到“知彼”。其中主要包括：(1)学校的工作要求是否有利于自己专业发展；(2)学校是否已成为学习型组织；(3)班级学生的思想是否积极向上、是否有较高的求知欲望；(4)家长对班主任有什么要求，对自己有何促进作用；(5)周围同事有哪些值得自己学习借鉴的地方等等，并进一步分析哪些情况对自己专业发展有利，有哪些可利用的优势资源需要充分利用；对自主专业发展

不利的因素是什么,需要尽量排除或将其转化为有利因素。只有知己知彼,才能在制订规划、确立目标时,更加实际、有针对性,或许还能得到某方面的支援。

二、确定自主专业发展目标 为实现目标坚持不懈

十九世纪中叶,德国教育家第斯多惠在他的《德国教师培养指南》一书中指出,凡是不能自我发展、自我培养和自我教育的人,同样也不能发展、培养和教育别人,教师只有先受教育,才能在一定程度上教育别人。教师只有诚心诚意地自我教育,才能诚心诚意地教育别人。书中对教师发展目标和应采取的方法也提出了许多建议,对我们班主任颇有启发。

目标是一种积极的自我期待和发展的方向,目标对自己专业发展具有动力和导向作用。本来这也是一种常识性的问题,然而我们中的一些班主任对此却不以为然。有的甚至说:"只要自己有实干精神,还怕它不发展吗!"有的班主任认为,"要什么专业发展规划,那都是纸上谈兵。最重要的还得实干。"这些话仅仅说对了一半,自主专业发展,的确需要自己百分之九十九的汗水加上百分之一的智慧。但是如果方向选不准,目标不科学,越是有干劲越容易南辕北辙。下面这个故事足以说明这个道理。

一天,著名人力资源培训师鲁柏祥博士应邀从杭州乘飞机去深圳某公司考察,由该公司浙江区总经理小余陪同。飞机着陆之后在跑道上滑行,小余和其他旅客一样,站起来打开行李舱。鲁博士把小余拉回座位,问他:"为什么刚上飞机时大家都很安静,而现在却乱糟糟的呢?"小余一时被问住了。鲁博士说:"其实这里隐藏着一个管理上的大学问。乘客与飞机之间是靠什么联系起来的?""机票。""对,机票表示飞机把我们从杭州带到深圳。也就是说,飞机的目标与旅客的目标是一致的。那么现在到达深圳了,机票还有价值吗?""没有了。""对,现在旅客的目标与飞机的目标不一致了,所以大家乱哄哄地急着要离开飞机。"

其实鲁博士提到的现象再普通不过了,然而,正因为普通,人们才容易忽视其中所蕴含的道理。仔细想一想,班主任自主专业发展与坐飞机道理相同。一旦目标没有了,专业发展就会失去动力。所以,班主任专业发展要有一张"联程机票",使我们不断地从一个目的地飞向另一个目的地。这里所说的"机票"就是我们班主任"自主专业发展"每一阶段的奋斗目标。这个目标不是别人给你订的,而是作为主体的班主任根据实际情况和需要制订的。并根据目标形成一个自主发展的规划。

教育部《关于进一步加强中小学班主任工作的意见》中指出："班主任岗位是具有较高素质和人格要求的重要专业性岗位。"其中，"较高素质和人格要求"的内涵，十分丰富。深入了解其内涵是制订"自主专业发展"目标的依据。

我们班主任要走专业化发展之路，首先要有自我期待，明确自己走专业发展道路是自己的理想追求，还是为了生存而存在；是把自己发展成一名普通的教书匠，还是教学能手或者是教育家。所以，我们要立足实际，正确分析自身的情况，然后，根据班主任专业素养的结构要素（专业伦理、专业精神、专业知识和专业能力）提出自我期待的目标，制订近期、中期和长期目标，并在发展过程中不断调整自己的期待。总体上说，目标一经确立，一般不变。但因内外种种因素的变化与发展，目标也可以进行调整，不断注入新的内容。班主任自主专业发展是无止境的，即便已达到成熟班主任的水平，也还有更高层次的目标。这就是阶段实现与不断追求相结合，扎扎实实地走自主专业发展之路。

三、找根专业发展的"杠杆" 实现自主专业发展

阿基米德说："假如给我一根杠杆，我就会撬动整个地球。"夸张中蕴含着深刻的道理：如果一个人没有找到用一根杠杆"撬动地球"的智慧和手段，没有"撬动地球"的自信和勇气，那么在很多事上，是很难取得最终成功的。

班主任的专业成长，何尝不是如此呢？一些班主任正是缺乏"撬动地球"的自信、勇气和方法，日复一日，月复一月，"疲惫着自己，痛苦着学生"，于己于人，害莫大焉。专业发展的途径和方法，就是"撬动地球"的杠杆，也是专业发展规划的重要组成部分，班主任要根据自己的目标和专业发展的薄弱环节，选择实现专业发展目标的途径和方法。那么，作为班主任，怎样为自己的专业成长，找一根有力的"杠杆"呢？下面我们给出几点建议。

（一）带着问题自主学习

要坚持自主学习、反思以及专业写作。做班主任和教师工作并不仅是谋生的"手段"，更是成就自己梦想的最佳途径。但在现实中，懒惰与享乐，是成长和上进的潜在威胁；繁忙和繁琐的工作，是一些班主任无法静心学习、潜心研究的"借口"和理由。其实，如果下定决心，学会逼自己读书，逼自己写反思日记和教育案例（随笔），逼自己寻找一切机会参与各种研讨会、报告会，一定会弥补自己专业素养之不足，改进自己工作中的缺点，解决工作中的突出问题。只有在这种自己逼自己中，才有所得，才有所获，才在不知不觉中自我改变。当然这种学习

是有选择的,是要考虑学习针对性的。如对德育工作的特点、规律、过程及其任务知之不多,即可学习相关的法律法规和《德育原理》等专著;如果是班级管理的专业知识和理论欠缺,即可通过阅读相关书报和杂志以及班级管理方面的专著加以弥补,或有选择地参与相关的专业培训,向优秀班主任和专家们请教;如果觉得对现在的学生中出现的问题束手无策,或失误频频,那就一定要阅读一些青少年心理学的知识,并带着问题与同事交流……

(二)带着问题进行研究

班主任搞科研与专家学者比具有得天独厚的条件,学生就是我们研究的对象,班级就是我们的实验场。班主任在工作中会经常遇到各种各样的困难和问题,这些困难和问题就是我们研究的课题。只要我们做一个有心人就可以把问题变成课题(即问题课题化),并通过自己的反思,找出问题产生的原因和解决问题的办法,并按照自己设定的新方法去实践,去观察记录问题解决的效果,如果见成效了,即可将这个过程写成"教育案例"。这个"问题—反思(分析产生问题的原因)—解决问题的新方法—再实践—观察记录实践效果—写成教育案例"的过程就是完整的研究过程,也是我们自主专业发展的过程。其中问题是基础,反思是关键,实践是根本。

(三)在实践中刻苦磨炼

在实践中刻苦磨炼是自主专业发展的有效方法。要学会自己"磨"自己。磨中增耐性,磨中出悟性,磨中长才干。只有自己磨自己,才能建构起属于自己不断成长的"心灵磨房",打造属于自己长足发展的精神"特区"。对于班主任来说,磨好一节班会课,磨好一个班级文化、磨好一篇案例和论文,磨出一副好口才非常重要。"十年磨一剑",在磨中才能形成自己的带班育人的独特风格。这个过程不是一蹴而就的,需要有一种不达目的决不罢休的勇气、信念和刻苦精神。

每个班主任都有自己的特长和不足,只有扬长补短,才能找到适合自己的专业成长之路。面对劣势不自卑,面对优势不自傲。在人生坐标系中,不断经营自己的优势,并且保持清醒的头脑、浓厚的兴趣,使自己的优势发扬光大,就会不断地用自己的优势克服自己的劣势,用自己的坚定取代自己的怯懦,实现自主专业发展。自主专业发展的途径和方法还有很多,上述这三条只是为班主任制订专业发展规划,选择发展途径和方法时提供一点参考。

22. 学生贴吧骂班主任怎么办

随着信息技术的普及，网络走进了千家万户，现在很多学生都会上网，在网上聊天，进论坛，去贴吧……在虚拟的网络上，学生的心更为自由，倾吐自己心中所想。当然，也会有学生在虚拟的网络上简单地发泄自己心中的不满。有的是谩骂师长，谩骂同学……

我曾经在网站论坛上，确实看到了有的学生谩骂自己的班主任，恐怕哪个班主任看了，都会不悦，辛勤培养的学生竟然在网络上无所顾忌地对自己谩骂。可是，每一位老师遇到此类事件，是否静下心来，想一想，为什么学生会这样呢？

一、静心寻找原因

面对学生的简单粗野的行为，教师要宽容地对待，毕竟他们还是孩子。学生不会无缘无故地对老师进行谩骂，一定是有原因的。其中的原因无非两点：一是老师的行为激怒了学生，老师简单粗暴地批评学生，学生不服，采取简单的网络谩骂给予回击；二是老师采取适当的方式对学生进行批评，学生没有体会到老师对其的帮助，对老师的良苦用心没有理解。不管是哪种情况，学生与老师产生了不信任，产生了对立。做好学生的心理健康教育尤为重要，这也是班主任的职责之一。

二、敢于面对过失

教师要沉下心来，平心静气地回想，自己的哪些行为存在着过失？让学生难以接受。是在进行集体教育的时候，对学生不尊重；还是在进行个别教育谈话的时候，有意或无意地伤害了学生。如果有，教师要敢于面对过失。敢于在学生面前承认错误，进行道歉。伤害了一位学生，可以在课下向学生道歉；伤害了全班学生，可以利用班会课向全班学生道歉。教师的道歉，正是给学生树立了一个榜样。教师的行为，无时无刻不在感染着学生。它会默默地影响着学生的行为，做错了，要敢于承担，正视自己的过失，敢于认错。无形中，也会增强教师在学生心目中的威信。

三、呵护学生心灵

如果教师没有伤害到学生，运用了恰当的方式对学生的某些行为进行批评，但学生不理解。我倒觉得教师可以在网上与学生沟通，阐明自己的想法，尤其是为什么教师要一次次地指出学生的问题所在。让学生真切地感受到教师的爱。只有学生从内心中感受到了教师的爱，才能接受来自教师的一切“批评”。其次，教师要给学生讲清楚为什么不允许这样做，这样做的危害是什么。要做到晓之以理，动之以情。谈话的最后，指出学生在网络上骂老师是错误的行为，如果是一个成年人做出这种事，老师可能会报警，甚至通过侵犯名誉权的法律诉讼来解决，但面对一群孩子……作为老师，理应给予格外的宽容和爱护。

在网络上与学生对话，教师要表明自己的身份，教师在明处，学生在“暗处”，更容易让学生敞开心扉，了解学生内心中的想法，有的放矢地与学生坦诚交流。教师与个别学生的交流要注意保密，不宜与其他学生分享网络交流的内容。

四、细心关注学生

与这些学生的沟通远远没有停止，教师要细心关注学生的心理变化。要多从生活上、学习上关心他们。比如冬天升旗前，提醒学生穿外套；下课的时候，提醒学生多喝水，不要上火；当学生生病没有到校上课时，教师主动拨打个电话询问一下病情……这些都能让学生真切地触摸到教师的一颗爱心。只有“亲其师”，才能“信其道”。当学生感受到这一点后，教师对学生的批评，学生也会乐于接受的。因为他深深地领悟到了：表扬是一种爱，批评也是一种爱。

一起重温法国前总统萨科齐在《致教育者的一封信》中说过的一段话：“尊重应当成为全部教育的基础。不仅是教师对学生的尊重，家长对儿童的尊重，也是学生对教师的尊重，儿童对家长的尊重，也是对他人的尊重和对自己的尊重。教育便是产生尊重。”

治班方略

在班集体建设与管理问题上，任何一位有责任感和事业心的班主任，都希望自己能够具有深谋远虑的本领。

——题记

23. 中途接班不好开展工作怎么办
——谈巧用心理效应

中途接班的班主任难当，已经成为共识。随着心理学理论在育人导学中的价值日益凸显，在中途接班后，只要力避各种心理效应偏差和发挥心理效应的积极作用，也是可以做好的。

一、避免心理偏差效应，是中途接班的关键

（一）定势效应偏差

班主任A中途接手了一个全校公认的“问题”班。他认为需严厉打压与严格监督才能管理好这个班。于是在班级管理中，急于采取“新官上任三把火”的方法，上任的第一天就给学生来了个下马威，不仅提出了诸多要求，还对学生以前的表现大加批评。

由于班主任受了定势效应的影响，在没有对学生进行深入细致了解的情况下，就依据主观判断管理班级，效果可想而知。中途接的若是“差”班，大多数老师会认为“差”是原班主任管理不善，基础没打好造成的，往往戴着有色眼镜来看待学生和原班主任，这为以后的工作带来很大的阻力，极易激发学生的逆反心理。

(二)首因效应偏差

班主任B接手了一个新班级,学生小张本是一名优秀学生,担任学习委员,由于对原班主任的依恋,在第一天面对新班主任时,就表现出不信任的态度。B老师在第二天就当着全班同学的面,撤了小张学习委员一职。尽管小张逐渐改变了对B老师的看法,但是B老师对小张依然没有好感。

依据个体或群体所得的最初信息来判断所引起的心理效应称为首因效应。班主任B起初对小张获得的信息影响了他对小张以后的评价。这就产生了首因效应偏差。班主任对学生的"第一印象"常常会形成心理定势,成为以后对待这个学生的主要依据,造成不应有的教育失误。

(三)飞镖效应偏差

教师节那一天,学生们给前任班主任打电话,祝老师节日快乐,有的学生甚至哭了。班主任C觉得学生很丢她的面子,现在还对原班主任念念不忘,却不喜欢自己,于是在班会课上讲:"你们喜欢她,就叫她回来教你们……"一席话说得学生无言以对,对现任班主任C大为反感。

苏联心理学家纳季拉什维利提出了飞镖效应,指行为反应的结果与预期目标完全相反的现象,以此比喻情绪逆反的心理现象。学生对原班主任的依恋本在情理之中,学生需要情感的释放,腾出足够的心理空间接纳新班主任。但班主任C言语失犯,没容许学生的情感"软着陆",直接导致了飞镖效应。其原因在于目标与手段不一致:原因之一,班主任的教育行为产生的结果与预期的结果不一致,新班主任想在最短的时间实现自己的教育预期,采用强行控制的行为而使教育行为实际的结果与预期结果相反。原因之二,学生产生了心厌情绪,心厌情绪具有逆反作用。常言道"话不投机半句多",话不投机就会产生心厌现象,再加之班主任采用强行灌输的教育方式进一步强化了学生的逆反心理。

(四)"月晕效应"效应

班主任D接手了一个刺头班,带了一个月,班级平安无事,学习风气大为改观,但是,班级中还是出现了一些小问题,如学生作业交不齐,有的老师上课学生纪律差,因此,科任老师抱怨学生不守纪律。此时,班主任D觉得自己的工作没有做好,心理压力大,没有在工作中体会到成就感。

在印象管理心理学中,人们把在人际交往中所发生的消极否定性的人格特质引起的"月晕效应"现象,也称"烂瓜子"效应,正如日常所说的,"一百个好,有时还抵不上一个恼。”月晕效应严重地影响着班主任D,究其原因主要有两方面:一是消极否定的印象难以改变,易被人们视为一个人所具有的可靠的真实特质;二是消极否定特质具有夸大作用,容易成为知觉对象,使人清晰地知觉。班主任D对班级的否定特质的清晰知觉,使她难以体会班级的积极转变,这种“月晕效应”把自己的工作业绩掩盖了,而突出了消极否定特质,以致产生“烂瓜子”效应,找不到自我激励的心理支点。

(五)超限效应偏差

在心理学上,由于某种刺激过多、过强和作用时间过久而引起的极为不耐烦或反抗的心理现象,称为“超限效应”。

“超限效应”在中途接班中经常出现,如和原班主任用同样一种方式、同样一句话去纠正不同的错误、或对某种错误重复教育等,其结果是学生的神经细胞处于抑制状态,不良习惯不但得不到改正,反而使学生犯同一种错误的可能性增大。所以,要通过各种渠道了解原班主任处理相同问题的方式方法,并加以避免。

再如,对学生批评多了或表扬多了都会产生超限效应:班主任对学生的表扬和批评同样有一个度的把握。如一学生习惯了批评,若老师对其闪光点作表扬,起初学生很感动,但是过了一段时间,他发现老师对自己的表扬越来越多,而且许多是老师有意拔高,学生就会认识到老师不是真心表扬他。

二、运用积极心理效应,是做好中途接班工作的保障

(一)安全阀效应——情绪释放,真诚接纳

在组织行为学中,人们把不同的观点、情绪得以宣泄并使心理获得平衡,以利于组织内部矛盾与冲突的缓和与解决,称为“安全阀效应”。新接班的班主任首先应为学生寻找对前任班主任怀念的“安全阀”,一味地贬低或否定原班主任不仅不能增加学生对自己的好感,反而会增加学生对自己的不信任感,而产生逆反心理。正如一学生说的,“我们想念原班主任,不代表我们不喜欢新班主任。”学生的怀念情绪或不适应感无法释放,就难以使学生顺利过渡。班主任要积极创设条件和情景,让学生在合适的时空进行情绪释放,可以真诚地向学生了解为什么喜欢原班主任,从而为自己的工作找准切入点。班主任E的做法值得肯定:在教师节时,主动要求学生问候原班主任,送去全班签名的卡片。这样,学生为E

老师宽广的胸怀、高尚的人格魅力所打动,更加热爱和崇敬新班主任。

(二)反刍效应——方法与目标匹配,反思中进步

中途接班,班级管理经验是否与现在的对象匹配,班级管理方法是否与现在的目标匹配,这都需要班主任具备反刍意识,不断提高育人技巧与艺术。具体对策如下。

首先,要做好充分而必要的反刍准备。班主任要搜集必要、准确而有力的事实材料来反刍新班级的问题;试着去批驳与自己可能不一样的观点,使自己的观点方法从反面得到证实。

其次,要避免以"让我考虑考虑再说"为托词的假反刍现象。新班主任如果反刍不及时,就会贻误时机,给学生一种优柔寡断之感,不利于班主任在新班级中形象的树立。换言之,要求班主任在认知学生或处理问题时力求达到劳而有成、思而有功的效果。

再次,对关键点进行反刍。学生要求急于答应时,班级管理新规公布时,"刺头"学生有意捣乱时等,不进行反刍就有可能产生冲动的决策,从而产生公开化效应(合法化效应)。

(三)南风效应——尊重学生,积极激励

在管理学中,人们把运用南风式的管理方法而使下属积极性大增、工作绩效明显提高的现象称为南风效应。新接班的班主任在班级管理中运用南风效应时需把握以下几个要点。

一是要给学生以温暖,及时弥补因班主任更换带来的情感断层。新班主任不能因该班以前如何,把学生当成需要严格监督控制的对象,采取强制措施或惩罚的育人方法,而应从各种渠道全面了解学情,换位思维,让学生有发言权、建议权与参与权,接受学生的合理建议,使学生真正感受到班主任给予的温暖,从而激发学生学习和参与班集体建设的积极性与主动性。

二是在运用南风效应时需要遵从尊重学生、利于学生成长、及时嘉奖的原则。班主任要相信学生都有改变自己的愿望,都有一颗向上、向善的心,宽容学生的缺点,客观地评价学生。班级管理的最终目的是为了提高学生的综合素质,使之成为社会有用之才。因此,班主任运用南风效应首先应满足学生的这种成长利益,使学生逐渐认同老师的管理方式与育人对策。班主任要及时发现学生的点滴进步,加以表扬嘉奖,使学生能体会到自己的转变在老师心中的分量。

(四)进门槛效应——积小成大,事半功倍

美国社会心理学家弗里德曼等人提出了“进门槛效应”,是指个人接受了他人微不足道的要求后就有可能接受一个同类性质的更大要求的心理现象。学生不可能马上适应新班主任的“新政”,运用进门槛效应,在学生有所进步的基础上再提出更高的要求,就会做到积小成大,事半功倍。学生能逐渐达到老师的要求,是因为微小要求可接受性、学生心理卷入的失警性和学生的认知心理的协调性在发挥作用。班主任在运用这一效应时应做到“四要”。

要站在学生的立场上考虑要求的适度性。提的要求不能是老师认为是小的就是小的,而应该在深入了解学情的基础上,站在学生的立场来考虑。否则就不能产生进门槛效应,反而会产生如上文分析的飞镖效应偏差。

要对欲说服的学生尽量一次就卷进来。卷入的次数越靠前,进门槛效应越好。

要有意识地对学生认知不协调进行夸大。利用学生的自尊心迫使自己一步一步改正不良习惯,养成良好的习惯。

要抓住新接班级学生急于在新班主任面前表现的良好契机。开展攻心说服工作,使先入为主的首因效应持续发挥作用。

总之,中途接班肯定会面临更大困难,要投入更多精力,但只要你真心付出,让学生收获了关爱、收获了进步,学生也会更加爱你!班级管理就会经历风雨的洗礼,收获动人的风景。

24. 在班级管理中不知如何运用暗示怎么办

一、深刻理解暗示效应

暗示,是指人或环境以不明显的方式向个体发出某种信息,个体无意中受到影响,并做出相应行动的心理现象。暗示只要求受暗示者接受现成的信息,无需逻辑论证,并以无批判的接受为基础。在许多情况下,暗示是一种含蓄的诱导方式。

暗示有积极暗示和消极暗示。积极暗示能满足学生正面的心理需求。儿童的自尊心是极强的,他们渴望得到别人的接纳和尊重。积极的暗示恰恰满足了学生的这种心理需求,可以充分调动学生自觉进行自我认识、自我调节、自我矫正和自我完善的积极性,培养他们的自尊、自重、自省和自我约束的能力。而消极的暗示和不恰当的暗示则容易诱发学生的逆反心理,甚至使学生不计后果地"铤而走险"、"顶风作案"。

暗示的最大特点是语言的含蓄性、行动的示意性和环境的熏陶性。这些特点的奇妙之处就在于通过不显山、不露水的方式,达到师生的心理相容,取得良好的教育效果,也就是我们平时所说的"桃李不言,下自成蹊"。

二、掌握暗示的方法

(一)语言暗示

语言暗示是班主任最常用的方法。用好语言暗示应做到:一是对学生要有深刻的了解,否则暗示就没有针对性;二是要掌握语言暗示的技巧。用于暗示的语言,应当是一种高度艺术化的具有特定含义的语言,或含蓄幽默,或一语双关,或"顾左右而言他"。

语言暗示可以用口头语言说出来,也可以用书面语言写下来。在国外一个儿童训练营地,教员们发现新来的孩子总有些不良的生活习惯。于是,教员们想出了一种办法:印发一封家信,让这些孩子们阅读并学写。信的内容很平常,无非是告诉家里人,在这里他们养成了新的生活习惯,每天早上起床、刷牙,晚上睡前洗脚,衣服鞋袜如何放置等生活琐事。说来也怪,不久,这些孩子真的克服了原先的坏习惯,着装整齐、精神焕发,待人接物礼貌周到,个人卫生也合乎条例。这就是一个典型的书面语暗示成功的案例。班主任与学生用书面语交流的途径很多,如作业评语、期末操行评语、学生作文评语、日记评语,书信、赠言等等。在学生作业批语中,如面对思维活跃、作业潦草的同学,给他这样的批语,"你真聪明,事事在前,时时争先,如果再稳一些,你会天下无敌。"面对反应迟钝、基础不牢、胆小内向的学生,给他写上"加油,老师支持你","别泄气,努一把力,大家都会向你看齐"。面对有某一特长,但作业不整齐的学生,给他写上"你的歌唱得真动听,希望你的作业也能像你唱的歌一样棒"或者"你长得真帅,希望你能把作业写得像你的人一样帅"。通过这些简短而温馨的批语,师生之间的距离拉近了,每个学生都得到不同程度的表扬鼓励,也从委婉的希望中,看到了自己,明确了今后努力的方向和赶超的目标。

（二）神情、体态暗示

班主任除运用语言暗示外，还可以运用体态语如神情、体态的暗示。神情体态是师生交往沟通的特殊的信息传递方式，它更能体现暗示的示意性特点。教师的一颦一蹙、一愠一嗔、一个手势、一种姿态都能引起学生的情感体验和心理活动。例如学生上课开小差，教师向他投去专注而关切的目光，示意他：有什么心事，下课老师帮你解决，现在先听讲。实验课中学生动手操作屡次失败，教师这时向他投去鼓励的目光：别着急，慢慢来，有老师呢。教师也可以在学生起立想说但又不知如何说时，走过去轻轻拍拍学生的肩头，告诉他别害怕，勇敢点，同样也可以取得良好的暗示效果。

（三）环境暗示

心理学家伯恩海姆认为，凡是来自环境——地理、种族、家庭的刺激，都是来自周围环境的信息，通过的耳鼻舌身等多种器官，从多个方面、多渠道产生作用的。这就决定了环境暗示的多维性和情境性。这里包括优美的物化环境的陶冶和宽松和谐的心理环境的感化，学生在无对抗状态中，能顺利接受环境的暗示信息，达到教育的目的。可见环境暗示是一种"无言之教"，需要班主任依据目标，有意识地创设和利用以崇高情感为核心的心理环境和形象典型的物化环境，并通过组织以师生交往为核心的班级活动，来营造一种民主、宽松、和谐、融洽的氛围，使学生置身于其中，接受影响。因为，影响人的感情和情绪的莫过于氛围，环境只有和氛围结合起来，才能真正做到让教室里的每一面墙壁都会说话，每个角落都能发出积极的暗示信息。如果教室内芦荟、仙人球、水竹等绿色植物在窗台上生机勃勃，墙壁上学生的明星照都露着开心的笑脸，"我能行"、"看我的"、"你行我也行"、"试一试，拼一拼"、"作品大看台"等展示学生风采的园地大放异彩，就能让学生时刻感到温馨、暖意和开心。这些无声的语言，能潜移默化地在儿童心灵上建立起道德的大厦，让他们能用心灵去认识世界，感受未来。

25. 在班级管理中不会运用"异性效应"怎么办

我们常常会发现这种现象：在男女学生共同参与的班级活动中，每个学生都积极努力,表现出色,希望在异性同学的心目中留下良好的印象。这种现象,一般称之为“异性效应”。

心理学研究表明:青少年学生步入青春期后,随着性生理的急剧变化,性心理也发生了微妙而复杂的变化。他们常常不由自主地将注意力转移到异性身上,渴望在情感上能与异性进行交流,并希望在交流中发现自我、理解别人,从中体验到深深的依恋情感。同时,他们还希望得到异性的肯定,以增强自己的自信心和成功感。因此,青年学生异常敏感于异性对自己的评价,也常常不失时机地在异性面前表现自己。男同学倾向于表现出自认为能吸引异性的能力、气魄和风度,而女同学则倾向于使自己更漂亮、更温柔,充满活力和魅力。80%的青年学生承认,与异性同学在一起学习、工作或游戏,有一种难以言状的愉悦感。因此,在班级管理中,适当运用“异性效应”,对于引导学生进行自我教育可以起到良好的作用。

一、充分认识异性效应的积极作用

异性效应,有利于班级成员的团结。在班级开展活动时,注意男女同学的搭配,如外出参观分组或课堂讨论等。这样做,可以形成愉快喜悦的氛围,使集体成员之间产生一定的依恋情感,从而达到班级凝聚成一个团结的整体的目的。

其次,有利于班级活动的顺利开展。例如,在男同学参加体育比赛时,让女同学组成拉拉队和服务队,更能激发男队员的拼搏精神。班级活动中适当运用“异性效应”,可以使学生在异性面前竭尽所能,努力出色地完成任务,使班级活动得以顺利地开展。

再次,能促进少数学生改变自己的不良行为。男女学生都希望自己在异性的心目中留下一个完美的形象,所以,双方都觉得有必要在异性面前注意自己的言行,从而限制自己可能被异性认为是不合理、不完美的行为。比如,某男生染上吸烟的恶习,还自以为很有男子汉气质,对于家长、教师的劝告不以为然。后来,班主任在班会上让女同学发表对男生吸烟行为的看法,她们普遍讨厌这种行为,某男生终于戒除了吸烟的恶习。

最后,有助于学生形成正确的异性观念。在班级管理中,适当运用“异性效应”并予以正确引导,可以消除学生进入青春期后所产生的烦恼和对异性的神秘感,使男女同学之间的关系正常化,在集体交往中形成纯洁的友谊,以避免那种因限制男女同学接触而引起的不良后果。除此之外,异性效应还有众多功能。

（一）吸引功能

在学生群体内部和个别男女学生之间，由于异性之间的相互爱慕和吸引，可使其成员间或个体间产生一定的情感依恋，在活动和交往中向往异性的参与。这对于增强个体参与活动的主动性和行为的坚持性，构建富有凝聚力的班级群体有积极作用。

（二）激发功能

为了在异性面前呈现自己完美的形象，引起异性对自己的关注和尊重，在言语和活动中，男女双方往往标新立异，尽力表现自己的独特风格和出众才能，积极投入各种活动并充分发挥自己的潜力，努力做好各种事物，出色地完成各项任务。

（三）约束功能

在群体活动和男女双方交往中，为了保持自己在异性心目中的良好形象，力争获得异性对自己的良好感受与评价，男女双方往往特别注意自己在异性面前的言行表现，自觉约束自己不合理、不完美、影响自己形象的言行。这对于学生良好行为习惯的培养和巩固，改变学生的不良言行具有积极的促进作用。

（四）净化功能

男女学生通过一定的活动进行相互接触和交往，可以使双方各自的思想情操得到陶冶和净化，促进他们情感、思想和行为的融合，树立远大的志向和抱负，形成积极健康的道德品质和良好的精神风貌。

由此可见，在班级管理工作中，班主任合理地运用异性效应的积极效能，不仅可以使青少年学生产生和保持愉悦的情绪状态，调动他们的积极主动性，增强行为的坚持性，而且有助于陶冶他们的情操，激励他们积极进取，充分发挥内驱力，建立超常的良好形象，形成富有凝聚力的、朝气蓬勃的班集体，促进班集体各项活动的顺利开展。

二、在班级管理中怎样发挥异性效应的积作用

在班级管理工作中，班主任要十分重视异性效应的微妙而奇特的作用，并善于发挥异性效应的积极效能，以提高班级管理工作的效率和质量。

（一）在学习管理上，要善于发挥异性效应的激发功能

要利用学生自身固有的自尊心理和大多数学生往往特别注意异性对自己学

习能力的评价并经常不失时机地在异性面前表现自己的特点，在学习活动的组织（如读书讨论会、各种学习竞赛等）、学习小组人员以及学生座位的安排等方面，注意男女学生的合理组合。这样不仅可以活跃学生的学习气氛，养成学生良好的学习风气和学习习惯，增强他们的学习兴趣，而且有利于激发他们的进取精神，促进他们展开积极思维活动，勇于实践，大胆发言，以提高学习效果。

（二）在思想管理上，要善于发挥异性效应的净化功能。

要正确对待和引导男女学生间的正常交往，注意组织男女学生共同参加集体活动、生产劳动、公益活动等各种富有教育意义的活动，并积极组织学生开展自我教育、理想教育、集体主义教育等。从而使他们通过各种共同参与的活动和交往，增进友谊和集体荣誉感，提高思想认识，培养起健康积极的情感和互助友爱、团结协作的精神，形成良好的道德品质。逐步树立远大的理想和志向，确立自身的奋斗目标并努力付诸实际行动。

（三）在生活管理上，要善于发挥异性效应的约束功能

在学生的日常生活中，我们不难发现，有女同学光临男生宿舍时，男同学的个人卫生往往比较干净；男同学在男女学生同桌就餐时，他们的行为往往比自己单独就餐文明得多。这正是异性效应产生的约束力在日常生活中的表现。为此，在学生日常生活的管理上，班主任在学生的就餐、宿舍卫生和个人卫生的检查等方面，要注意男女生的合理组合和安排，合理组织男女学生到异性的宿舍做客和交谈，利用异性班干部了解学生的意见和建议，适当开展卫生竞赛等。这样有利于改变他们的不良言行，逐步养成良好的生活、卫生和行为习惯。

（四）在活动管理上，要善于发挥异性效应的吸引功能

要善于利用青少年学生由于性生理和心理的逐步成熟而自然出现的异性间情感上的相互依恋和心理上彼此爱慕的特点，在班级内部以及班际、校际间开展的各种课外校外活动中，注意发挥男女学生的不同作用和各自特长，以活跃活动的气氛，调动学生参与的积极性，保持他们对活动的兴趣，充分发挥他们的能力。实践表明，在课外开展的体育等比赛中，异性的助威和鼓励对于鼓舞参赛者的士气有着极大的作用，可以使参赛者的技能获得超常的发挥。这正是异性间的相互吸引力和激发力共同作用的结果。

26. 实现双主互动的班级管理该怎么办

一、运用“双主互动”理论指导班级管理

构成班集体的结构要素很多,其中最积极、最活跃的要素是人,即教师和学生。没有教师和学生就没有班集体。师生之间的关系和相互作用又决定着班集体的本质和功能。因此,在实现班级科学管理的实践中,人们十分关注师生关系的研究,而且成为教育界经久不衰的热门话题,同时,也成了现代教育与传统教育争论的焦点之一。从20世纪中期开始,教育界就围绕着课堂教学中的师生关系问题争论不休,并逐步深入到班集体建设与管理中来。

教师中心说与学生中心说的争论已经持续了多年,一直到现在。到目前也是区别素质教育与应试教育的一个分水岭。在此基础上,苏联教育家凯洛夫提出了“师生双边活动说”。他不仅抓住了班级授课中两个最活跃的因素,而且注意到师生之间的互动作用。这无疑是一个进步,在推动课堂教学改革和班集体建设中发挥了积极的作用。80年代,理论界又提出了教师主导、学生主体的理论观点,并对教师提出几个基本要求:①教师必须关注学生课堂投入和参与行为。课堂教学反对满堂灌、班级管理反对管卡压。②教师的教育行为不仅要教学生学会,而且要教学生会学。不仅要实施有效的教育和管理,而且要指导学生自我教育和自我管理。叶圣陶先生“教是为了不教”的思想已被广泛认同。③教师必须在教育教学中开发学生的智力,培养学生的能力,必须重视非智力因素的培养,提出了发展学生个性,弘扬学生主体精神的主张。这些观点具有极大的生命力,是对传统的班级管理观和课堂教学观的重大变革。

遗憾的是,由于受“应试教育”的桎梏,班级管理和课堂教学中的一些理论认识上的突破,在改革实践的应用中却显得苍白无力和无可奈何。无论课堂教学还是班级管理,教师和班主任的“主导”却变成了“主宰”,学生仍处在“被教、被管”的非主体地位。在大力推进素质教育的90年代,“双重主体变量说”应运而生,明确提出教师是“教育主体”,学生是“学习主体”同时又都是“客体”,在一定条件下主客体可以相互转化,相互促进,从而揭示了教师的“教”与学生的“学”这一对矛盾“相互依存,在一定条件下互相转化”的一般规律,并逐步形成“双主

体多边互动”的理论,把师生关系的研究提高到一个崭新的层次。这一理论,在90年代已经被运用于课堂教学改革和班级管理,一些学校在专家的指导下开展了“双主互动教学模式的实验研究”和“双主互动班级管理的研究”,取得了突破性的进展。这里我们简要回顾了师生关系理论的发展过程,目的在于更加自觉地用“双主互动”理论,指导班级管理走向科学化,并进一步探讨在班级管理中实施“双主互动”的可行性方法,以及作为“教育主体”的班主任怎样在班级管理中发挥主导作用,去调动作为“学习主体”的学生的自我管理的自觉性、主动性和创造性,并真正形成合作互动的民主和谐的师生关系,促进师生素质的持续发展。

二、如何实施“双主互动”的班级管理

“双主互动”的班级管理是作为教育主体的班主任和作为“学习主体”的学生,在班集体中相互依存、相互促进、平等参与、互动合作、教学相长的管理模式。

“双主互动”班级管理的目标重点是确立学生在班集体中的主体地位,真正把班级管理的主动权交给学生,从而培养学生的独立性、自为性和创造性,使他们真正形成自我教育和自我管理的能力。

1. 班主任必须树立民主与科学的教育思想

在特定的教育环境中,在班集体的师生关系中,学生主体的真正确立,起关键作用的是班主任。因为,班主任一直被认为是班级的领导者、管理者、教育者,班主任这种角色,使其在学生中具有“权力影响力”,这本来是无可厚非的。恰如其分地运用这种影响力,对学生的发展也有一定的积极影响。然而,我们的某些班主任由于受传统教育思想的影响,在班级管理中,过于看重这种“权力”(有意或无意的),往往把自己视为“权力者”而凌驾于学生之上,采用的是专制主义的,“我说你听,我管你服”的主宰式管理方法。这种以服从为前提的管理模式,使学生处于被摆布的从属地位,哪里还有什么主体地位可言!他们的自主性、自为性、创造性受到严重的压抑。在这种班级管理下培养的学生,多的是“奴性”,缺乏的恰恰是鲜明的个性和创新精神。这种管理模式不废止,学生的主体地位就不能确立,素质教育就会受到干扰。因此,实施“双主互动”的班级管理,班主任必须变班级管理“主宰者”的角色为“主导者”的角色。而实现这种角色转变的关键是树立现代的教育观念。

教育观念是教育行为的先导。班主任的教育管理是否符合教育规律并具有艺术性,取决于他是否具有民主与科学的教育思想,是否树立了以人为本的观

念、教育民主观念和现代人才观念。班主任只有承认学生的主体地位和主体价值,尊重学生的主体人格,做到爱护学生、相信学生、培养学生;只有摒弃那种以考试分数高低作为评价学生的唯一标准,形成正确的质量观和"全面发展基础上的个性发展"的人才观,才能在班集体中确立学生的主体地位,弘扬学生的主体精神。

众所周知,人的基本特征是独立性和主体性。主体性是最能体现人的本质的部分。主体性的表现是自尊、自立、自强、自律,体现人的自主性、自为性和创造性。它是人的自我意识的高度觉醒,体现了人对自己人生价值的清醒认识和处世精神。人只有确立了主体性才能在逐步学会生存、学会做人、学会改造主观世界的同时改造客观世界。

2. 在指导学生"自治"中促进学生主体性发展

在"双主互动"的班级管理中,班主任作为教育主体必须发挥主导作用,调动学生自我管理的积极性,使他们真正成为班级管理的主人,促进他们的主体性发展。主体性发展就是人的自我肯定与自我否定的过程,就是从现实自我向理想自我发展的过程。长期以来,学生一直处在"被教被管"的非主体地位,主体性得不到张扬,个性得不到发展。这种局面不改变,我们的学生如何成为21世纪的主人,何以在21世纪的激烈国际竞争中立于不败之地!因此,我们在班级管理中要特别注意弘扬学生的主体精神,正确处理自律和他律的关系,培养学生自我教育和自我管理的能力,促进学生主体性发展。

实施"双主互动"的班级管理,班主任要指导学生"自治"。早在20世纪40年代,人民教育家陶行知先生就倡导和践行"学生自治"。他主张学生要"团结起来,大家学习自己管理自己的手续",学校要为学生"创造自己管理自己的机会",要指导他们自己"立法"、"守法"、"执法"、"司法","使学生能够大家组织起来养成他们自己管理自己的能力"。这对于我们构建"双主互动"班级管理模式,无疑是一个很大的启发,也提供了极其宝贵的借鉴。笔者认为,作为教育主体的班主任,要给学生创造主动参与班级管理的"机会",就必须发挥主导作用,既不能像传统班级管理那样包办代替、专制主义,也不能走向另一个极端,当甩手掌柜,而应当在思想上和行动上真正确立学生在班级管理中的主体(主人)地位。班主任的主导作用就是要千方百计地把学生推到管理的"第一线"。为此,班主任要尊重学生的主体地位,相信学生的主体能力,把班级管理的主动权交给学生。具体做法是:①帮助学生明确参与目标。激励理论认为,人在从事某项工作或进行某项活动时,都有一种参与意识,都希望拥有一定的发言权和自主权,而不是供人操纵的机器。学生在心理上有独立、自主、主动参与的要求。因此,班级目标和班级制度一定要引导学生自己制订,以此来增强学生的认同感和内化力,使他们认识到班级目标,正是他们主动参与班级管理所要追求的目标。同时感到他们既是制订者也是执行者和维护者。②要给学生提供可行的参与形式。参与意识的培养需要有一系列实实在在的又符合学生实际能力的参与形式。如值日班长制,班集体的岗位责任制,班级管理中定期请学生评议制……这些形式都能有效地培养学生参与班级管理的义务感和责任感。③给学生更多的机会,使良好的参与习惯成为学生的一种素质。班级所有工作的管理、学生思想问题的解决,学校的各项集体活动都要让学生成为主人,积极地去参与,实现真正意义上的学生"自治"。

作为"学习主体"的学生"自治",也不是和班主任分庭抗礼,而是在班主任的指导下充分发挥自我管理的主观能动性,实现班级目标和制度自己定,班级干部自己选,班级事物自己管,出现问题自己分析、判断、解决。只有当班级目标成为学生自觉的追求,班级制度能够自觉地遵守,班级事物能够主动地负责,班级是非能够正确判断解决,学生才能真正成为班级管理的主体,才能培养主人意识、责任意识、道德自律意识和创新意识,"双主互动"的班级管理模式才能真正形成,学生主体性发展才能成为现实。

27. 不知班训有何功能及其如何制订怎么办

班级管理是个复杂而系统的工程,管理成功的方式也有很多,但怎样有效管理却是一个共同关注的话题。这里想从班训利用的角度谈谈自己的做法。如何化训为风,培养一个班级良好的学风和班风,这是班级管理的一个重要问题。班训不仅仅是口号、形式,它必须内化为班级成员的动力、目标,才能真正发挥作用,否则班训就会失去其应有的意义。

班级里有班训,这恐怕任何一所学校每个班级都能做到,但是,不少班主任把班训游离于班级管理之外,只当是一句宣传口号、一条标语,只是起到装饰的作用,有时连装饰也算不上,似乎只是必须要有的一种形式,而跟自己实际的班级管理和学生教育全然无关。教育要有效,是多方合力的结果,放着现成的资源不用，或者将有限的德育资源分散作用，效果当然不好。班主任的忽视导致学生的熟视无睹，乃至有的学生毕业后，问起教室里最醒目的大字是哪几个时，往往想半天也说不上来。如此忽视、冷落班训，自然发挥不了应有的教育效用。如何解决这个问题呢?

一、认清班训的作用，给予高度重视

从实践和理解的角度看，班训具有哪些教育功能呢? 班训至少具有四方面的教育作用。

一是导向功能。班训既是班主任的理想体现，也是学生群体的理想标准和奋斗目标。因此当学生思想抛锚、行为脱轨时，班训能给学生的生活学习指明方向。合理利用好班训，能有效促进良好班风学风的形成，同时，良好的班风学风又能促使学生对班训有更深刻的理解，心底里会更自觉地朝着班训指引的方向努力。

二是评价功能。班训是班规公约的浓缩，内里有着明确的评价标准。学生在班级里该做什么，不该做什么，对照班训就可一目了然，使学生对自己的失范行为没有推诿的借口，清楚自身行为言语的底线。此外，还便于教师和班级干部评价每一个学生。

三是激励功能。班训体现的是一种班级和个人未达到而渴望达到的目标，它基于现实又高于现实。这就客观激励了班级每个成员向这个目标靠拢、奋斗，有利于班级成员良好习惯的养成和个人品质的塑造。班主任对于班训应时时提、事事提，有的班主任还喜欢在班级活动开展或晨读之前，将班训作为集体行为口号齐声呐喊，鼓舞士气。但这就要看班训是否适合呐喊了。有的班训既是闭口音，又强调自律，就不太适合呐喊鼓气了。

四是凝聚功能。当班训成为组织成员的共同愿景和规范公约时，其实已经具有了强大的聚合力和向心力。因此，为着这样的目标，朝着这样的方向，全体同学就能消除狭隘，摒弃私心小利，齐心合力，携手共进。这样能凝聚人心，营造团结气氛，形成良好的班级风貌。即便有个别不协调的言行表现，也会在强大的正气面前被同化、被润染和融合。

分析目前我们周围不少班主任在对待班训问题上，大致存在这样几种情况：一是冷漠无意。认为班训可有可无，或者说那条标语跟他的班级管理没有多大关系，即使有了，他也不会用心去挖掘和利用，化入自己的班级管理。这类班主任缺少班级文化建设的意识,不知道自己管理班级有什么方向,想培养什么样的学生,采用什么样的管理方式,班级该打造什么样的组织文化,形成什么样的氛围,建成怎样的班集体。这属于不合格的班主任。

二是有心乏力。很想把班级建设好,因此经常留意学习别人的做法,照搬一个班训或者凑成一个班训,但对于内涵理解不深,逻辑不顺,针对性不强,或者太过应景,缺乏长久的魅力,在使用班训上往往缺乏方法和艺术。实践中,这类班主任占大多数。

三是合理有效。就是有经验的班主任能合理巧妙运用班训,把它跟班级规约联系在一起,跟班集体文化结合起来,能切实为班级常规管理、学生行为习惯养成起到有益的作用。通常一些优秀班主任都能有意识地去这样做。

四是化育成风。就是能把班训作为班级文化建设的内核,依托于班级的规约,有效地渗透到学生日常的学习、生活中去;能通过有效的班训凝聚人心、树立正气,为学生确立积极的人生观和价值观奠定基础。这时的“班训”就不再是训诫、训导,而是上善若水,厚德载物,春风化雨,润物无声。如此,便能化训成育,日臻达到理想的教育境界。这才是班训真正应该具有的价值和意义。

二、好班训是集体智慧的结晶

看过很多的班训,或流俗、少文、隐晦、深奥,或逻辑混乱、机械陈旧,或急功近利、理念落后,或则冗长琐碎、意思空洞,真正词句凝练又不生涩、理念先进又意味深长的还真不多见。应该说,班训浓缩了以班主任为主的全班任课教师的教育理想和教育信念,是班主任管理班级的蓝图和学生自我管理的指南。班训语言凝练而意蕴丰富,既能启迪学生,又能引领规约。

有一位优秀班主任贾老师说:“我们班的班训产生,不是我凭空臆造的,是源于班级的一次班规讨论。那时才开学,同学们讨论班级这学期的奋斗目标,大家对照学校的校规,提出班级要在哪几方面取得进步。同学们七嘴八舌,有的说卫生要争第一名,有的说纪律要做到最好,有的说成绩要名列前茅,也有的说要大家都做小绅士、小淑女……于是,我就在他们讨论的基础上提炼,去粗取精,总结出这样八个字:‘静净敬晋,谨精竞进’,当时在班里一说,大家都觉得好,好记、有趣,又有意义。”

班训从何而来?有不少班主任可能从来都没考虑过这样的问题,因为教室里几十年前都已经被贴上了“团结紧张,严肃活泼”之类的标语;随着时代的发展,允许教师有个性地展示自己的创见,但不少教师要么照搬人家现成的班训来用,要么随意拼凑几句,中间往往缺少逻辑或者缺乏必要的联系。班训既然成为班级教育管理文化的核心,这其中必定蕴涵着教师的思想理念,浓缩了教师对学生的期盼和要求。班训的背后实际上是细致具体的班规公约,班训与班规是浑然不可分割的整体,共同构筑了班级的管理文化和教育氛围的框架结构。有意识地让学生参与讨论,在充分听取学生意见的基础上提炼总结,形成班级建设的目标,这样的目标也就很容易成为师生的共同愿景,并为后期的班级常规管理埋下伏笔。这位优秀班主任说,他教的班级学生太过活跃浮躁,因此特地选择一组"静"的谐音,用以提醒学生"静能生慧",足见其班训的选择基于学生的实际,因此教育具有针对性和实效性。

三、好班训要利用好

我们很多班级也有班训,但好像并不注意利用。班主任应该怎么利用班训呢? 班训既然制订了,那就要起到教育的作用。一个好班训三分在订,七分在用。关键是在班训制订后应立即组织学习,并严格执行:每个字有什么要求? 对应班级公约里的哪些条款? 为什么这么要求? 此后,有学生违反了,按照贾老师的说法,就会指着班训上的某个字提醒他;有学生获得进步或者成功了,最高的褒扬也是指着"进"或"晋",表扬他。贾老师说:"我不但自己坚持这样做,要求班级干部也学着这样做,学着用班训管理或者温馨提醒某个同学。唯有如此,才能达到人管不到的地方制度管,制度管不到的地方文化管。等大家接受了,习惯了,即使老师或者班干部不在场,看到或者想到班训,学生就能自觉调整行为,纠正错误,这就是文化训育的力量。"贾老师就是我们前边说的,能够化育成风的优秀班主任。

另外,班训有哪些形式要求,选择的内容有何讲究,班训要稳定还是要适时变化等等问题,还需要我们在实践中研究探索。

28. 不知如何建立班级档案和管理怎么办

班级管理是学校管理的前沿阵地和工作重点。其管理质量的优劣不仅是对教学质量的最好检验,也关联到学生创造性思维的形成,创新能力的萌动和日后对社会发展的适应。鉴于档案资料这一原始的历史记录在教育实践中的重要作用,班主任必须重视班级档案的建立和管理,一改过去传统的随意性的经验管理为更加直观有序的科学管理,以期更为直接、更为客观公正地折射出不同班级和学生的发展历程和成长足迹。如何建立和管理班级档案,班主任应思考以下几个问题。

一、班级档案信息的来源

学校的各种管理信息是班级档案的重要来源,学生管理部门日常检查内容和有关考核信息是班级档案的基本内容,教务部门有关教学质量的考评、考试、测试、实验等科目信息是班级档案的主要参考依据;其他如涉及班级风尚或与学生成长相关的操行、劳动纪律等具体内容的横向信息(来自学校其他职能部门和兄弟班级)和纵向信息(来自上下级、师生等)亦是班级档案的补充来源。对这些内容,班主任要及时收集,设定不同细目,及时加以记载。

二、班级档案的内容

1. 班干部概况及其培养:班干部是班级管理核心力量,是协调师生关系的纽带。因此,班干部的配备尤其是班长遴选直接关系到班级德育工作的成败。应按照公平、公正的原则由学生民主评议、集体推荐产生后,班主任择其所长加以任用。自此,班级要为每个班干部建档。内容除个人的一般情况外,着重从思想品德、管理才能、勤奋精神、工作成绩即德、能、勤、绩四个方面进行记录。班长负责考评班委,组长协助班长进行工作,班长的工作档案由班主任会同班委共同考评,指定专人记录。记录内容每6~8周召开班会反馈、评议一次,并号召学生进行内容补充。依据档案记录,本着能者上、庸者退的原则,工作能力差的不称职班干部可随时进行调整,既有据可查,又有凭可依,可避免沿用传统的经验管理模式带来的随意性、片面性和暗箱效应,不仅增强了班委的活力,也大大增强了班集体的凝聚力和向心力。

班干部培养是班主任对班级实施管理的重要内容,因而班级档案中还应加入班干部培养状况的内容,有理论的培养,有实践的指导,有经验交流,可分类记载,形成培养模式,以期有更大的借鉴作用。

2. 学生状况:学生是班级的主体,他们的思想行为使良好的班风、班容班貌、班纪得以延续和光大。因此学生的基本情况,包括班级人数,学生姓名、来源、文化层次、社会经历、家庭情况与联系电话、政治面貌、个人特长、学籍注册情况、考试与考核成绩、军训及劳动表现,以及各职能部门对其操行评定等都是班级档案的主要项目。

3. 任课老师的评价:任课老师是与学生接触多,对班级情况最为了解的人士之一。其合理化的意见和建议不仅对深化班级管理提供佐证,且对特型人才的及时发现与遴选,制订因人施教的教学方案有特殊的参考意义。

4. 校纪班规:学校的各项规章制度是促进学生顺利完成学业的有力保障,为适应不同阶段的需要,班级可以对班规班纪进行充实、丰富和完善,使之更加直观、清晰、明快,更加符合本班情况。这些制度的建立与健全是历任班主任、班干部和全班同学智慧和心血的结晶,它从学生中来,在学生中用,屡经"实践—理论—再实践"阶段的不断验证与升华、创新,有的可能已具有现代化班级管理模式的雏形或凝结成为班级工作的成功范例,因此有必要对其执行情况及改进要点如实进行记录。

5. 班事要录:着重记录较大型的文体、社会实践等活动的内容、规模及效果;班级对国内外重大事件的反响与认识;具有教育、示范、激励、倡导等意义的"班级之最",如某学生在某一方面最具有特长,班级品学最优的学子,学习成绩擂台榜等等,既可作为班级档案大事记的素材,又可作为学生毕业时的备忘录。

6. 主题班会情况:主题班会对学生形成良好思想品德和引导正确的集体舆论有非凡意义。如按照其召开时序就其主题形式和内容等加以记录,领导者可由此清晰地把握到班级教育工作的基本脉络,进而浓缩出有价值的经验或教训。

7. 各项指标考核与计划总结:包括学生在校期间的素质、体能、行为规范、文化考核及每学期班级工作的计划总结等内容,它们是对教育教学工作最直接、中肯的跟踪性评价,是对班级管理工作健康、有序运行的忠实记录。

8. 获奖情况:记载学生或班级在校期间参加校内外各种竞技、比赛项目的集体和个人荣誉情况,它既反映了学校或社会对班级和学生体质、技能、知识等方面成绩的认同,也体现了学生对班集体的关心与热爱;不仅是有关学生成长与成才的客观记录,也是对班级和学校德育教育工作的肯定。

三、班级档案的形成方式

班级档案通过文字和实物两种方式体现,上述档案内容多数为文字形式。与文字记载相比实物档案更为直观、生动、明快,具有赏心悦目的激励、鼓动作用。其搜集与保存内容包括各种活动照片、图片,自行设计的班旗、班级报纸、班级日记、班歌,各种获奖锦旗、奖杯、奖状,学生独具创意的小制作、小发明、小革新、小手工等。

四、班级档案的构建价值

一份完整的班级档案,是一个班级乃至整个群体形象的缩影。档案内容既是教育教学与管理经验的积淀与总结,又是一套生动的素质教育教材,其纪实性内容写入学期通知书和毕业鉴定评语中,还十分有利于与学生家庭的双向信息反馈与交流。

通过一定的线索或内容进行归类总结,则感到内容充实。对班级的管理来讲它是班级管理的规范与证实;对班主任来讲,是对每个学生进行综合评定的重要依据;对学生管理部门来讲,是班级考核评比的主要参考指标;对以后的班级管理工作来讲,是翔实完备的借鉴资料;对学校素质教育工作的开展来讲,又是重要的实践性资料。因而,建立班级档案是学生管理工作走向科学化的重要途径。

29. 班级自主管理中发挥班干部作用该怎么办

班级的自主管理是一种高效的管理模式,它建立在学生自我管理基础上,其中班干部的管理是实现班级自主管理的关键,要通过对班干部的管理提高班干部的素质,可以带动全班学生实现班级自主管理。

一、引导班干部树立服务意识、榜样意识

中小学生都有很强的权力需要,以满足显示自己、征服他人的欲望,加上社会上“官本位”思想的影响,很容易滋生“官”意识,即管人不管己意识,这是有悖于自主管理原则的。因此,要教育班级干部正确对待权力需要,加强自身修养,管人必先管好自己,自己在管理他人的同时,也受他人的管理,并服务于他人。班级干部与一般学生只不过职位不同,工作任务不同。班级干部一职对一个人的要求无论从品德、能力及知识和情感等方面都较高,既要做到大公无私,以身作则,吃苦在前,享受在后,又要能协调各方面关系,高标准地开展各方面的工

作,而且要牢固树立服务意识和榜样作用,做到以理服人、以情感人、以行导人,彻底破除"官"意识,做到一心一意为班级服务、为同学服务,并严格按行为规范和班规要求规范自己的行为,为全班同学做好表率。这样班级自主管理才能实现。因此,教育班干部必须具备奉献精神,服务意识和榜样意识。

二、激励班干部大胆地开展工作

"用人不疑,疑人不用","用"且"疑"是管理之大忌。班级干部由于受年龄、阅历、能力所限,不可能在管理上做得完美无缺。班主任应多参与协商,引导他们工作,相信他们的能力,尊重他们的人品,使他们感受到信任和尊重,从而满足尊重的需要,有利于激发他们潜在的管理意识,创造性地完成管理工作。同时要加强班干部的培养,组织班干部交流工作经验,宣传班级干部中的好思想好品德,提高班干部在学生中的威信,扩大班干部的影响力。只有班干部的素质提高,威信提高了,才能带领全班同学共同做班级的主人,实现班级事事有人干,同学人人有事干的目标。这样班级才能实现德育注重自治、智育注重自学、体育注重自强的"自己立法、自己执法、自己司法"的自主管理的良好局面。

三、维护班级干部威信

满足班干部受尊重的心理需求,是调动其积极性最有效的措施。班干部最担心的是能否让学生信服,各项工作开展得是否顺利。因此,为配合班级干部的工作,班主任要参与引导,创造机会,让班级干部大胆工作,同时要把树立班干部威信作为抓好班级管理的重要工作。要指导班干部带领全班同学制订自主管理的配套措施,要求同学尊重班主任的工作,当班级干部管理有不当之处时,可通过规定渠道,直接或间接向班干部反映;各班级干部各司其职,各管其事,各负其责,即班长也要服从卫生委员、小组长的卫生安排,团支部书记也要服从室长管理等,形成有利于沟通、影响、激励、协调管理的"交叠角色组"。即便班主任有事安排,也不直接指派下达,不得越级管理,要通过组织逐级安排。同时对于工作中出现的问题,也尽量不直接找当事人,而应找到相关负责的干部了解或协调。也就是说班组一旦建立,一切都要按组织程序办事,发挥各级组织的功能,锻炼班干部的工作能力。班主任要避免直接插手具体事务,防止过于强调个人权威而降低班干部的威信,而更多的是参与引导,宣传、教育,做好参谋工作、学生心理疏导工作、学生之间的协调工作,让班级干部大胆地开展工作,并全力支持班级干部的工作,帮助班级干部树立更高的威信。

四、客观公正地评价班级干部

班级干部一职对学生的管理素质要求很高:品格要高尚,让人敬佩;能力要与职位相适应,让人叹服;知识要广泛并有所专长;感情上要对人有亲切感和激励作用。由于班级干部客观因素所限,在班级管理时会出现这样或那样的问题。班主任在处理问题时,要帮助分析问题产生的原因,共同找出对策,决不能简单粗暴地肯定或否定,造成班级干部的心理障碍,影响师生之间、学生之间的关系。在关心指导的同时,要严格要求,对工作完成出色的,要及时给予肯定或表扬,激励其奋发向上,对于学生反映强烈、意见较大的班级干部,要严肃批评指正,屡教不改者,应坚决予以撤换。为此,班干部要经常到学生中间了解情况,定期进行民意测验、民主选举,及时地选举出优秀的班级干部参与管理,不断地指出班级干部的缺点和不足,提高其管理能力。另外,在生活和学习上多从情感上进行关心和爱护,使其感到亲切和温暖,便于激发其工作的热情,努力干好班级管理工作。

30. 实现班委“互补”怎么办

班主任工作实践告诉我们:采取恰当有效的班委建制原则,健全良好的班委组织,发挥班干部得力助手作用,就能把班主任从繁杂的班务工作中解脱出去。这样,既锻炼了学生的实际工作能力,培养他们工作的主动性与独立性,又减轻了班主任的工作负荷,使班务工作有条不紊地开展。班主任应高度关注班委会组成人员的“互补”性。

一、智能互补

多数班级的班委成员,大多是智力水平较高、成绩较好者,而有实际工作能力、智力水平较低者,却被排斥在外。考虑到学生智力水平有高低之异,在推选班干部时,就应把那些智力水平较低却有实际工作能力的学生吸收进班委会。这样,既能调动他们工作的积极性,又能使他们在实际工作中激励自己,不断进步。实践证明:这样组建起来的班委,能领导全体学生形成强有力的整体,班主任工作就会得心应手了。

二、兴趣互补

学生自己的兴趣是广泛的,也是有差异的。教育心理学认为,学生的直接兴趣对他们的学习和工作内容本身有一种积极的注意倾向,同时伴随着一种积极的情绪状态。这种情绪状态鼓舞着学生主动而愉快地学习和工作,而不会认为其是一种沉重的负担。孔子说:“知之者不如好之者,好之者不如乐之者。”因此,在组建班委会时,应考虑他们兴趣的特点,恰当地互补组合。这样,根据每个成员的爱好及兴趣特点分工,他们多能尽心尽责而又乐意搞好本职工作。

三、性格互补

性格是人的个性心理特征的重要方面。恩格斯说:“人的性格不仅表现在他做什么,而且表现在他怎么做。”例如,沉默寡言者,多缺乏自信,不好外露,无主见,易受暗示,但有一股韧劲。活泼好动者,比较自信、勇敢、有毅力,但比较任性和粗暴。当这二者配合完成工作时,对前者只要更多地鼓励,对后者要叮嘱他注意工作方法,密切联系群众。二者之间的互补配合,有利于班务工作的顺利展开。

四、性别互补

在组建班委会时,应考虑班委成员中男女成员的比例,不可忽视女生的潜在力。这样互补搭配,不仅可以产生异性效应,而且便于更好地掌握学生的思想动态,更好地搞好班务工作。而且女生心细,也可以有效弥补男生相对粗心的不足。

五、年龄互补

儿童的心理是随着年龄增长一步步地由低级到高级、由简单到复杂地发展着,逐渐成为一个有知识、有理想、能自立、能劳动的社会成员。年龄较大者,工作要稳重些,考虑问题一般较全面具体,较少者工作积极性较高,对其他学生的影响力较大。因此,尽管同班同学的年龄差异不大,但总是有的,注意一下年龄互补,也是有必要的。

与此同时,还应培养班干部良好的工作能力,如自我评价能力、独立工作能力和自制力等等。

31. 不知班级凝聚力从何而来怎么办
——谈班集体凝聚力

凝聚力又称内聚力，它是管理学、管理心理学中的重要概念，其含义是“指群体成员愿意参加群体的活动和对群体活动赞助的强烈程度，既指群体成员之间的相互吸引程度，也指整个群体对每个成员的吸引程度”。同时它也是“驱使一个团体中的成员能自愿地留在团体内的影响力量的总体”。

在管理实践中，班集体的凝聚力应当是一个不容忽视的具有现实意义的问题，值得注意的是，班集体的凝聚力与工作效率有着非常紧密的依存关系，但这种依存关系并不总是成正比的关系，前提则是凝聚力的方向与班集目标是否一致：当凝聚力与班集目标一致时，凝聚力越强，工作效率越高，越利于班集目标实现；凝聚力与班集目标不一致时，凝聚力越强，工作效率越低，越不利于班集目标的实现。由此，我们不难发现，在管理实践中，班主任如何增强与班集目标一致的班级凝聚力是个事关班集体形成与发展的重要问题。那么，作为一个班集体的管理者应如何着手来增强成员与班集体目标一致的凝聚力呢？

一、增强班集体目标与成员目标的一致性

在管理实践中，班集体成员都有自己的奋斗目标，这种追求和目标又具体表现为成员个体的各种需要。班主任在强调班集体目标重要性的同时，也应把实现成员（学生和教师）个体的目标、满足个体的需求作为实现班集体目标的手段，这也是很重要的。两者之间尽管会存在着暂时的冲突与矛盾，但从长远来看，协调两者之间的关系既是班主任的重要责任，也是增强组织凝聚力的重要内容，否则很难有凝聚力。因此，上下目标不一，班集体目标的实现只是空话而已。要协调两者之间的关系，使两者的追求、奋斗目标存在更多的一致性，重要的一点则是鼓励班级成员特别是学生，参与制订班集体的目标，并使之成为他们个人的奋斗目标。

二、让每位学生都觉得自己很重要

如果班主任或明或暗地让学生们感觉到他们对班集体的发展是个可有可无

的人,那么,班集体的凝聚力就无从谈起。班主任应该知道,学生意识到自己很杰出,并能成就一番事业是非常重要的激励因素,它比那些物质刺激更为重要,同时它也是增强凝聚力的重要手段。鉴于此,班主任不能把学生视为“被动接受管理的客体”,是庸庸碌碌之辈,而把自己看成高于被管理者的“救世主”和主宰者,而应将学生视为能动的主体,并给他们以更多的主动权与责任,给他们以更大的活动空间,即把班级管理的主动权交给学生,使其真正感受到自己存在的价值,使学生真正掌握自己的命运,发挥自己的能动性。如此,班集体的凝聚力就会不断增强,目标的实现则是必然的了。

三、重视心理环境建设

心理环境,有人又称之为班级氛围,它是个摸不着、看不见却无时无刻不在影响班级成员的行为,影响班集体凝聚力的重要因素。虽然心理环境多表现为一种无形的状态,但它确实又是由班主任的种种管理行为造就的,这些管理行为包括管理者的管理哲学、管理措施、管理者自身示范及由此形成的班集体文化与传统。在管理实践中,班主任应时刻重视班集体的心理环境是否使其成员特别是学生有较强的安全感,能否激发学生的学习与工作热情,能否使他们对班集体有较强烈的认同感、归属感,是否有利于发挥自身的创造性。在这方面,目前,班主任更须引起高度的重视,因为社会的变革、班集体的变革使学生面临着前所未有的心理冲突和动荡,忽视之,必然严重削弱凝聚力。

四、检查组织内部的公平系统

一些国内外专家正在加大研究有关激励的公平理论。这个理论侧重研究组织中工资协调分配的合理性、公平性对员工积极性的影响问题。应当说,作为班级管理者的班主任也应注意这一问题的重要性。虽然公平与否更多的时候是班级成员的一种心理感受,也很难实现绝对的公平,但班主任还必须时常检查组织内部的公平系统,力求解决好公平问题。特别是在处理班内发生种种矛盾时看是否能做到一碗水端平,在评三好以及学生综合素质评价中,是否做到公正、公平、公开。因为学生更重视精神需求方面的满足,总会根据自己的所得与付出之比找个“参照系”,看自己的所得与付出是否公平,这种感受会直接影响到班集体对学生的吸引力。因此,班主任在制定政策、实施奖惩等方面不能搞平均主义,更不能造成学生对班集体的贡献较大,其利益却与付出倒置这样的现象。这样又会影响凝聚力的形成。

五、开展丰富多彩的班级活动

因为学生是有所需求的,并且是多样化的。当前,学生承受着空前的学习负担和精神负担,各方面的压力是前所未有的,解决学生的需求,使之生活工作丰富化更有其重要意义。即当学生的需求得到满足时,生活工作丰富化时,他们就会将班集体视为自己的“家”,那么这个“家”的凝聚力之增强就是必然的了。何况学生学习负担和精神压力得以减轻,会使他们保持旺盛的精力从事学习。增强班集体团队精神有效的方法是组织丰富多彩的班集体活动。(这部分内容将有专题阐述)

32. 满足学生心理需求该怎么办
——再谈班集体凝聚力

凝聚力即同心力,指集体对成员、成员对成员的吸引力。任何一个集体都应该有一定的凝聚力,否则就不称其为集体。因此,凝聚力是班集体的生命力。形成班集体凝聚力的因素很多,如班主任和任课教师的素质,班级成员的思想道德状况,班级人际关系状况以及班级内外部环境等等。笔者在《班主任的100个怎么办》(江苏教育出版社2006年修订版)中也曾提出了三个观点,即班主任自身的凝聚力是核心;科学的班级管理是形成班集体凝聚力的保障和进行集体主义教育是形成班集体凝聚力的关键。本文将从影响班集体凝聚力的心理因素出发,建议从满足学生心理需求来增强班集体的凝聚力。

一、归属感

归属感是一种情感倾向,是“比生物需要、安全需要层次高的社会性需要。每个人在情感上都具有自己归属于一定群体的社会需要,希望自己成为群体中的一员,和他人保持有意义的联系,并得到群体的认同、悦纳和相互关心,相互帮助”。(见《心理学大词典》)如果班集体中的每位学生都感觉到自己是集体中不可缺少的一员,就会产生热爱集体的感情,就能自觉地维护集体的荣誉,尽心尽力地为集体出力,自觉自愿地履行集体的规范。集体成员归属感的强弱与集体凝聚力的大小成正比。因此,培养和强化学生的归属感是班集体建设的一项具有重要意义的工作,班主任如何培养和强化这种归属感呢?

首先要对学生进行集体主义思想的教育,培养其集体荣誉感。通过教育使每个学生明确什么是集体,个人和集体的关系是什么,集体主义和小团体主义的本质区别是什么,从而使他们懂得集体荣誉要靠大家来维护和创造,集体活动没有自己参加这个集体就不完整;懂得自己在集体中的地位和作用,明确个人再有本事,离开集体也将无所作为,从而自觉地把自己融于集体之中。通过集体主义思想教育强化学生的归属感。

其次是组织丰富多彩的集体活动。学生经常参与集体活动是强化归属感的有效方法。实践证明,经常参加集体活动,会增加对集体的关心,增强集体主义观念。特别是班级间、学校间的各种竞赛活动,更能强化集体归属感。竞赛必将有胜有负,而作为集体成员总是希望自己所在的集体获胜,因此,这种竞争心理会加强集体主义观念。特别是竞争的双方都面临着外界压力,此时一定会增强集体的凝聚力,促使集体成员团结一致,一争高低。即使竞争失败也会使集体发愤图强,来日再战。当然,对这种竞争心理,班主任要正确引导,以防止小团体主义思想产生。

第三要设计集体标志。目前,学校都有自己的校旗、校徽、校服和校风口号等,这些都是学校大集体的标志和象征,能够激发学生的集体荣誉感和自豪感,并导致归属感和凝聚力的增强,起到增进团结、鼓舞士气的作用。可见,集体标志在强化集体成员归属感的过程中起着潜移默化的作用。作为班集体建设,班主任除教育学生用自己的实际行动维护学校的荣誉并为集体增光外,也可以根据班集体的具体情况,创办反映本班个性的“班报”,设计有自己特色的“班徽”,以增强班集体的凝聚力。

二、认同

认同即认为跟自己有共同之处而感到亲切,它是一种情感移入的过程,是自己和别人相互同化的过程,是班集体凝聚力的心理基础。人的思想特点和个性特征千差万别,作为班主任要使班集体具有凝聚力,就必须从实际出发对学生进行教育引导,使他们对班主任、班级目标、班级制度和舆论产生共识和认同。学生有了这种认同,就会对班集体感到亲切,从而团结在以班主任为核心的班集体周围,共同朝着德智体美劳全面发展的理想目标进取。

首先谈对班主任(任课教师)的认同。班主任是班集体的组织者和领导者,学生对班主任的认同主要表现为对班主任的崇敬、信赖和赞誉。这种认同,与班主任(任课教师)的人格和才能有直接关系,具体地说,班主任(任课教师)的政治素质、思想素质、道德素质、业务素质和能力素质越高,越容易被学生认同。班主任(任课教师)说的话才具有权威性,学生才能听得进、信得过,班主任(任课教师)自身的凝聚力就越强。因此,班主任(任课教师)必须加强自身的人格形象和业务形象的自我塑造,在学生心目中树立起光辉的榜样。如果班主任(任课教师)仅凭自己的权力训斥学生,自己在言传与身教上相互脱节,就可能产生一种离心力。

再谈对班集体目标的认同。这种认同体现在学生觉得集体目标在鼓舞着自己前进。因此,能把实现个人奋斗目标与实现班级目标紧密联系起来,并通过自己的努力为实现集体目标而奋斗。这种努力的程度与学生对目标的认同程度成正比。因此,班主任在带领学生制订班集体奋斗目标时,在牢牢把握目标的方向性和激励性的同时充分调动学生的积极性和创造性,让他们直接参与目标的制订,并使目标既符合素质教育的要求,又符合班级成员的实际;既不过高使学生的目标系统望而生畏,又不偏低使学生唾手可得,还要班集体目标与个人目标融为一体,形成不同层次、不同要求。只有这样才能把党和国家对他们的要求变为他们内在动机和自觉的行动,才能形成被学生认同的目标。

第三谈对班集体制度的认同。班集体的规章制度,如条例、公约等,必须得到全班学生认同才能产生凝聚力作用,才能真正成为集体的行为评价标准,才能成为集体中的人际关系准则和集体的精神支柱,才能保证集体内部的团结和思想、行动的一致性。集体中的各项制度如果只是班主任或少数干部的思想、意志的体现,而得不到全班学生的认同,就不会有凝聚力作用。要使全班学生对班级制度认同,班主任要充分发动群众,让每个学生都参与讨论制定班级制度,使每项制度不仅符合《中(小)学生日常行为规范》、《中(小)学德育大纲(纲要)》的要求,而且是集体意志的体现,这样产生的制度,才使学生感到不是班主任“要我做”,而是“我要这样做”。

最后谈舆论认同。形成被全班学生认同的集体舆论是班集体建设的重要方法,是形成班集体凝聚力的关键之一。健康的班集体舆论虽然具有非组织性(即不是通过组织的形式出现),和非时间性(即随时随处可以反映出来),但是却具有鲜明的是非倾向性,能够代表大多数师生的意见,并形成一定的教育影响力。

它可以对集体成员的言行具有很强的约束力，可以促使每个学生对自己的言行进行自我调控。要想使班集体具有健康的舆论并被大多数学生认同，班主任要做好以下工作：①加强对全体学生进行思想品德作风方面的教育，不断提高学生分辨是非的能力，促使他们确立正确的是非观念。④组织全班学生对班内各项活动进行民主评论，及时表扬好人好事。③利用黑板报、手抄报等形式宣传正确思想和好人好事等等。

三、满足感

人都有自己的需要，学生也不例外。需要是个体社会化的客观需要在人脑中的反映；是人的心理活动和行为的基本动力。学生的需要在集体中得到满足就会产生满足感，心情就愉快，就振奋。实践证明，满足的程度体现出对集体的满意程度，集体成员的满足程度越高，显示出集体的凝聚力越强。然而，需要得到满足的时候，进取行为往往会停止，动力就会消失。此时，班主任应立即引导学生向高层次的需求迈进，使他们产生新的缺乏感，以便形成新的动力。

人的需要有不同的层次，有时也会有超越集体范围的不合理需要。因此，班主任应认真研究学生的需要心理，对其合理的需要，哪怕条件还不具备，也要尽可能创造条件争取早日予以满足。

如果学生有求知的需要，他们对教师的知识水平、授课能力就会有较高的要求，这样教师就必须不断提高自己的业务水平和授课能力，不断研究学生的认识规律和学习方法，不断提高教学质量，以满足他们的求知欲。再如为满足学生得到尊重的需要，教师要热爱学生，尊重他们，即使他们犯了错误，也不能讽刺挖苦，以免伤害他们的自尊。另外，学生都有交往和娱乐的需要，教师应当组织各种集体活动，加以引导。

对那些不合理的或错误的需要，要做好思想政治工作，如中学生的早恋现象就是一种不合理的需要，班主任一定要讲清早恋的危害，使他们把精力用到学习上。

33. 班集体思想涣散、纪律松散怎么办

——三谈班集体凝聚力

班级成员思想涣散，各吹各的号、各唱各的调，多数学生对班级事物漠不关

心，而且纪律松弛，缺乏团队精神。究其原因，就是班级尚未形成集体而缺乏凝聚力。解决的办法很多，这里有几点经验之谈，希望能对大家有所启发。

一、师生共订聚力目标

中小学生求知欲强，好胜心强，班主任可通过积极的引导，根据他们的心理特点和班级情况共同制订一个被大家认同的班级目标，给学生心理点亮一盏明灯。把素质教育要求，变为他们内在的学习动力和自觉行动，从而调动和激励学生的积极性，形成班集体的凝聚力。最好的解决办法是订聚力目标。如深圳市观潮小学就提出了“面净口洁，身正腰直”的“校训”亦即德育目标。“面净”的字面意思是脸干净、地面、桌面、卷面干净。寓意脸面干净清白做人。“口洁”指口脸牙齿洁净，引申为不讲脏话，言语文明，也指廉洁自律，洁净做事。“身正腰直”，是指坐立行走身要正、腰要直，引申为师生面对困难时做一个腰杆子挺直的人。这样具体形象寓意深刻的目标，激励着师生们从生活小事上做起，努力成为做人做事的人才。他们还围绕这一目标组织师生找差距定措施，有计划地组织学生开展丰富多彩的活动，使每个学生都能在活动中发挥特长，展示才华，陶冶情操，增进友谊。很短的时间内，几十颗涣散的心就聚拢起来，形成了一个有团队精神、有奋斗意志力的班集体。

二、师生共建聚力纽带

一个健全的班集体必须有一个具有凝聚力的班干部队伍。因此班主任必须带领学生共同建立健全班委会和团组织，形成班级管理核心团队。这是提高班级凝聚力的关键。班委会成员必须由作风正、能力强、能为大家服务、受大家拥戴的同学组成。通过他们团结带动其他骨干力量开展工作，形成一条上下一致、动作协调的凝聚力纽带。这种凝聚力纽带的建立最好的办法是实行三个结合：一是师生共商相结合、自荐与民主选举相结合、发挥班干部作用与发挥全体同学的作用相结合。特别是要设立多种管理岗位，多给一般学生参与班级管理的机会，实行学生基本“干部化”。让大多数学生都能有岗位为班级服务，并通过岗位轮换，给每个学生创造锻炼能力、展示才华的机会，把学生的精力、能力最大限度地调动起来。这样班级凝聚力的形成就不在话下。

三、师生共兴聚力班风

以上两项内容是形成良好班风的前提，也是形成班级凝聚力的关键，在此基础上，要加强班风建设。班风是以班主任为首的班集体在思想觉悟、道德品质、意志情感诸方面的具体体现，它是班集体长期形成的情绪上、言论上、行动上的共同意向。树立良好的班风对陶冶学生情操，对增强班级凝聚力具有积极的意义。

良好的班风应该包括下列内容：一是良好的学风。班主任要在有计划地抓好学习目的教育的基础上，培养他们良好的学习习惯，要建立健全全班同学都能做到认真预习、认真听课、认真复习作业等多方面的行为习惯要求。

二是自觉遵守纪律之风。班集体每位成员都能自觉遵守纪律是良好班风的重要组成部分。纪律对于学生学习和班集体成员间的关系有着重要影响，强调纪律的目的就是要使学生有效地学，使集体在某些共同事情上同心协力。良好的纪律要经过班主任和任课教师的管理和谆谆教诲才能形成，有了自觉的纪律才能创造最佳学习情境。

三是批评与自我批评的舆论之风。有了正确的舆论，班级才会有凝聚力。班主任抓班风建设，必须经常分析本班发展的具体情况，培养学生辨别是非的能力、自我评价和自我教育的能力，引导学生自己管理自己，自己教育自己，形成自觉地开展批评与自我批评的风气。“好事有人赞，坏事有人管”的公正的集体舆论不仅是班风的重要内容，也是促成其他良好风气的重要途径。

四是团结友爱之风。人际关系中最友好的形式是以高度的信任和尊重为标志的；这种信任和尊重存在于不同年龄、不同地位和不同作用的人们之中，因此，班主任也要充分信任和尊重学生，诚心诚意地爱护学生。培养全班成员团结友爱的干群关系，同学间具有亲切感，从而使每个同学都在感情上产生不可分割的向心力；形成团结互敬、互帮互学的良好班风和牢固的凝聚力。

四、师生共创聚力活动

班级凝聚力只有在丰富多彩的活动中才能得到巩固和发展。没有凝聚力的活动，学生就会感觉不到集体的力量，也不知道该从什么地方为集体的荣誉去奋斗。相关内容在班集活动的几个专题中均有阐述。

34. 创建和谐班级教育生态该怎么办

教育生态是一个宏观概念，周培植先生在他的《走进高品质的教育生态》一书中指出“教育生态环境是以教育为中心，对教育的产生、存在和发展起制约、调控作用的多元环境体系”。重点归溯到学校内部这个相对微观的生态系统，以师生素质的可持续发展，及学校内涵的发展为主线，研究人与人之间、人与环境之间、人与社区(家庭)之间的关系，及其对学校优质教育的影响这一重要问题。

教育生态理论认为，在教育生态系统内部，人、教育、环境彼此相连，共同构成一个不断矛盾运动的生态系统。作为生态主体的人，都在自身与环境的平衡—不平衡—新平衡的矛盾运动中寻求发展。教育生态观高度重视生命的价值，特别是人(师生)的素质的可持续发展。其最突出特点就是尊重人、关心人、理解人、规范人和发展人。发展是硬道理。在整个教育过程中，输入的是未达到某种智能和人格发展水平的学生，通过学校这个教育生态系统的“加工”与影响，并根据社会对人才发展的需要，对学生进行德智体美等方面的教育，输出的却是反映学校内部优质发展，智能得到开发、人格得到健康发展的中华民族伟大复兴所需要的优质人才。这也恰恰是学校教育生态和谐的本质体现。学校构建和谐的教育生态，应以构建和谐的班级教育生态为突破口，抓好几下几方面的工作。

一、建立有利于学生成长的和谐的人际关系

人际关系和谐是班级和谐教育生态的重要标志之一。班级里的人际关系也是一个复杂的生态系统，他们相互影响、相互制约、协同共赢。其中师生之间、教师之间、生生之间的关系也充满各种矛盾。如何才能使班级里各种人际关系达到和谐相容，是班级教育生态建设的一项重要内容。

班主任必须把建构和谐的、心理相容的班级人际关系，以形成有利于师生素质和谐发展、生活幸福快乐的良好的班级生态环境作为自己工作的一项重要内容。

(一)处理好人际关系必须做到心中有他人

构建和谐的班级人际关系，关键是人人都能做到“心中有他人”。儒家伦理中的德育论的关键是什么呢?《论语·卫灵公》中记载，子贡问孔子：“有一言可终身行之者乎?”(是否有“一言”可以作为道德准则而终身奉行?)孔子回答是“恕”，“夫子之道”就是“忠恕”，“忠恕”就是“尽己为忠”，“推己为恕”。其基本精神就是孔子说的“己欲立而立人，己欲达而达人”，“己所不欲勿施于人”。也就是说在处理人际关系时，要设身处地为他人着想，要像对待自己一样对待他

人。这实际都是告诫我们处理人际关系首先要做到“心中有他人”。这是和谐人际关系的基本原则。班级人际关系主要包括班主任、任课教师、家长和学生，这些人只有心中都装着对方，不管遇到什么矛盾，都能换位思考，就没有解决不了的问题，相互关系就会彼此相容，和睦相处，共谋班级发展。这其中关键是班主任。

1. 班主任心中有任课教师和学生家长

班主任想他们所想，急他们所急，把他们的事当做自己的事，就会尊重任课教师的劳动，尊重家长的意见，努力帮助他们解决相互之间以及和学生之间发生的矛盾，让他们安心、放心。尊重人、关心人、理解人是人与人之间和谐的润滑剂。班主任首先要有教育民主思想，尊重任课教师和学生家长，并将这种尊重、关心和理解传递给对方，引导对方也要以同样的态度对待他人（特别是学生），从而换来同心同德共谋班级发展，把素质教育推向深入。

2. 班主任心中有学生

心中有学生，就会把学生的健康成长放在心上，全心全意为开发学生智力、促进学生德智体美全面发展作为自己的首要任务，全面履行班主任职责，在尊重学生的身心特点和多种合理需求的基础上，担当起教书育人、管理育人、服务育人的重任，真正成为学生的经师与人师。并通过自己的言传身教，引导学生心中有他人，并用人性化的教育方法（尊重人、关心人、理解人）培养能和谐发展、能与人和谐相处的学生，使他们学会换位思考，进而升华他们对父母和老师的爱。

3. 教育者要有科学与人文素养

构建班级和谐的生态，班主任、任课教师及其家长的科学素养和人文素养的重要性是什么都难以替代的。有了科学素养，在教育教学中才能把学生“全面发展基础上的个性发展”作为事业的追求，始终不渝地坚持素质教育的要求，把以德育为中心，着力培养学生的创新精神和实践能力作为教育工作的价值追求。具有丰富的人文知识，并形成人文素养的教师，在自己的教育实践中，才能真正实现“人文关怀”，把提升学生的生命价值和一生幸福，作为自己工作的最终目标，这样，教师和学生的身心也才能和谐发展，从而享受幸福的教育人生，这也是建设生态班级的终极目标。

4. 引导学生换位思考

建设和谐的人际关系，教育者要教学生树立“假如你是我、假如我是你”的换位观，引导学生学会爱，学会换位思考。人们常说“爱人者，人恒爱之”。学生之间也是如此。每个学生都具有爱心、同情心，他们的心中就会有他人，就会善于与他人和谐相处。这样就有利于形成班级和谐的人际关系。

二、建立有利于学生成长的和谐班级文化

良好的班级教育生态环境，实际上就是高品位的和谐的班级文化环境（其中包括物化环境、舆论环境、精神环境、心理环境等）。其对教师的专业成长和学生素质的提高，具有规范、熏陶和激励功能。班级文化是由全体干部、师生共同创造的。它是由物质文化、制度文化和精神文化构成的。

班级文化环境的和谐统一，也是构建和谐教育生态的重要标志，营造出高品位的具有熏陶力的班级文化氛围，促进班级逐步实现高品位的文化育人、文化管理，促进优质班级的可持续发展。

班级文化环境具有固本的作用。所谓固本是指班级文化环境建设是以中华民族传统的、优秀的“和合”文化为基础，通过班级文化建设，进一步弘扬中华民族的“和合之德”。可见，班级文化是以道德为基础的，反过来又发挥文化的德育功能，为班级的德育工作服务，使班级和谐教育生态成为现实。

“和合”是中华民族传统文化的精髓，又是一种道德思想和道德规范，它可以化解各种矛盾，形成和谐教育生态。

班级文化建设追求的是和谐，即物质文化、制度文化和精神文化的整体和谐；班级教育中教师和学生素质发展的和谐；并通过物质文化建设追求自然美，发挥陶冶师生情操的功能；制度文化建设追求行为美，发挥其规范功能；精神文化建设追求心灵美，发挥熏陶功能。另外班级文化建设追求的最终目标是通过充分发挥其德育功能、智育功能美育功能……实现班级教育的真善美的和谐。人们都说教育是科学的、人文的、艺术性的工作。那么什么是科学的、人文的和艺术性的工作呢？简言之，科学就是求真，即敢于坚持真理，修正错误；人文就是求善，即尊重人、宽容人、帮助人，对人实施精神关怀；艺术是追求美，即通过创新教育促进学生的行为美、心灵美。这就是教育的本质所在。由此可见构建和谐教育生态也恰恰涵盖了这一切。

三、建立有利于学生成长的班级与社区的关系

班级与社区、家庭的和谐关系极为重要，它不仅能够形成有利于学生素质发

展的良好的人文环境，而且能够与社区管理人员、学生家长形成教育合力，为推进素质教育共同出力。建立与社区和家庭的和谐关系，关键在学校。学校要善于开发社区与家庭的教育资源，在社区和家庭建立社会实践基地，为学校的教育服务；要善于开发社区与家庭的智力资源，发挥老红军、老干部、公安干警和优秀家长的作用，为学生教育、教师教育献计出力。要想真正使学校、社区和家庭形成有利于学生成长的和谐关系，班主任就要经常利用家访、家长会、家长学校，与学生家长保持经常性的沟通，要建立班级家长委员会，通过各种渠道征求他们对学校和班级工作的意见和建议，做到善于倾听和理解家长的要求，要多站在家长的立场上思考问题，要为家长参与学校、班级管理和学生教育创造条件。对于家庭教育出了问题的家长要进行耐心帮助和指导，帮助他们树立正确的教育观，改善教育方法。我们千万不要忘记家长这位朋友。要落实这些工作起关键作用的是班主任。班主任要充分利用社区资源，组织学生访问老红军、老干部和有专长的学生家长接受思想品德教育，要组织织学生开展社区服务，开展环保宣传和各种环保活动，提高学生的环保意识和服务精神，在实践与服务中实现成长。

35. 在班级管理中培养创造性个性品质该怎么办

创造性个性品质主要是指具有创造的意向、创造的情感、创造的意志和创造的性格等独特的心理品质。它包括自信、勇敢、独立性强、有恒心、一丝不苟等良好的人格特征；在班级管理中怎样才能有效培养学生创造性个性品质呢？

在班级管理中，有的班主任往往强调目标的导向和制度的规范，处理不好就会误入重物轻人的怪圈，而压抑学生创造性个性品质的形成与发展。因此，在班级管理中培养学生创造性个性品质，关键是发挥班主任的教育主导作用和学生的主体能动作用，构建起班集体的激励机制，弘扬学生的主体精神，促进学生持续性发展。具体做法建议如下。

一、以学生为本，培养独立自主的精神

没有人的独立性和自主性就没有个性。教育家陶行知说："最好的教育是教学生自己做自己的先生。"传统的班级管理，经常出现见"物"不见"人"，以"事"为本的强制管理的弊病。这种班级管理是让学生服从于"事"。顺应于"活动"，

把自主的和有活力的人，僵化为按“号令”行动的一种工具。“听命”和“顺从”成为学生在班级管理中的基本状况，学生的自主性和创造性无法充分表现，学生的个性特点难以发扬，培养创造性的个性品质也就成了空话。要培养学生创造性个性品质就必须坚持以学生为本，激发他们的兴趣、爱好，鼓励他们积极主动参与班级管理，真正成为班级管理的主人。众所周知，缺乏独立自主精神的人是不可能具有创造性个性品质的，因此在班级管理中关键是培养学生的独立自主、独立思考和敢于质疑的精神。如开学初，我们可以组织学生制订班规，每位同学都参与，都可以提出自己的建议，也可以反驳，但必须阐明理由，以理服人。集中制订出既有约束作用，更有激励功能的有人性化的班规，那种“不准……否则……”惩罚式的班规就很少出现。“教师在与不在一个样，班主任课与课任课一个样”，这样的班规，更能提高学生遵守规章的自觉性。班里的各项工作也要发动学生主动承担，做到人人有事做，事事有人做，充分发挥学生的聪明才智和个性特征。如班级发展规划也可以在班主任的指导下，由学生干部带领全班同学制订、实施和监督验收。再如班级卫生、板报布置都可以按小组轮流负责，有的班主任就将板报交给了每个小组，每半月一期。版面内容安排、艺术插图均由同学自己设计，内容形式决不雷同，仅参与这项工作就涌现出许多优秀撰稿人和版面设计师。可以看出同学们具有独立自主的精神是多么重要。

二、实施民主管理，培养学生高度的责任感

民主管理的关键是班主任要有科学与民主的思想，充分调动学生参与班级管理的积极性，使每位学都具有主人翁意识和高度的责任感，有效发挥他们的积极性和创造性。实现“德育重自治、智育重自学、体育重自强”的“自己立法、自己执法、自己司法”的自主管理的局面。只有如此，才能避免班主任包办代替、独断专行、事事都唱独角戏的局面；才能避免学生感到受制于人，产生被人“管”的消极体验。专制式管理会使学生一切听命于班主任，主人翁责任感逐渐泯灭，久而久之，创造性个性品质不仅不能形成，还会使学生养成一种依赖性。在班级管理中，班主任与学生应该目标一致，行动一致，形成两个积极性。学生的主人翁责任意识不是班主任“给予”的，而是在主动参与班级管理的活动中形成的。如在组建班委会时，我不是按传统的任命制，而是采取竞选制。首先给同学们一定时间准备，想想自己竞选什么职务，制订职务责任计划书，准备竞选演讲。然后利用周会的时间请参加竞选的同学宣读职务责任计划书及竞选演讲，回答同学们

提出的有关问题,最后进行无记名投票,选出班干部。通过这一活动使同学们享受到了民主权利,也培养了主人翁责任感。有的班主任还带领班干部和同学们在班上设立了许多岗位:“财产小卫士”、“图书管理员”、“黑板清洁员”……使每位同学对班上的各项活动和各岗位全权负责。实行岗位责任制后,学生感到集体需要他们,他们有为集体做贡献的具体任务,不仅增强了参与意识和对集体的责任感,也培养了他们独立工作的能力和创造性个性品质。实践证明,在班级管理过程中学生的参与越多,他们的责任感就越强,自我管理能力就会很快提高,班级的面貌也会越好。

三、发展学生的兴趣,培养学生的个性才能

学生形成创造性个性品质,兴趣是起点。兴趣是人发挥智慧和取得成功的动力。班主任在管理学生的过程中要熟知每个学生的兴趣,要帮助学生发展兴趣,这对他们的整体素质提高将起到积极作用。班主任要引学生把兴趣同奋斗目标结合起来,使兴趣在成长中发挥动力作用。为此,要鼓励学生参加学校组织的各项兴趣小组活动,在活动中培养学生的个性和特长。如杨老师班上的一学生,喜欢书法,跟书法老师学习了一段时间后,由于太辛苦想半途而废。杨老师了解这一情况后,和这个学生共同欣赏王献之的书法作品,当他表现出羡慕的目光时,就给他讲了刻苦练字的故事,鼓励他持之以恒。他接受了班主任的意见,经过坚持不懈的努力获得了“全国百名小书法家”的称号,作品获全国少年组书法一等奖。班主任还要培养学生的兴趣,对教育要求中必须具有的,但学生不感兴趣的知识加以引导,使其由不感兴趣转为感兴趣。在这方面,杨老师巧妙地用学生感兴趣的事情,来带动学生不感兴趣的事情。如某同学曾一度对学习文化知识不感兴趣,终日沉迷于看《飞碟探索》这一类书刊上。她发现这一情况后,并没有急于批评,而是在他的作业本上写上了这样一段话:“神奇的宇宙和 UFO 之谜正在强烈地吸引着你,但你知道吗?解开它们的秘密需要科学文化知识,努力学习吧!未来的科学家。”他看到这段话明白了老师的意图,热爱学习了,成绩提高很快。培养学生的个性才能,帮助学生从无数生活道路中选择一条最能发挥创造性的道路是班主任的职责。

四、培养学生的创新精神,解放学生的创造力

人民教育家陶行知曾提出:要解放学生的头脑,让他们去想;解放学生的眼

睛,让他们去看;解放学生的双手和双脚,让他们去实践;解放学生的时间和空间,让他们去发展。坚持这种创造性教育思想,对培养学生的创造性个性品质,使其具有创新精神具有深远的意义。

人的潜能的发展是无限的,因此班主任在班级管理过程中要时刻想到每个学生都有潜能,并观察学生潜能的表现苗头,为他们提供表现的机会和条件,使他们不断地出现新的面貌。小陈同学在学习上成绩一般,但班主任发现她写的作文选材新颖,想象力丰富。在准备召开“向白色垃圾宣战”主题班会前,班主任让她担任小品的导演,由她编写《垃圾的控诉》,讲述白色垃圾向人类控诉它是无罪的,是人类大量生产和使用一次性用品,才造成了环境污染,影响了人类的身体健康。这一小品主题深刻,语言幽默,让同学们在笑声中得到启迪,收到了很好的教育效果,受到听课教师的好评。培养学生的创新精神,使他们从寻常事物中发现问题、提出问题,经过努力,使问题得到新颖独特的解决。学生创造力的解放,会给老师带来许多的惊喜。

21 世纪全新的教育就是培养学生具有创造性个性品质,为此,今天的班主任就要勇于在教育实践中探索,变具有封闭性、求同性、静态性、主观性、单向性特点的传统的班级管理模式为具有开放性、求异性、动态性、客观性和多向性特点的现代管理思维模式,以使教育和管理逐步适应新时代的需要。

36. 实现班级人性化管理该怎么办

提倡人性化管理是时代发展的需要,是构建和谐人际关系的需要。目前,有些班主任感到今天的班级管理同以往相比,难度加大了,甚至出现了“说轻了不痛不痒,说重了寻死觅活”的情况。确实,班级虽不大,管理难度却不小。要解决这个问题班级管理工作应该树立一个新的理念,那就是实行人性化的管理。之所以这样强调,主要在于教育是做人的工作,面对一个个活生生的人,班主任必须倾注感情。实施情感管理和人格管理。改变传统的重物轻人、重制度轻人文的管理方法。不必讳言,到目前为止,在班级管理中,人性化的管理还是少了一点:有些班主任过多地采用制度管理,试图用一套制度框住学生。惩罚多于奖励、压制多于放松、防范多于信任。部分老师将“罚”作为法宝——罚站、罚停课、罚抄作业,罚考试成绩不好的学生互扇耳光,甚至把“劳动”也当做一种手段,

“罚”给某些学生……总而言之,三句不离“罚”。在这些班主任那里,“教”和“育”的色彩被淡化了,甚至被异化了。有的班主任过于冷峻,以至于学生不敢走近他,有一种“老鼠见到猫”的感觉。遇到什么事情也不敢向他倾诉,甚至在课堂上想大小便都不敢说。现在的中小学生心理健康欠佳已成为不争的事实,而且比例有上升的趋势。当然原因很多,但跟班主任缺乏人性化管理不能说没有关系。对人性化的问题,我们以往不怎么谈,总觉得那不是我们该要的东西,我们要什么?拿一句熟悉的话讲,叫做“不爱红装爱武装”。其实,在一个充满人的地方,管理应该是“刚柔并举,以柔为主”,我们应该充分关注人的生活(生命、生存)质量问题。怎样实现班级人性化管理呢?

一、更新观念,平等待生

班主任的工作目标是尊重人、关心人、发展人,促进素质的可持续发展。我认为,班主任要把班集体办成学生的精神家园,自己应是学生的精神关怀者。不仅关注学生的学习,更要关注学生的心灵,不仅要关注学生的现在,也要关注学生的未来。通过科学的人文的管理,为学生未来的幸福生活奠基。

遗憾的是,现在有些班主任的班级管理观还比较陈旧,他们总是凌驾于学生之上,动辄贬损学生,对学生变相体罚,甚至进行心灵施暴。有的还说:“你们学习不好,成绩不冒尖,拉了班级的后腿,搞得我这个当班主任的‘灰头土脸’,很没有面子。”之所以这样,一个重要原因就是班主任自身的“无益情绪”。我无意指责班主任,很多问题虽然表现在班主任身上,其根源却在社会中,“教育中的问题不都是教育问题”。问题是,如果班主任自身带有这种强烈的“无益情绪”,就会影响对学生的管理和教育的态度、行为,使班主任更容易厚此薄彼,对学习成绩好的学生宠爱有加,视为班上的“明星”却忽视了他们更需要精神关怀;相反,对成绩较差的学生不闻不问,颇有“爱之欲其生,恶之欲其死”的“爱憎”分明感。这样,成绩一时比较差的学生,在班级中、在班主任心目中没有任何地位,成为“被师爱遗忘的角落”。即使是一些成绩好的学生,甚至成绩数一数二的学生,心理压力也特别大,总害怕有一天别人会超过自己。他们还觉得周围充满了敌意和妒忌,如果有一天自己的成绩下来了,别人一定会幸灾乐祸。因此,一个班就很难形成健康向上、团结融洽的班风,甚至会成为一盘散沙。

班主任是全班每一个学生的班主任,而不是班级中少数几个尖子学生的班主任。当今的教育界,人们最关注两大主题,一是质量,一是公平。美国布什新政府在就职后的第二个工作日就全盘拿出了其教改蓝图,名称很耐人寻味,那就是——《不让一个儿童落后》。提倡人性化的班级管理,就要求班主任平等地对待每一个学生,尤其是所谓"差生",一个班主任把成绩好的学生送上大学,不值得炫耀,如果他能够把班级中一些"差生"带上去,那绝对是平凡中见伟大。美国哥伦比亚大学苏伯教授以"半杯水"为例,谈及对学生的评价问题,颇有几分道理。他说,对"半杯水",我们可以说"它有一半是空的",也可以说"它有一半是满的"。有的老师只看到学生空的一半,就认为这个学生没有希望了;而有的老师却看到了学生满的一半,因而鼓励学生以这满的一半为基础,一步步走向成功。确实,我们班主任身受学生、家长、社会的重托,以及自身责任感、良心的驱使,我们没有理由、更没有权利歧视部分学生,使"满天星星都闪亮"才应该是我们最大的追求。

二、赏识学生,尊重人格

有些班主任不了解学生学习差的原因,不是对症下药,给予思想上的帮助、方法上的指导,而是盲目批评;有些班主任对学生更是"一碗凉水看到底",伤其自尊心,使其失去自信心。有的班主任总说:谁谁谁听话,学习好,而把另一些学生说得一无是处,把学生最可贵的自尊心伤害了,最后搞得学生以为自己真的就没有了优点,真的不是学习的料。

有一位心理学家到一所中学做调查,他让学生每人说出自己的优点。想不到谁也说不出来。这位心理学家以为学生是不好意思说,再三启发动员,学生们还是说不出。当然,学生们不可能没有优点,于是心理学家换了一种做法,让同学们互相说出他人的优点,果然就说出了不少条,问被说的同学,大体上也能得到认可。为什么他们自己说不出呢?这位心理学家找学生个别了解。他们说,平常听见老师说的话净是:"你怎么这样笨?""你整个一个大笨蛋!""连这么简单的东西都不会?""你看谁谁谁比你聪明多了!"甚至还有更难听的话。久而久之,学生也就真的想不出自己还有什么优点了。

还有的班主任以为,"优点不说跑不掉,缺点不说不得了"。其实这是不对的,在大自然中,人同其他动物相比,跑不如马;力不如牛;没有鸟的翅膀,不能高飞;没有鱼的腮,不能长时间潜水;负重能力不如蚂蚁;嗅觉不如狗;视觉不如猫……弱点可谓多矣!如果在人的成长过程中,天天自责自己这也不行,那也不是,自己灰心丧气,那人类恐怕早就完蛋了。因此,对学生应该多鼓励。有位学者说:“孩子需要鼓励就如同植物需要浇水一样,离开鼓励,孩子就不能生存。”班主任应该懂得赏识自己的学生。周弘在其《赏识你的孩子》一书中有这样一段话:“成年人都需要赏识,从最高领导到一般平民都是如此。比如说,年轻的女士或小姐,穿件新衣服或新做一个发型,走在大街上,对周围的眼光都很敏感,别说当面夸奖了,就是一个赏识的目光,她的心里也觉得热乎乎的、甜滋滋的。成人如此,何况孩子。”有心理学家做过调查:孩子最怕什么?研究结果表明:孩子不是怕苦,也不是怕物质生活条件差,而是怕丢面子、失面子。周弘在书的封底还有这样几句话,尽管这些话甚至包括这本书谈的都是家庭教育,但是它的一些理论对学校教育同样是适用的:“没有种不好的庄稼,只有不会种庄稼的农民。”“庄稼长势不好时,农民从不埋怨庄稼。”赏识导致成功,抱怨导致失败。

三、研究育人规律,灵活施教

学生正处在社会化的过程中,难免会出现这样那样的问题。如果学生一点问题都没有,完全成熟了,完全社会化了,那还要办学校干什么?还要我们老师干什么?我们看不到这一点,总是拿成人的眼光、成人的标准、成人的思维方式去要求孩子,老是指责学生这也不是、那也不行,一天到晚都在做“找错教育”,找得学生个个认为自己有错,甚至成了“问题生”、“差生”,并产生一种无地自容的负罪感,就等着老师来拯救。这种教育出发点是非常有害的。18世纪中期,法国教育家卢梭就指出:“大自然希望儿童在成人以前就要像儿童的样子。儿童是有他特有的看法、想法和感情的,如果想用我们的看法、想法和感情去代替他们的看法、想法和感情,那简直是最愚蠢的事情。”学生出点儿问题、犯点儿小错是正常的,回忆一下我们自己,有谁是“生而知之”的圣贤!须知,学生中的许多问题都是成长中的身心困惑问题,没有那么多的思想问题甚至政治问题。

另外,对学生问题的处理,班主任应该把握分寸,做到原则性与灵活性的辩证统一。比如说,对程度、性质比较严重的问题,或者学生屡犯的错误,应该按校纪、班规严肃处理,以达到教育本人,警醒同学的目的(当然,这种处理也应该注意方式、方法、场合等问题)。对学生偶尔出现的错误,或者程度比较轻的问题,班主任应该宽容,给他提个醒,让他知道“自己错了”就行了。如果不分青红皂白,一顿“电闪雷鸣”、“暴风骤雨”,很可能让这个学生永远抬不起头来,由此而消沉下去。对于学生来讲,他们跟成人最大的不同在于:成人一般能将交往对象作用于自己的“手段”与“目的”区分开来,而学生则容易将两者混同起来。比如,成人(当然并非所有成人)能从上级的批评中感受到上级对自己的希望和爱护,不仅不会产生抵触情绪,反而会更加尊敬上级、服从上级。但学生却相反,当他们受到教师或学校领导批评时,一般很少去体会教师或领导批评他的动机,而往往只是关注自己在教师或领导心目中的地位遭到多大程度的否定。你批评他越重,他觉得他在你心目中越是没有地位了。

所以,一个好的班主任就应该像是一只老母鸡伸出自己的翅膀护着一群小鸡那样,这样有时候会收到意想不到的效果。著名教育家苏霍姆林斯基曾说:“有时候宽容所引起道德震动比惩罚更强烈。”班主任不妨一试。当然,这种宽容绝不是无原则地包庇,不是大事化小、小事化了的溺爱。

37. 营造和谐班级环境氛围该怎么办

一个人素质的发展是受遗传、环境和教育的影响,而班级则是学生在校生活场所,其环境氛围是否和谐,是否能发挥教育与熏陶功能,对学生素质的可持续发展具有重要的作用。心理学家的研究表明:生活在愉快、安定环境中的学生,善于同他人相处,富有同情心,善于探索进取。给学生营造一种和谐的班级环境,能为学生身心发展、社会交往提供充足的条件。班主任要把营造宽松、自主具有激励作用的环境氛围作为自己工作的一项重要任务。营造班级和谐的环境主要包括以下三项内容,一是物质环境、二是精神环境、三是心理环境。精神环境看做是和谐乐园里的阳光和空气,把营造良好的物质环境看做是为学生缔造和谐乐园的土壤,把营造友好、融洽的家校社区环境看做是滋润和谐乐园的雨露。

一、营造宽松、自由、民主的精神环境

精神环境是教育环境的一个方面,它包括:安全、宽松、自主、富有支持性的学习环境,平等的师生关系,同伴之间的自由交往等,它对提高学生整体素质有着决定性的影响。正如苏霍姆林斯基指出的:“教育——首先是教师跟孩子精神上的接触。”因此,班主任和任课教师都和学生之间保持民主、平等、和谐的师生关系。大家本着多支持、肯定、接纳、表扬、鼓励、关注、自主的原则对待学生。不断地鼓励学生解决问题,共同商量规则;教育活动中,教师充分发挥学生的主体

性，尊重他们的兴趣需要，灵活而又及时地设计一些活动。正因为班主任能给学生营造一种宽松、自由、民主的精神环境，学生从老师那里获得了心理的安全感与自由感，使他们有话敢说，敢于表现，个性得到了和谐发展。

二、营造温馨、安全、舒适的物质环境

一个丰富的物质环境，往往是一本“立体的、多彩的、富有吸引力的无声教科书”，向学生提供大量的感知刺激物，使学生在与环境交互作用中，直接获得愉快的情绪，体验成功的快乐，激发他们的内在积极性。家是学生温馨、安全的港湾，在温暖的家中，他们可以自由自在、无拘无束地生活和玩耍。因此，我们力求把班级营造出家的氛围。每当学生一进教室，总会被那温馨的环境所吸引。教室窗明几净、桌椅摆放整齐，一尘不染，壁报栏成了他们放飞理想的园地，图书角是他们汲取精神营养的殿堂，“面净口洁、行正腰直”的班级口号指引学生做人做事的方向。名人画像与事迹介绍是他们的榜样。

三、建立理解、支持、合作的家校教育伙伴关系

家庭、学校与社区是影响学生健康发展的三大环境，对学生来说家庭与学校两方面密切合作尤为重要，学校里的班级就如同一辆小汽车，家庭、班级教育如同它的两侧车轮，只有达到二者的和谐统一，才能实现双轮互动同步，持续地朝着目标奔驰。要做到这一点，可从以下几方面做起：通过举办家长学校、家长开放日、班级小报等活动，使家长的教育观念不断转变，理解家长在教育中的角色和作用，主动参与到幼儿园的活动中。通过评选优秀家长活动，增进了学校与家庭的联系，密切了教师与家长的合作，达到了家校教育的同步，促进了学生全面和谐的发展。班主任还可以邀请有职业特点的交警、司机、护士、医生等家长进入课堂与学生交流一起游戏。根据学生的兴趣爱好组成各种课外活动小组，请有特长的家长做指导老师。例如有些学生对武术产生了兴趣，班主任主动和一名会武术的家长商量，请他来担任学生的武术教练，教练中国功夫。这些活动的开展，不仅使家长直接参与到我们的教育中，而且使他们的观念行为与学校达到了和谐统一，从而更加积极主动地配合、支持学校的一切工作。比如有的家长经常从网上下载教育信息，与学校一起分享。

38. 创设班级教育心理环境怎么办

所谓班级教育心理环境，主要是指中小学班级教育中出现的能给教师及学生强烈感觉的一种精神表现或景象，是某种占优势的群体态度和情感的综合反映，是影响班级教育活动所特有的无形的育人因素。这种心理环境是在班级教育过程中形成和发展起来的，同时也是班级教育活动的心理背景。通常，健康而积极的班级教育心理环境能产生一系列有利于提高教育效果的积极因素。

据调查发现，有经验的班主任都十分重视并善于创造良好的班级教育气氛，使教育活动在民主、平等、和谐的气氛中进行。此间，学生没有精神压力，没有心理负担，心情愉悦，注意力集中，师生才能够有效地进行着情感交流。相反，有的班主任不注意班级教育中的人际关系，甚至动辄讽刺挖苦、厉声训斥，学生情绪自然就冷淡、消极、恐惧不安，即使班主任理论水平较高，讲得比较深入，学生所获也是微乎其微。

因此，创设一个良好的班级教育心理环境，从而获得较为满意的教育效果，应成为班级教育活动中的一个极其重要的目标。笔者以为，创设良好的班级教育心理环境，可从以下几方面着手。

一、强化师生营造班级心理环境的意识

班级教育心理环境是一种微观的社会心理环境，对于长期生活于其中的师生来说，它同样具有一般社会心理环境所具有的生存价值和发展价值。这里所谓的强化班级教育心理环境的教育意识，主要是指班主任要利用多种形式使科任教师和学生充分认识到，班级教育心理环境也是人类生存环境的一个重要组成部分。这种专门设计和组织教育的特殊环境，对于师生身心的健全发展，具有其他环境的不可替代性。确立了这样一种明确的班级教育心理环境的教育意识，就有可能使关心、维护班级教育心理环境成为班主任、科任教师和学生自觉自愿的行为。这种教育意识主要包括以下几点。

1. 接受教育意识。班级教育的目标、任务、方法和制度，只有为师生所了解和接受，才能变为自觉的行动。因此，每个个体必须具有接受教育的意识和组织纪律观念，服从正确的指挥和协调，履行个体的职责和义务。

2. 合作教育意识。班主任、科任教师和学生是班级教育活动的参与者,只有让师生在自觉接受教育的同时又积极参与教育,才能激发师生的主动精神,使班级教育卓有成效。

3. 自我教育意识。班级群体中的每个个体都应该具有自我教育的意识和能力,摆正自己在班级群体中的角色位置,学会自我调节的方法,进行自我修养、自我控制、自我教育,从而发挥自己的最大潜能。

4. 创造教育意识。有效的班级教育不仅应该具有主动性、自觉性,而且应具有创造性。教育不能墨守成规,必须不断开拓创新,不能习惯于静态的教育,更要借助于动态的管理。只有具有了创造教育意识,才能创造性地建立良好的班级教育心理环境。

二、创建班级信息转换的心理机制

班级教育是教育者根据学校的教育目标要求,根据班级学生的实际情况,将教育内容浓缩成可输出的编码信息,在一定的时间内最大限度地向学生输送,同时及时接收来自学生的反馈信息,以矫正自己的输出。值得注意的是:班级教育心理机制(表现为亲密合作的师生关系)对班级教育信息的传递与反馈有着强烈的制约作用。良好的班级教育心理机制能够保证信息流通渠道畅通无阻,为教育信息的输送及反馈信息的回收创造先决条件。学生在合作式的活跃有序的心境中才能完善自身的接收系统,与教育者配合默契,教育者才能得心应手地依照一定的秩序向学生输出教育信息。在此情况下,学生接受教育的兴趣浓厚、求知欲望强烈。在良好的班级教育心理背景下,学生对教育者敬仰、信赖,他们很清楚教育者承认他们的自我价值,所以明确自己的主体地位。他们会利用各种方式,通过多种渠道,利用语言、文字或非语言媒介(如表情等)将反馈信息及时而真实地回输给教育者,从而有利于教育者有效地实施教育控制。

三、运用理性感化的班级教育方法

所谓理性感化的班级教育方式,就是指坚持民主思想,主张通过理性和宽严得当的方法来教育学生,运用班主任及有关教育者自身的人格感化力量来培养学生良好的行为习惯。它要求教育者处处以身作则,言行一致,循循善诱地教育学生;以身教代言教,以诱导代惩罚,禁用一切压抑专制的方法,但又不使学生滥用自由,走上放纵的道路。从根本上讲,理性感化的班级教育方法,是对压抑专制和自由放任两种方法的调和，它意味着学生通过教师理性的感化是能够遵守秩序、遵守班级行为规范的。这种教育方法可以培养学生自觉遵守班级纪律，又不至于过分呆板，也不会流于放纵和任性，从而保证教育活动的有效进行。运用理性感化的班级教育方法，还要求班主任在班级教育中注意消除不民主的现象，如"只有某种价值判断，没有之所以如此的具体理由"、"只承认一种观点、排斥其他同样正确的观点"、"坚持自己的一家之言，并将其视作不可更改的定论"、"缺乏实事求是、知错就改的勇气"、"对某些教育命题，没有留出必要的时间让学生思考、分析和质疑"、"学生讲自己观点的机会不均等"等。这些缺乏民主、沉闷、压抑的班级教育现象的存在，既会影响教育的效果，也不利于学生潜在思考力的挖掘和开发。

四、营造班级教育的和谐心理氛围

在班级教育过程中，班主任为学生创设良好的教育气氛，调动学生接受教育的积极情感，建立师生间和谐融洽的人际关系，这对于培养学生的良好心理品质和提高教育效率具有重要意义。营造班级教育的和谐心理氛围，应着重从下列三个方面努力。

1. 捧出高尚的教育爱心。班主任对学生的爱，在班级中主要表现在教育情绪体验、教育语言、教育动作、神态及教育艺术感染力等各个方面。在施教过程中，班主任应保持饱满高昂的激情和良好的心境，与学生接触时要温和慈祥。

2. 赋予积极的教育情感。在班级教育过程中，班主任每一个细小的动作或微妙的神情暗示，以及积极的情感特征，都会起到调控学生情绪变化，达到师生心灵与情感沟通，提高教育效率的积极作用。因此，班主任要潜心设计教育情境，发挥具有情感特征的班级教育信息反馈和评价的作用，使学生进入最佳的受教育状态。

3. 增强教育的艺术效果。班主任教育艺术感染力的大小在很大程度上反映其积极情感投入的多少，班主任教育成功与否，又与其教育艺术感染力的大小有直接关系。因此，提高教育艺术水平，也应是班主任创设良好教育心理氛围所必需的。

提高班级教育艺术水平的途径与方法是多方面的，但最主要的还应是具有过硬的教育基本功和灵活的教育方法。此外，班主任的管理技能、敏感性、自信心等等也将影响到师生间的了解和信任，直接影响到能否有效地进行班级教育活动。

39. 发挥情感纽带作用该怎么办

从当前中小学生的现状来看,班主任的一项重要工作就是要努力由过分注重知识的传授转向了解学生的个性,通过班集体情感氛围的营造,把情感教育渗透到“五育”之中,使其实现和谐的统一,让学生的情感水平和道德、认知、审美水平达到最佳匹配状态。

班集体作为由许多人组合而成的整体,它的情感氛围是指对于个体来说可以进行充分情绪感受和情感体验的精神环境。因为,教师和学生之间是通过教育活动这个中介而相互作用的过程,所以其中充满着深沉、饱满的人类情感。积极的情感可以为学生的认知加工、道德判断、审美取向创设良好的情绪背景,从而全面优化学生的整体素质。学生不应该是容器,教育者也不应把教育的过程看成是简单机械的手与手的交接,脑与脑的灌注。现代意义上的完整教育不能回避和脱离情感层面,否则就不能卓有成效地塑造起一个人的精神世界。

基于这样的认识,我认为每一个教师,尤其是班主任,作为代表社会对下一代施加影响的特殊角色,应该成为班级情感氛围营造的主导力量,成为学生情感发展走向的引导者。

一、要满足学生的情感需要

学生跨入学校,面临的主要问题是如何实现与他人的交流。勒夫特在研究这种现象时提到,学生有强烈的社会归属欲望,即期望归属于团体,得到同伴的承认,取得应有的地位与他人的尊敬,获得别人的理解和爱护,使自己成为他人可确认和依赖的对象。通过主题班会“请你认识我”等活动,帮助学生尽快适应集体生活,同时通过相互了解,为增进友谊的发展奠定良好的基础。中小学生的学习常常面临着激烈的竞争,如何学会合作和关心,也常常需要班主任更多的有针对性的个别指导,以消除学生中存在的冷漠和“敌意”。只要把个别学生的情感矛盾解决好了,班级的情感氛围就有了坚实的心理基础。

班级的情感氛围建设起来了,对学生也能产生潜移默化的影响。这种在自然状态下传递的非语言形式的是非褒贬之意、期望失望之情,都能使学生不知不觉地接受社会价值观念的传递,自然而然地以良好的情感环境为参照,不断将教育信息内化为自己的价值标准,这样就实现了我们的教育目的。

二、要关注学生的情感能力

情感能力是个体素质的重要特质,社会生活中一个人的生存状态和生命质量在很大程度上取决于他的情感发展水平。情感能力实质上是个体对自我情感的调控能力,具体可反映在以下几个方面:一是对自我欲望的抉择能力。例如在某一特定的时空里,人不能满足所有的欲望,是看惊险的动画片,还是做枯燥的数学题?我们要帮助学生学会进行理性的抉择。二是对他人和自我情感的判断能力。正如美国心理学家加登纳所说,一个人要有内省感和交际感,即要有辨认和识读自己或他人内心感受的能力。在班级管理工作中我们看到,一个学生只有获得自我反省后的深刻而复杂的情感体验,才能形成情感能力。我们利用黑板报、红领巾广播站、手抄报等宣传工具,向学生及其家长宣传班级各项工作的重要意义;召开家长委员会倾听家长对班级工作的意见和建议。这些做法得到了学生、家长的欢迎、支持和帮助,也拉近了师生间、教师与学生家长之间的心理距离,有利于融洽的班级情感氛围的形成和学生情感能力的提高。

三、及时解决师生之间的情感障碍

师生之间在交往中产生矛盾和情感障碍是极正常的事。如班主任出现急躁情绪或处理问题有失公平,都可能成为师生之间的情感障碍,处理不及时也会影响整个班级人际关系的和谐与情感的融洽。对此,班主任要善于发现问题,设法妥善解决。解决的办法很多,首先,如果是属于自己工作急躁、不公造成的,就应勇于作自我批评,改进教育方法,要学会宽容、学会等待、学会控制自己的情绪。其次,班主任要加强自身修养,提高自己的个人吸引力。其中包括才华的吸引力、性格气质的吸引力、仪表的吸引力、谦和的吸引力等等。这一切都是形成班级情感纽带的关键。因此,班主任必须加强修养,提高自己的专业素养。

40. 构建班集体激励场怎么办

一、了解班集体激励场的内涵

"场"是人们交互作用的产物,一般意义上的"场"也可称为"自然场",把"自然场"的概念引进社会便形成"社会场",我们认为"班集体激励场"归根结底是班集体的群体成员具有相互的"示范效应",即每个成员都在以自己的言行影响别人的同时,不知不觉地以别人的言行为参照系数,受着别人言行的影响。这种交叉影响叫做群体的"相互示范效应"。在这种"示范效应"中班主任和任课教师的"示范效应"系数最大。在一般情况下,"示范效应"系数与教师的人格水平和学术成果成正比。班主任和教师教学水平越高、荣誉越多、学术成果越突出,"示范效应"越大。对学生思想和心理产生的影响也越大,这就是我们说的激励场的作用。另外"场"与"氛围"有关。

近几年来,"氛围"这个词使用的频率越来越高,在班集体建设中也成了大家研究的一个热点问题。有人曾问我什么叫"班级氛围",什么叫"激励场"?一下子真的使我语塞,这种只可意会,不能言传的尴尬,使我加强了学习。"氛围"指的是"周围的气氛和情调"。读了《现代汉语词典》的这种解释,一下使我有了新的体会:"氛围"和"环境"是难以分割的,不是吗?"周围的"这三个字指的是什么呢?不就是指"实体环境"和"场"吗?离开了"周围的"环境这个"场","氛围"(气氛和情调)何以存在?正如"皮之不存毛将焉附"一样,因此,我们谈班级环境"场"的氛围,也就不能不谈班级环境了。

理论界对班级环境研究起步于20世纪60年代。那就是美国的沃尔伯格,他在60年代后期开始探讨班级环境问题。他曾经发表过《教师个性和班级环境》、《班级规模和学习的社会环境》等文章,指出班级环境主要包括班级物化环境和班级心理环境。

要发挥班级"场"和"氛围"的作用,使班集体尽快形成能促进学生自主发展的"激励场",班主任应当了解班级"场"和"氛围"的基本类型,并带领学生共同去营造班级氛围。

(一)从影响班级"场"和"氛围"的因素看,可分为以下两类

一是形式氛围。形式氛围是由班主任和任课教师的个人特长、兴趣、爱好、修养、个性等特点决定的。班主任和任课教师性格幽默、言语风趣,就会使班集体形成乐观轻松的氛围;如果老师亲切友善、宽宏大度、平易近人,就能够使班集体形成宽容、温馨的氛围,相反若老师过于严厉、凌驾于学生之上,压抑、沉闷的班集体氛围就会形成。一言以蔽之,形式氛围与班主任和任课教师的个人特点关系密切。

二是内容氛围。内容氛围则与班级教育教学的内容有直接关系。也就是班

主任和任课教师应当根据教育教学内容、班集体活动内容创设相应的班级氛围，以便充分发挥班级氛围的感染功能、激励功能和教育功能。如班级开展讨论会、辩论会，教室环境的布置就要有竞争、严肃、求真的氛围；在召开班级联欢会时，教室的环境布置应当具有欢乐的氛围；迎春晚会的教室布置要有祥和的氛围；在声讨恐怖分子制造的血腥事件时，班级环境布置就应当具有同仇敌忾的氛围……

（二）从班级"场"和"氛围"的性质看可分以下三类

一是积极型。那种能够感染人、鼓舞人、教育人的班级氛围是积极的；二是消极型。那种压抑人的积极情感、阻碍人创造性个性品质发展的班级氛围是消极的；三是对抗型。如果班主任缺乏民主观念，一味地管卡压，使学生缺乏心理安全和心理自由，还会造成师生关系紧张，甚至发展成对抗型的氛围。

我们班主任的任务是消除对抗型、避免消极型、营造积极型的班级环境氛围，去陶冶学生的情操，培养学生的创新精神。

美国加利福尼亚大学教育学教授莱姆利什认为："班级环境能够用于发展学生解决问题的技能和培养学生创造性思维。"

班主任要培养学生的创新精神和实践能力，就要营造一种良好的班级"场"和"氛围"——即"激励场"，给学生以长期不断的潜移默化的熏陶。这种"场"和"氛围"主要是指良好的班级物化环境氛围的熏陶和师生之间、学生之间、教学之间有利于学生自觉性、主动性和创新性发挥的民主平等、合作互助的心理氛围。

物化环境是指经过师生改造后的那些固定的物质设施和环境布置。一个充满生机、设施齐全、布局科学优美的班级环境是具有灵性的，能形成熏陶人、感化人、激励人的教育氛围。它不仅可以陶冶学生美好的情操，激发学生对美好生活的追求，而且能培养学生集体主义、爱国主义情感。

心理环境是指潜在于班集体中某种占优势且较为稳定的整体心理状态，主要包括舆论环境、文化环境、审美环境、交际环境。非物化环境与物化环境在班集体人际互动、作用、交往过程中便形成心理氛围。主要指舆论、文化、审美、人际氛围，进而形成场效应，即场的激励效应。这里不再具体阐述。

二、掌握"班集体激励场"产生的心理机制

班集体激励场的影响主要指向学生的心理，其心理机制主要表现在三个方面。

第一,凝聚效应。所谓凝聚效应,是指班集体对其成员的吸引作用,这种凝聚效应是一种复杂的心理现象,它以集体成员的共同需要为基础,包括认识、情感、行为等多种心理成分。班集体所以有巨大的吸引力,主要原因就在于它能满足青少年学生的多种积极的需要。如满足学生受尊重、归属、交往、发展、成就、参与的心理需求,这是班集体产生凝聚效应的关键所在。

第二,驱动效应。所谓驱动效应,是指班集体的影响能使成员在心理上产生一种积极上进的态势,形成内部的驱动力。驱动效应形成的社会心理基础,是集体中多种心理因素所产生的激励作用,正是这多种激励作用的汇聚融合形成班集体自身的运转动力系统。而班集体的激励功能便是驱动效应的突出体现。班集体中诸要素的激励功能,如目标的导向激励、班集体组织调控激励、活动的发展激励、规范的同化激励、情感的驱动激励等在本书的第三章将作为专题阐述。

第三,同化效应。所谓同化效应,是指班集体成员在班集体潜移默化的影响、熏陶下,自觉不自觉地产生了与班集体要求相一致的行为。这种同化效应产生的作用称为同化力。班集体的同化效应产生的社会心理基础是模仿、暗示、认同、从众心理。前边谈到的一个全校闻名的后进生,转到一个先进班集体之后,虽然教师没对他提出什么要求却迅速转变的事例,充分证明了同化效应的威力。

这里须强调两个问题,一是这三个效应是从不同的角度,不同的功能进行分析的,但它们是相互交织、相辅相成、密不可分的,其效应的产生往往是整体的、融合的;二是从三个效应的整体结果看,都会产生一种"整体大于各部分之和"的系统效应,但系统效应有正向、负向之分,正向的可形成激励场,负向的则走向反面,正是从这个意义上讲,班集体是个潜在的激励场。

三、从以下几方面构建班级"激励场"

班级"场""氛围"是影响学生的个性和创新精神发展的重要因素。陶行知先生说:"发挥和阻碍、加强和削弱、培养和摧残这创造力的是环境。教育是要在儿童自身的基础上,过滤和运用环境的影响,以培养加强发挥这创造力。"可见,要促进学生素质全面、可持续发展,班主任不能忽视班级构建"班级激励场"的工作。要给学生营造一种心理自由的氛围,创造一个自主发展的空间,提供一些自主选择的机会,搭造一个展示才华的创新舞台。班级"场""氛围"的营造主要包括物质环境和心理环境。营造"班集体激励场",班主任要从以下几方面去努力。

（一）创建良好的物化环境，突出熏陶性

班级物化环境的布置是一种班级物质文化氛围的建设，一定要营造一种具有情趣的个性化的环境，要能够使墙壁的“无言叙说”成为情操的熔炉、知识的海洋、张扬个性的舞台，真正达到“随风潜入夜，润物细无声”的境界。为此，班主任不能包办代替，要相信学生的智慧、相信学生的创造力，要把美化教室、营造良好的物质文化氛围变成学生创意实践的天地，成为学生创新的舞台。班主任在这个过程中发挥指导与激励作用。物化环境应当具有审美性，要运用多种形式创设审美情境，如语言情境、活动情境、礼仪情境、艺术情境等。让学生在审美情境中去体验、内化；开展丰富多彩的教育、教学、社会实践活动，引导学生去辨别是非、善恶、美丑，不断提高审美意识和能力；认真抓好美育。

指导学生为自己班制订发展目标，谱写班歌，制订班徽，创办班刊，形成自己班级精神文化的氛围，提高班级环境氛围的品位和层次，陶冶学生的审美情操。

（二）创设良好的人际气氛，体现和谐性

民主平等，友好融洽、宽松的人际关系，既是共同良好行为规范的体现，又有利于个性的发展。这首先要求班主任做良好人际关系的表率——以身作则可带来示范效应、豁达宽容能产生感化效应、理解关心能换取凝聚效应，班主任的作风既有利于良好班风、教风的形成，对学生也是一种无言的激励。同时还可通过开展各类活动，如座谈会、联欢会、庆贺生日等增强师生的心理相容和感情交流，让他们沐浴在温暖和支持中，从而焕发出充分的热情和积极性。

良好的情感氛围的形成，关键是班主任要有民主平等的观念，要尊重、理解、关心、支持、赏识每一个学生，只有这样才能改变管卡压的管理模式，才能与学生形成民主、宽松、平等、和谐的朋友式的师生关系，在学生心理会形成一种“自己人效应”。这样学生也才能消除心灵上的压抑感，思想上的恐惧感，形成有话敢说、有言敢发、有问题敢提、思想活跃的局面，在这样的“情感氛围”里，学生的独立性、自主性、创造性才能充分地发挥，创新精神的提高才能成为可能。

班集体激励场是集体成员“交互作用”的结果。从班集体中人的交往和相互关系这个角度去构建班集体激励场，恰好切中了班集体激励场的本质。这种人际关系是和谐的、互动的，在互动中实现双赢。

（三）创设心理环境，体现相容性

营造“心理自由”的情感氛围，为学生提供自由选择与发展的空间。罗杰斯在《教学心理学》一书中提出:有利于创造活动的一般条件是心理安全和心理自由。学生的创新活动必定是异常的活动、异常的行为。对学生主体的承认与尊重,师生之间和生生之间的心理相容,能够让"异常"表现不必装腔作势,他不会因自己与众不同而觉得那么尴尬和焦虑,在心理上感到安全,不需要花费精力自我保护。这样的异常行为只有在心理自由的空间才能得到发展。

良好的情感氛围是班级心理环境的重要因素,是笼罩在班级内的特殊气氛和情调,他诉诸人的内在情绪和感受,对学生有潜移默化的感染作用,进而使全班成员表现为积极而活跃、协调而融洽的特征。由于师生关系和谐、融洽,在全体成员中产生一种催人向上、向善的情境,它能使学生消除压抑感,使创造性个性品质得到激励和张扬。

班主任要善于接纳学生、尊重学生做学生的朋友。接纳即包容他们与自己的不同之处,容许学生有不同的看法,不会事事以自己的标准去衡量学生、评价学生。班主任的职业特点决定了班主任必须事事处处关注每一位学生的优点,而不是向医生那样老是寻找病人的毛病。

尊重即尊重学生的意见、权利、隐私,不恶意批评。班里的事能够与学生研究,能够虚心听取他们的意见。学生犯了错误能进行善意的批评帮助,允许学生犯错误,允许学生改正错误,不讽刺挖苦,不伤害学生的人格尊严。

做学生的朋友即真诚地关心学生的一切,体谅学生的冷暖。对他们充满热情,多接触、多体贴,将心比心、宽宏大量,不厚此薄彼。这三条恰恰是与学生情感沟通时需要坚持的原则,是建立和谐师生关系的保证,是营造班级良好情感氛围的关键。

良好的心理环境氛围还应以健康的舆论做保障,形成健康的班级舆论氛围,班主任要遵循舆论形成的规律,在集体中形成一种意见、观点,必须要考虑多数人的需要和情绪,不能以个人的好恶随意制造舆论;要积极培育各个层面的典型人物,充分发挥他们的典型示范作用;充分利用班内的舆论阵地树立正气,形成人人争先、不甘落后,好人好事有人夸、不良现象有人抓的舆论环境;引导学生把班集体的舆论转化为自己的自觉行为,形成服从真理,修正错误的良好风气。

41. 消除学生假期惯性心理怎么办

假期对学生来讲,既是对紧张学习心理的补偿,也是对社会生活的进一步体验，它表现在生活上是自由的，心理上是轻松的。由于这种自由和轻松常常带有一定的惯性，因此，面对新学期较为繁重的学习任务和紧张的学习生活，一些学生会觉得一时难以适应。如何消除学生的假期惯性心理，建议如下。

一、做好新学期初学生的心理状态分析

新学期初始，学生的心理状态一般有以下几个特征。

1. 不能或不愿正视自己角色的转变

假期中，学生的思想负担极轻，除了要完成必要的假期作业外，其余时间几乎全由自己支配，做什么事情也多由自己决定，全身心处于高度松弛状态。面对日益临近的开学日期，一些同学对这种放松心理作了些节制和调整。但仍有相当一部分同学不能或不愿正视自己角色的转变，没有对这种放松心理作必要调整，以至于把这种巨大的惯性带到了新学期。

2. 陷入心灵失落的误区

学生返校以后，假期中接触的人和事仍常常浮现在自己的脑海里，仍在追忆、回味着甜蜜的往事，考虑着自己未完成的心愿，面对眼前环境的变换和学习生活，陷入心灵失落的误区。

3. 恋友的心理一时难以排遣

由于学生假期生活异常轻松，没有老师的谆谆教导，没有同学间成绩上的相互攀比，没有沉重的作业负担，因此心灵上处于高度自由状态。同时由于走亲访友，心中充满了温馨，这就使得学生对开学后紧张的学习生活很难适应，思恋心理难以排遣。

二、班主任对学生假期惯性心理进行调整的方法

1. 谈话教育法

班主任要针对学生实际情况，做大量的耐心细致的思想教育工作，通过谈话教育学生正视环境的变化和新的学习任务，让学生树立良好的心态。谈话可集体进行，也可个别进行，特别是个别谈话更能深入细致地了解学生，使说服更有针对性、灵活性和生动性，可以把思想工作做到学生的心坎上。

2. 情境熏陶法

和谐民主的教育手段或教育情境是培养学生健康心理品质的重要方法。班

主任要通过各种手段来创设愉快、求知、民主的氛围,同时诱导学生创建一个团结、助学、严谨治学、奋发进取的集体环境,让学生时时受到良好班风的熏陶,从而摆脱假期带来的不良心理,尽情地投入崭新的学习中去。

3. 情绪感染法

人们的情绪和情感是可以相互感染的。班主任要善于利用情绪和情感的相互感染,引导学生把精力放到火热的学习中去。要力求用自己的健康愉悦的情感与言行去感染学生,让学生产生积极的内心体验,从而把教师的教育要求内化为学生的动机与需要,在紧张而新鲜的学习生活中体验进取的乐趣,获得心灵的平衡与充实。

4. 意志磨炼法

面对新学期,学生的心理是复杂的。有的表现出意志消沉等现象。为了磨炼学生的意志,一是要培养他们克服不良心理的信心和勇气,使他们能够在困难面前不屈不挠,自我控制,驾驭自己;二是要多组织集体活动,增强集体观念,使学生在活动中逐步培养自制、坚强、刚毅、果敢的意志品质,纠正不良心态,诱导他们自觉地磨炼自己,不断提高自己的意志水平。

三、消除学生假期惯性心理应遵循的原则

1. 精神上要协调一致

班主任与学生应彼此心里相融,以产生思想上的"共振"。要放下自己的主观臆断,设身处地地从学生的角度了解他们的所思、所想、所感,帮助他们自我探析和自我调整,同时应克服有损无益的过分同情与怜悯的心态。

2. 要尊重学生的人格

班主任要善于接纳学生的惯性心理,平等、信任地对待学生。要创造一个安全的环境,让学生自由表达自己的内心情感,班主任要全神贯注去听,要和他们平等地谈心、切磋和协商,这样才能让学生重新摆正自身位置,从而产生积极改变不良心理的动力。

3. 对学生要以诚相待

班主任要真诚对待学生,不虚假、不伪装,这样才能取得学生的信任,从而使学生愿意对老师表露自己内心的一切。

4. 应注意对学生的隐私进行保密

假期中有的学生可能会有些隐私不便告诉老师或同学,从而带来极大的心理负担。班主任首先要注意发现学生的心理变化,通过谈话让学生表露出来。当学生坦诚地向老师倾吐心声、寻求帮助时,班主任要注意保密,绝不能轻易地将学生的隐私外传,更不能作为新闻来传播,而应耐心开导、教育,帮助学生树立信心或坚定改正错误的决心,这样才能消除学生的心理负担,把精力投入到学习中去。

42. 形成班级健康舆论该怎么办

一个班级不能迅速形成积极健康的班级舆论,消极的舆论就会蔓延。

镜头一:值日生因故未擦黑板,某学生主动去擦,有个学生就说,好表现。

镜头二:班长向班主任汇报班级情况,有的学生就讽刺说,就会打小报告。

镜头三:教师节学生向教师赠贺卡,有的学生就挖苦说,这是马屁精。

对班级不良舆论的存在,如果听之任之,此风日长,班风不正,不堪设想。而健康的班级舆论是师生对周围出现"真、善、美"的赞美,对"假、恶、丑"的抨击。这是一种精神力量,直接影响学生良好思想和行为的形成与发展。健康的班级舆论能够约束学生不良行为,促进良好班风的形成与发展。怎样才能形成健康的班级舆论呢?

一、培养学生正确的是非观

学生只有树立了正确的是非观,才能有正确的舆论。这就要求班主任注意培养学生明辨是非的能力。首先,要加强班级德育工作、美育工作,用《中(小)学生守则》、《中(小)学生日常行为规范》规范学生的言行,班主任要教育学生认真学习、理解和遵守。其次,班主任要认真观察班级舆论状况,并观察学校和社会上发生的有代表性的错误言行,有计划地组织同学们展开讨论,各抒己见,班主任教师参与、引导。持之以恒地开展这方面的活动,能逐步提高学生明辨是非的能力。

二、共同建立良好的舆论标准

学生能明辨是非,但如何运用正确舆论呢? 这就要求班主任引导学生明确正确的、良好的舆论标准,规范师生言行,这样有利于健康舆论的形成。为此,可以和学生一起针对本班实际,建立有针对性的班级舆论标准。为此我们把一些相关的成语典编成如下“十要十不”口诀:

(1)好人好事,要交口称誉,不冷嘲热讽。

(2)可恶行为,要鸣鼓攻之,不置之不理。

(3)批评他人,要治病救人,不恶语伤人。

(4)接受批评,要反躬自省,不反唇相讥。

(5)互相交谈,要坦诚相见,不虚情假意。

(6)道听途说,要明辨是非,不人云亦云。

(7)流言蜚语,要据实澄清,不以讹传讹。

(8)驳斥谬论,要义正词严,不危言耸听。

(9)陈述事情,要就事论事,不捕风捉影。

(10)发表意见,要实事求是,不信口雌黄。

三、建设健康的班级“三维舆论空间”

班主任和任课教师、班干部、学生三方面的舆论构成一个班级舆论的三维空间,重视这方面的舆论建设,可促进班级健康舆论氛围的形成。

发挥班主任和任课教师言论的主导作用。首先,教师的言论具有导向性和示范性。班主任和任课教师对班里发生的问题发表科学性的言论,学生就能从中受到熏陶感染,起到潜移默化作用。当然,班主任和任课教师的良好言论要和实际行动保持一致,否则会失去示范性,甚至会起到相反的教育效果。其次,班主任和任课教师的舆论还起裁决作用,就像运动场上的裁判一样。班主任和任课教师对学生的舆论做出准确的肯定或否定,学生可以凭此来断定自己舆论的正确与否。另外,班主任和任课教师的言论还起抑扬作用。班里出现好人好事,就要表扬,发挥表扬的激励作用。表扬学生,使他们在精神上获得满足,从而不断强化自己的良好言论。班里发生不良舆论,就要批评,发挥批评的抑制作用,即使是很小的一件事,也要及时指正,以防微杜渐。

班干部言论具有带头作用。班干部在班级里具有一定的影响力,因此,要充分发挥他们的带头作用。首先,选拔和培养班干部时要考虑他们明辨是非的能力是否比一般同学要高,发表正确意见的能力是否比一般同学要强。其次,班主任要树立班干部在班里发表言论的权威性,让同学们明确班干部的言论是班里的"官方言论",引导同学们根据班干部的言论来衡量自己。另外,要求班干部敢言、善言,确保言论的正确性。班级里的好人、好事、好言论要宣扬,不利于班级的舆论要及时批评,防止其蔓延。

根据群体感染效应原理,学生言论有相互感染的作用。不良的言论可以干扰同学,良好的言论能感染同学,多数同学形成了健康的舆论就能够抑制不健康的舆论。班主任要教育学生时刻警惕不良言论的侵蚀,鼓励、要求思想健康的同学用自己的正确言行去影响、帮助有不良言行的同学,制止不良的言行,为促进良好的班级舆论出一份力。

43.进行班级"危机管理"怎么办

"危机管理"从广义上说,就是对危机事件发生前后所有事务的管理。在危机到来之前,尽量避免其出现;一旦发生危机,迅速采取措施,尽量减少损失。当危机结束后,迅速恢复正常工作、生活秩序并进行反思总结。从制度层面来说,应建立完备的预警机制和快速反应机制。

班级"危机管理"指的是,对班级可能出现的危机进行防控、干预、处理和反思。班主任面对的班级危机事件,除了严重的自然灾害外,还有诸如学生自杀、离校出走、聚众斗殴、群体食物中毒、传染病蔓延、拥挤踩踏、校园火灾、安全事故等严重突发事件。这些危机事件一般具有突发性、紧迫性以及破坏性等特点。如果处理失当,会给学生、班级乃至学校带来严重的后果。当前,一些班主任缺乏危机管理意识,缺乏应对机制,遇到突发事件仅凭经验处理,这在小事上尚可应对,可一旦发生严重危机事件,便可能造成严重后果,甚至影响学生的一生乃至生命。因此,班主任应树立"危机意识",建立健全班级"危机管理"机制,在班级面临突发事件时,及时采取有效措施,尽量减轻或避免危机事件给班级带来负面影响,切实保证学生的生命安全和切身利益,维护正常的教育教学秩序。

班主任进行班级危机管理包括危机的预防、化解和总结三个阶段。

一、未雨绸缪——预防危机

为应对可能出现的危机,班主任应建立班级危机预警机制,做好危机的事前预防,并纳入班级日常管理中。

1. 建立教师共同体,观察学生的日常行为表现,发现苗头及时处理

班主任接班后应建立学生档案,对学生的家庭状况、个性特征、心理状态有基本的了解。学生出现心理波动,往往会表现在言行上。教师要善于观察学生,一旦发现学生出现反常行为,应及时了解情况,迅速采取措施。为此,班主任应该与科任教师、生活老师建立教师共同体,发现学生有异常现象,如上课缺席、住校生夜不归宿等,应及时联系沟通。这就要求所有教师树立危机意识,对学生负责,以减少可能出现的意外和损失。

2. 建立师生共同体,增加沟通渠道,帮学生及时解决问题

为迅速、及时地了解情况,班主任应采取多种方式加强与学生的沟通,如建立师生沟通信箱、QQ、电子邮箱等,一旦发现学生产生心理危机或有极端想法,能够及时疏导,以降低危机事件出现的几率。班主任还可以委托信任的学生去了解班里可能出现的问题,并及时听取汇报,掌握班级动向,及时处理问题。

3. 储备必要的知识,及时发现危机预兆

除了具备教育专业素养外,班主任还应具备以下知识:首先要做学生的“身体保健师”。在流行疾病易发季节,及时消毒、通风,告诉学生注意事项。掌握一些常见流行病的症状,及时发现,及时就医,并配备班级小药箱。其次,要做学生的“心灵按摩师”。通过组织班级活动,对学生普遍存在的心理问题进行疏导,如考试心理焦虑等;根据学生个人心理问题提供疏导方案,避免因心理问题诱发危机事件。

二、积极应对——化解危机

危机一旦发生,班主任应尽快采取措施,减少危机造成的损失。因此,必须建立应急管理机制,以便控制和化解危机。

1. 建立制度,明确职责

在班级管理中明确班干部职责。如班级发生打架事件,班长作为班级第一责任人,应承担起制止冲突、通知班主任的职责。如果班里男生较多,可以由较

为理智的学生组成监控小组,协助班长共同应对突发事件;在与外班学生发生群体冲突时,能够冷静制止,避免事态扩大。通过建立制度,使学生成为班主任化解班级危机的助手。

2.判定性质,妥善处理

出现危机,班主任应快速深入分析,判定事件性质,及时控制局面,妥善处理。如班内学生打架,班主任自行处理即可;遇到学生和任课老师顶嘴,师生矛盾激化,任课老师气愤之下停止讲课时,班主任首先应隔离当事人双方,分别劝说双方冷静,并全面了解情况,有针对性地提出解决措施。如果出现学生离校出走、自杀等极端行为,要及时上报学校,并协同相关部门联合解决。此类事件如果处理不当,家长兴师问罪,极有可能引发冲突。

总之,班主任在处理突发事件时,应该根据问题性质采取不同的处理办法。

三、及时反思——总结危机

在基本控制班级危机事件之后,班主任应及时反思,总结经验教训,同时抓住教育契机,进行疏导和教育。如打群架致使学生严重受伤,伤人者被拘留。这一事件给班级和学校工作带来严重的负面影响。如果班主任以此作为反面教材,在班里组织一次“打架成本”的讨论,会使学生从中受到触动和教育。

总之,班主任要从处理班级危机事件中选择突破点,精心设计,利用突发事件生成的教育资源,使全体学生受到教育。

呵护心灵

我们切不可沾沾自喜于取得了较高的学习成绩，而忘了教育首先应该是使学生具有美好的心灵。

——题记

44.杜绝师源性心理伤害该怎么办

所谓师源性心理伤害是指因教师的原因对学生心理健康造成的消极影响或伤害。请看下边这个案例：

一天，一个学生眼圈红红地走进心理咨询室，连说自己“想不通”。经过交谈，得知她与班主任发生了冲突，而且矛盾产生已经有一段时间了。她告诉心理咨询老师：班主任把她与外校一个男生的通信查获，一定要她说明情况，并说有事可以打电话，为什么一定要写信。这位学生气愤地说：“我为什么必须向他说明情况？我为什么一定不能写信？”这还不是促使她来咨询的直接原因，她走进心理咨询室的直接缘由是因为那天是她的生日，却让班主任搅和得一团糟。为了庆贺生日，她请了几个同学准备一起吃午饭；在课间休息时，她拿出同学送的生日礼物千纸鹤把玩，正好被班主任看见，他不由分说没收了礼物，还当场狠狠地批评了她一通。上午的课结束后又把她叫到办公室继续批评，于是预期的快乐生日小聚会却少了主角登场，结果不了了之。“他有什么权利没收我的东西？”这位女生的眼泪终于忍不住掉了下来。

这位同学遇到的就是典型的师源性心理伤害，即由于教师不当的教育行为给学生造成的心理伤害。这种伤害给学生造成的坏影响要远大于同学之间的伤害，因为师生关系中强势的一方用强制无理的手段剥夺了弱势一方的“诉讼”权利,最重要的是削弱了学生心中怀有的教育公信力和正义感,因而带来的伤害可能是永久的。这同样也让负责调停此事的第三方——其他施教者(包括学校心理咨询老师)颇感头痛。因为学生“控诉”的是自己的同事——任课教师或班主任。从维护教师权威的角度,他们处理起来很为难。他们可以同情学生,却不能明确地否认同行,只好希望甚至是“要求”学生理解教师的苦心。但这样做的效果着实让人心里没底,因为即使这位学生心理平衡了,也不能保证班里其他同学不会因为同样原因走进心理咨询室。因此,重视师源性心理伤害,需要教师特别是班主任应该加强修养,杜绝或减少因自己工作失当而给学生造成心理伤害。

一、分析伤害原因 规范教育行为

分析给学生造成伤害的原因是预防师源性心理伤害的第一步。造成师源性心理伤害的原因主要有以下几点:

一是教师师德水平不高,缺乏爱心、耐心和宽容。一些教师一旦发现学生身上有问题或错误就想急于解决,缺乏对问题的全面了解和深入分析,不能换位思考,行事主观意气,缺少爱生之心,甚至忽略了教师职业的根本道德要求。“学生犯错误连上帝都会原谅”,但身处其中的教育者往往不能很好履行这一箴言。因而也不能认真做调查了解的工作,不能分析学生犯错背后的成因和动机,就采取疾风暴雨式的处理方法。或体罚或变相体罚,当众批评贬损,不尊重学生人格;或向家长告状,借家长之手惩罚学生,使学生身心受到伤害。

二是教师法律意识淡薄,教育行为失控。有些教师过于强调自己的教育管理权力,而对自己肩负的保护学生合法权益的责任和义务重视不够。真理往前再走一步就会变成谬误。好的动机加好的方法才能成就好事。在实际教育工作中,两者往往不能很好配合,侵犯学生学习权、隐私权、财产权、休息权的违法行为屡有发生。下面这个案例就发生在一位优秀班主任的身上。

每天中午这位班主任都和学生在一起用餐,饭后在大屏幕上布置大量题目让学生做,有的学生困倦趴在桌上睡觉,班主任就要进行严厉批评,殊不知,明明是侵犯了学生的休息权,还当成经验来介绍,真让人哭笑不得。这样的例子在中小学并不少见。

三是教师心理素质水平不高,不善于控制无益激情。有专家分析,由于社会与现实之间的冲突、教育体制改革引入竞争机制对教师的挑战和超负荷的工作等原因,造成中小学教师心理健康出现前所未有的危机。许多地区的调查数据表明,有心理问题的班主任差不多都在30%左右。有的地区高达38.98%。教师感到工作压力很大,焦虑、嫉妒、倦怠等不良情绪的出现比较高。一旦教师自身的心理素质和心理健康水平存在问题,就难免情绪失控,因而把自己工作生活中的不快迁怒于学生的事就会屡屡发生,这是产生师源性心理伤害的主要原因。近年来,在屡见于报端的教师体罚学生、污辱学生的恶性事件中,肇事教师基本上都存在心理问题,有的甚至相当严重。因此,预防师源性心理伤害,教师特别是班主任要从以下几方面进行努力。

二、加强自身修养 预防师源伤害

针对上述师源性心理伤害的原因分析,教师特别是班主任要从以下三个方面加强自我修养。

1. 加强师德修养。教师要反复认真学习《中小学教师职业道德规范》和《中、小、幼教师专业标准》,深刻领会其精神实质,不仅要将其烂熟于心,更重要的是用它来规范自己的教育行为。只有将其变为自觉的行动,才能按教育规律办事,不至于因教育观念的不当、教育行为的失范,而产生不尊重学生人格和生命价值的体罚、变相体罚,甚至出现侵犯学生合法权益的违法行为。这样师源性心理伤害即失去了土壤。

教师还应该严格遵守教师职业道德,努力提高职业技能。每一位教师都应该审视自己的教育观念和教育行为,尽量避免因教育观念行为偏差对学生身心造成的伤害事件。笔者认为,一线教师,尤其是班主任教师,急需补充学习教育学、心理学及行为科学等方面的知识。也只有与时俱进,不断提高自身的综合素质,才能找到规范自己的教育行为,采取恰当的教育方法,从而避免师源性心理伤害。

2. 提高法律修养。爱国守法是对教师的基本规范要求。教师在教育教学中必须坚持依法施教。依什么法?依《中华人民共和国教师法》、《中华人民共和国义务教育法》、《中华人民共和国未成年人保护法》等。只有加强法律法规学习,增强法律意识,明确自己的权利和义务,才能有法可依、依法执教,只有依法施教,才能选择恰当的教育方法,才不会因自己的教育行为不当而侵犯了学生的合法权益,造成师源性心理伤害。班主任在教书育人、管理育人、服务育人中更应当学法、懂法、用法,为广大教师做出榜样。

3. 提高心理素质。一些专家认为,师源性心理伤害与教师自身的心理素质和心理健康水平有直接关系。为了减少和避免师源性心理伤害对学生身心健康的不利影响,教师要从提高自身的心理素质入手,特别是处在社会转型时期,文化上的代际冲突,数字时代,家长和教师共同面临的再次社会化等问题,都要求教师能勇敢地正视现实,同时保持良好的心理状态,适时适度地调节好自己的心态与情绪,控制自己的无益激情,做到不发火、不动怒、不把生活中遭受挫折的不快情绪带到课堂,更不能迁怒于学生。在班级要坚持以学生为本,实行民主管理,把教育和管理的主动权交给学生,尽可能为学生创造一种和谐、健康、民主、平等的教育氛围。

随着办学条件的改善、教师收入的增加,社会和学校对教师的要求也越来越高,一线教师普遍感到没有喘息的机会,疲于应付;现行教育体制全面改革,职称评定、教师聘任、末位淘汰、按业绩取酬等新制度的实施,又让每位教师都感到前所未有的压力。怎么办?主动提高自身素质成了解决问题的关键。当然也需要社会和学校在要求教师提高素质的同时,给予教师更多一点的理解和关爱。须知,教师承担过多压力只会给孩子过多的压力,教师没有健康发展的机会,也无法给孩子健康的发展。因此,解决教师心理压力过重的问题,社会各界和教育行政部门都要负起相应的责任。

45. 面对心理闭锁的学生怎么办

一、了解中小学生闭锁心理的特征

有调查显示,在中小学生中普遍存在心理闭锁现象。心理的闭锁性相对于人的外部行为表现与内部心理活动之间的一致性而言,它是指人的心理活动具有某种含蓄内隐的特点,而又不是通过外部行为可以掌控的。中小学生的各种闭锁性心理又不同于成年人的“内倾”或“含蓄力”,它具有以下几个特征:

(一)时期性

闭锁性心理为青春期所独有,而且以中学阶段表现最为明显。青少年处在由稚嫩到成熟过渡期。由于尚未完全摆脱少年的率性纯真,一时难以适应和调整,所以他们身上明显混杂着孩子般的天真无邪,以及意识到自己将长大成人而故作的沉稳与多思。这一阶段生理上的急剧变化,也引起心理上的一连串振荡。

学生进入青春期后，“自我意识”明显增强，他们开始注意自己、发现自己和认识自己，迫切想知道“我是谁”。尽管在成年人眼里，他们的举手投足还是带有很浓的孩子气，但他们正在做出种种尝试和努力，而且，随着生理上向成人化过渡的特征逐渐明朗，他们不仅意识到自己脱离了儿童时期，开始思考自己的现在和未来。而且他们正伴随着这一身心变化，在一个陌生的世界里寻找一个从来不知道，又急切想知道，并且是在被逐渐认识到的自我形象以及自我与周围世界的某种特定关系。这种在天真与成熟之间摇摆不定，自我的界定忽明忽暗，积极探索与谨慎回避并存的现象，正是青少年自我发现过程中固有的特征。由于以前对成人世界全然不知，对蓦然展现在面前的全新的成人天地一时感到有些茫然，所以，他们处在一个观察思考的阶段，对成人世界存有戒心，对外部世界怀有疑虑和不安，暂时保持着谨慎态度，这是他们产生闭锁性心理的原因所在。

（二）指向性

闭锁性心理指向的对象多为“权威”，如老师、家长以及周围的人，其中又以师长为最。在生活中，他们希望能够完全按照自己的喜好选择，“打心眼儿里不愿意完全按照师长的要求行事，尽管有时不得不听从。”这表明他们已经具有强烈的独立意识和要求，不希望别人去干涉他们。在与别人交往时，他们极力表现出成人的作风和气魄，并要求别人尊重他们的意志和人格。由于认知水平的不断发展，他们开始形成自己的价值观念，不愿再简单重复师长的观点；开始把注意力从外部世界指向内部自我，对长辈的依附性也随之淡薄。在追求独立自主的过程中，时常拒绝师长对他们的指导和要求、意见和忠告，迫切需要自由。心理学上称为“第二反抗期”或“心理断乳期”。这时如果师长依然样样包办，事事操心，不免会损伤他们的“独立意识”，并遭到他们的反感，久而久之，就会产生闭锁性心理。

中小学生在对师长关闭心灵的同时，对同伴好友则敞开心扉，前后判若两人。有调查表明，遇到问题时自己解决或与知心朋友商量解决的占82.6%，而与师长商量解决的只占17.4%。中学生随着年龄的增长，心理上的独立性、自主性与日俱增，不再满足于保护式的管教，渴望生活独立，自主处理自己的事务，从以前依赖父母、老师转向在同龄人中寻找伙伴和朋友。正如一位中学生所说：“同学之间讲话比较容易互相理解，父母的看法或许比我们成熟，但毕竟有差距；朋友之间则比较坦诚，同龄人共同感兴趣的东西比较多，看法接近。”中学生三五成群地聚在一起，就是为了寻找能够理解自己、帮助自己的伙伴，渴望获得心理上的沟通和支持,并求得新的感情寄托。父母习惯于长辈的身份训斥和保护子女,已不能满足他们的心理需求。而父母也产生了强烈的失落感,觉得子女疏远了自己,对自己隐瞒着什么。失落感和爱心导致父母对子女更加严格"防范",甚至拆看子女的信件、偷阅子女的日记等等。这种不恰当的管教方式,只能更加深子女内心的闭锁和对父母的疏远。"你越不让我知道,我越要知道!""你越想知道,我越不让你知道!"如此恶性循环。于是,在家里得不到父母平等对待的中学生纷纷到同龄人中去寻找平等,寻找沟通和理解。因此中学生往往在同伴朋友当中表现得很是活跃,而那些在家里常常沉默寡言的中学生也许因为较成熟而成了伙伴中的"领袖"人物。

(三)两极性

有的中学生有闭锁性心理,他们的情绪表现并不都是外露的,开始带有文饰、内隐的性质,而旺盛的生命力又导致他们情绪波动的强烈性和两极性。

正如一位中学生在日记中写道:"我也许是有点反复无常:有时表现出激动无法控制,有时受委屈而忍耐;有时认为学习挺轻松,有时却紧张得直要发疯;有时会为做出一道题而喜悦,有时许多题没做出竟觉得无所谓;有时想到高考前途广阔而紧抱手中的书,有时又觉得上大学无用而丢下手中的笔;有时对别人表现出绅士的宽容和大度,有时会为一件小事而大吵大闹……"各种矛盾在中学生身上得不到统一,轻松和紧张,自制与失控,刚强和软弱等等。由此可见,中学生情绪的两极性十分突出。

已经逐步具有成人感和独立意识的中学生,在家里和学校往往仍然被当做孩子看待,大人们把他们情绪的喜怒无常看成是孩子气的表现。正是由于生活等各方面尚未独立,对师长的依赖性依然存在,他们的内心想摆脱这种局面,但他们的迫切愿望难以实现,他们渴望的独立性也得不到社会、师长的承认,所以他们容易产生不满和烦躁,态度和行为很自然地也是防御性居多,对不合意的人和事以一贯的逆反心态进行防御抵制,并关闭心灵,把自己隐藏起来,逐步形成闭锁性心理。加之中学生自控能力欠强,缺乏理性的思考和分析,遇事易受情绪影响,因而产生了越来越令人捉摸不透的喜怒变化及言行表现,情绪变化的两极性十分明显。

二、采取措施矫正闭锁心理

青春期闭锁性心理不是一种恒定不变的心理特征,其原因主要在于中学生独立意识的增强与师长“居高临下”的管教之间的矛盾。只要师长实施合理的教育引导，便有可能解决这个矛盾，消除中学生的闭锁性心理，使他们平稳地度过这段过渡时期。以下两种教育措施是可取的。

(一)尊重而不放纵

懂得了中学生心理上成人感发展的特点和希望独立自主、摆脱束缚的心理特征，家长、老师对待这些正处于激烈变化时期的中学生，就应尊重他们的意见和行为，重视他们自我肯定、自我认识和自我实现的心理需要，大胆放手让他们去闯，让他们刚刚萌芽的成人感和独立意识健康地成长。当然，尊重并不是放纵，因为中学生受文化知识、心理素质、自身修养等方面的限制，其认知水平、思维能力、价值观念和社会交往正在不断地发展变化。虽说中学生正在发现自我，但那还不是完全成熟的自我，虽然渴望独立，但他们也意识到自己并不能完全独立。在他们身上有着双重心理：既想与长辈拉大距离，又不能彻底分开，渴望独立的同时又有依赖的倾向，二者微妙地交织在一起，想摆脱束缚自己做主，又感到心里不踏实而想依靠师长；既不愿完全听命于父母权威，又害怕一下子失去家庭提供的那些安全和保证。这种复杂而矛盾的心情相互交织，形成中学生特有的闭锁性心理反应，出现种种矛盾冲突的想法和举动。这是由他们的年龄特点所决定的。因此，对于身心尚未定型的中学生，作为家长、老师既要充分尊重他们，以免他们稚嫩的“成人感”和“独立意识”遭到挫折，心理受到损害，又要积极教育、引导和帮助他们；既不可过分照顾、过严管教，又不能撒手不管、放任自流。

(二)平等沟通，而不居高临下

随着中学生身心的成长和发展，父母、老师应该像朋友一样平等地与他们交流、沟通，而不是“居高临下”，更不能“盛气凌人”，这样他们一定也会向师长敞开胸怀。大多数中学生在苦恼与师长有距离的同时，也深深感慨父母、老师给予自己无私的爱。他们并不是“义无反顾”地隔绝、疏远父母，封闭自己的心灵，在内心深处他们仍然强烈地渴望得到父母的理解与帮助，渴望享受父母无私的爱。当然，师长也应该懂得孩子大了，有自己的思想和行为方式，不会完全按师长所设想的那样去成长，出现一些意想不到的情况也是自然的、正常的。掌握了中学生的年龄特征，师长们自然也就能减少一些失落感。父母和老师要以平等民主的方式主动地与中学生接触、交流，给予理解、支持和帮助，彼此建立朋友式的关系。父母、老师要采用科学、恰当的教育方式，对中学生进行亲切、自然而有效的教育引导。如在处理信件、日记、交友等一类事件的时候,要多给他们正确合理的引导、说服,而不能动辄训斥、指责。师长们还要掌握中学生身心发展的特点,了解他们的心理变化,并及时引导和调节他们在成长过程中出现的各种心理问题,促使他们身心的健康发展。这些都可以有效地消除或抑制中学生闭锁性心理的产生。

46.遇到"心理倒置"的学生怎么办

心理学上,这种根据结果来决定行动、证实原因的心理现象被称为"心理倒置"。通俗地说就是先给自己设置个圈套,然后再拼命地往里钻,最后得出这样的结论:"我这辈子肯定逃不出圈套。"具有这种心理的人不是要调整自己的认识来适应现实,而是要调整现实来适应自己的"认识",以最终证明自己是正确的。

其实,"心理倒置"现象并不只是在生活中存在,不少学生也时常会受到这样的影响。如有的学生平时成绩一般,某次考好了后,便觉得这完全是瞎猫碰上死老鼠的,不是他的实际水平,一点儿也不高兴,自然也就不会冷静地总结经验,反而怀疑是老师看错了。在后来的考试中得一般的分数,他心安理得地想:这才是自己的真实成绩。应该说,这样的学生不是不想取得好的成绩,但是受"心理倒置"的影响,在好成绩面前,更多的是怀疑自己,心中不安,以这样的心理对待自己,无形之中等于给自己设置了个失败的圈套。"心理倒置"像紧箍咒似的套住了自己,使自己始终处于被动甚至是悲剧的状态,最终影响自身的成长。班主任遇到这样的学生应及时做好心理调节工作,帮助学生摆脱"心理倒置"的不良影响,为其的未来发展奠定健康的心理基础。那么,怎样进行疏导呢?

一、引导学生换一个角度看自己

人的行为方式被个人的观念所制约,因此,班主任首先要采取措施转变学生不良的自我观念,以引导学生超越自我,摆脱"心理倒置"的不良影响。从观念转变过程看,班主任要把握住每一个契机,并加以引导。这里先说一个案例:曾经有一个总觉得自己不讨人喜欢而有点自卑的女孩子,偶然在商店里看到一个漂亮的蝴蝶结,当她戴起来的时候,店里的几个顾客都说漂亮,于是她非常高兴地买下那个蝴蝶结,并戴着去学校。接着奇妙的事情发生了:许多平日不跟她打招呼的同学纷纷跟她接近;还有不少人说,原本死板的她,似乎一下子变得开朗、活泼多了。这个女孩子心想:“都是因为我戴了神奇的蝴蝶结。”随即她想到商店里还有许多其他式样的蝴蝶结,应当都买来试一试。于是放学后她立即跑回那个商店。岂知,她才进店门,老板就笑着对她说:“我就知道你会回来拿你遗失的蝴蝶结。早上当我发现它掉在地上时,你已经一溜烟地跑去上学去了。所以,我只好暂为你保管。”这时,她才发现自己的头发上根本就没有蝴蝶结。

教育的效果往往如此。某种观念是否可以促进人的发展完全取决于人的心态,关键是要有“心中的蝴蝶结”,以此来转变以往不良的自我观念,让“我能行”的心态支配着自己。可以说,决定我们的不是我们是否具有了这方面的能力,而是取决于我们的心态。著名的宗教领袖马丁·路德金说过:“世界上任何事情都是抱着成功的信念而做成的。”所以说,观念的转变并不需要依靠有形的东西,而常是建立于自己的内心。换一个角度看自己,你也许会发现自己的成功所在。心理学家说:“一个能够认清自己为优秀的人,几乎必然会有优秀的表现。”因此,教师应该善于发现学生“心中的蝴蝶结”,并做好针对性的引导工作。

二、引导学生进行反思

思维习惯使得人的思维方式成为定势,这种定势又不断地调整着人的行为。因此,在教育过程中,班主任要善于引导学生反思以往的思维,不断超越定势。有位心理学家在某地进行了一次例行测验,测试前心理学家告诉学生,这个测验很简单,中等水平的人只用规定的五分之一时间就能做完,到时将会响一下铃,告诉你们这个平均时间到了。结果,那些聪明学生在测验中变得非常慌张,难以胜任。事后了解这些聪明的学生发现,他们在整个测验中想的是自己连中等水平都达不到,感到自己是个低能的人。实际上,这个测验相当难,即使聪明的学生也难以在规定的时间内完成,但是出于对心理学家的权威崇拜,所以当那些聪明的学生在规定的时间内完不成时,首先想到的不是测验有没有错误,而是自己的能力存在问题。

其实,重要的是要让学生认识到,个人的成长不在于现在具备了多少能力,关键是以什么样的标准去衡量和看待现在所具有的能力。与最著名的文学家、发明家、企业家比,几乎大部分人都是失败者。生活在世界上要想有所成就,关键的就是能确定适合自己的标准,并且按照这个标准去走自己的路;迷信别人、按照别人的标准来衡量自己,更多的时候只能是失败。这样,失败多了就会影响到人的心态,逐渐地形成了这样的不良思维定势,认为自己不行、成功不了,以致最终放弃努力。因此,班主任要教育学生不要苛求自己在所有的方面都成为优秀,也不要认为自己事事都不行,关键是善于把握自己,学会“扬长避短”,这样才能以积极的心态对待每一件事,积极参与,培养起良好的素质。

三、引导学生发掘自身的潜能

人的行为在长期的观念影响和定势思维支配下,会不断地习惯然后固定下来。良好的习惯固然可以使人取得进步,但不良的习惯却会成为人成长的绊脚石。因此,班主任要善于引导学生发掘自身的潜能,以实现自我超越。

在学生的成长过程中,常可以见到这种现象,学生开始时常把目标定得很高,一般情况下,尽管学生努力之后基本上能实现这个目标,但随着周围环境的限制,很多目标在不知不觉中降低了,而且还会逐渐地固化为一种认识:“自己的能力不过如此。”即使以后他们遇到好的环境及发展空间,可习惯的心理已经将人限制死,成了自己心灵的奴隶,永远地成为了一个目标短浅或失去目标的人。从现在的研究成果看,人有着巨大的潜能,大部分人所使用的只是潜力的2% ~ 5%。遗憾的是不少学生意识不到这一点,常常抱怨自己的能力不够。有人曾说,一个人如果不能发现蕴藏在他体内的无穷无尽的财富,那是人生最大的不幸。因此,班主任要指导学生制订适当的目标,并引导他们不断地获得成功,最终让学生发现自己的价值和潜能,突破自己的心理障碍,克服不良的行为习惯,摆脱“心理倒置”的不良影响。

四、引导学生走好每一步

奇迹的发生是在超越观念、超越定势、超越习惯的基础上通过个人不断的努力实现的,因此,班主任要善于引导学生坚实地走好每一步,在参与中不断地超越自己。有这样一个故事:一个颇有钱财但身体病弱的富人和一个一无所有但健康强壮的穷人,相互为对方的优势所吸引,渴望成为对方。于是他们决定互换脑袋。脑袋更换后,短时期内他们各自成了对方。但由于他们的行为已性格化,结果他们又各自返回到了自己的原初状态,富人仍然是富人,穷人仍然是穷人。

在学生的成长过程中,不少暂时成绩不理想的学生常常羡慕别人,但是,学生羡慕的不是别人的奋斗模式,不是别人的付出,而仅仅是看到了别人的成绩,别人的潇洒与自豪。这类学生更多的是生活在“假设”、“如果”之中:“如果我努力一点儿的话,一定能超过某某某”、“假如我是某某同学,我一定比他学得更好”。遗憾的是,这类学生最终只能生活在“假设”和“如果”之中,因为如果不能立即行动起来,结果只能是一无所成。

罗西弗林曾说过,1 分钱和 20 块钱如果都被扔在海底,它们的价值毫无区别,只有捞出来加以利用,它们的价值才能显现。因此,班主任要帮助学生认识到:潜能的发挥和奇迹的出现不是靠着诸多的“假设”和“如果”,而是靠平时的实实在在的奋斗和拼搏。告诉他们“东施效颦”中的东施之所以为人所讥笑,不在于她的愿望,而在于她实现自己愿望所选择的步骤。如果只把步骤定在强烈的渴望和浮光掠影、似是而非的举止上,那就只能重蹈东施们的覆辙。这就要求班主任要帮助学生行动起来,在芸芸众生中确立自己独特的存在方式,锻造一定的性格强度,能够抵抗得住外界的诱惑,走好自己的每一步路;加强心理强度的训练,能够承受住长期甚至一生的孤独和寂寞。唯有如此,学生的未来发展才能更加精彩和灿烂。

47. 遭遇学生软对抗怎么办

在班主任日常工作中,经常遇到这样一些现象:当你找某生了解班级情况时,某生用“不知道”或以恭维方式来回避你的提问;当你找某生谈心或教导时,某生低头不置可否地任你去讲;当你批评某生行为或思想错误时,某生一言不发,态度暧昧,或当面心悦诚服,事后依然我行我素……凡此种种不胜枚举。综观上述学生行为,我们发现他们都有一个共同点,就是“软对抗”。这是青年初期学生经常具有的一种错误心态。它对班级管理和班风建设有很大的阻碍作用。而要消除它,又不是一味的“硬杀伤”所能奏效的。因此,医治学生这种错误心态,已经成了班主任工作的一大难题。怎样消除学生软对抗心理呢?

一、分析软对抗心理形成的原因

一旦弄清学生软对抗的心理原因,就会有解决问题的办法。笔者以为,医家治病,讲究的是病理分析;班主任医治学生不良心理,也须讲究心理形成分析。青少年软对抗心理的产生是有其复杂的心理环境的,我们切不可简单化理解。依照我国心理学界的一般看法,青少年身心发展的主要特点是身体发育成熟;抽象逻辑思维高度发展;情感生活丰富热烈;自我意识迅速发展;人生观初步形成。心理学家斯普朗格也有类似阐述,他热情地称青年初期为人生的第二次诞生。由于生理发育基本成熟,这一时期学生开始注意穿着打扮、仪表风度,些许的生理缺陷都有可能引发内心的不安与自卑,长期心理压抑的逆反作用常常导致恶化的反抗情绪。由于抽象思维能力明显地由经验型向理论型转化,这一时期学生已能从现实世界的现象中解脱出来,对生活经验作理论性总结,现实生活中消极因素常常诱导他们对生活本质做出错误判断,加上正面疏导的不深入,很可能对社会现实产生偏激的抵抗情绪。这一时期学生情感生活虽然丰富热烈,但却表现出显著的闭锁性,他们的心灵之门开始关闭,“私密感”开始形成,他们渴望得到“心理共鸣”的挚友以消除孤独感;然而,我们教育者往往又不能胜任这一角色,因而就很难和他们沟通心灵。这一时期学生独立自主、摆脱束缚的意愿特别强烈。他们的人生观初步形成,对生活有自己的道德批判能力。由于思维独立性、批判性的发展,他们有时会表现出固执己见,不容易改变自己错误见解。基于以上分析,我们可知,对抗心理是青年初期学生身心发展的必然产物。这种对抗心理本可以以一种积极外向的方式表现出来,但慑于班主任与他们的从属关系,慑于校纪校规、道德意识的约束,他们只好选择了软对抗的心理形式。

实际上,造成学生软对抗心理与我们班主任本身也有很大关系。美国心理学家埃里克森早就提出过青年教育的“自我认同性”问题。所谓自我认同性,就是要求青年人要正确认识过去的我、现在的我和未来的我的内在连续性,认识自己和周围人或事物的同一性。埃里克森认为,青年初期学生自我认同性问题解决得好,个性心理就会健全发展,就不会出现“权威的混乱”、“时间的混乱”等心理病。而解决这一问题,关键又在于培养学生的信任感、自主性、主动性、勤奋感。扪心自问,在这些方面,我们做得较少。因此说,青年初期学生软对抗心理的产生,我们教育者难辞其咎。“亡羊补牢,未为晚矣”,摸清了病因,医治起来就有了科学方法。

二、化解学生软对抗心理的方法

(一)情感投入法

要消除学生的软对抗心理,先须让学生信任我们;学生对班主任的信任感,先须注重对学生的情感投入。苏霍姆林斯基说:“学校里的学习并不意味着机械地把知识从一个头脑移到另一个头脑里去,而是师生之间每时每刻都在进行心灵接触。”其实,思想教育又何尝不是? 情感关系是师生心理关系的一个重要侧面,它在教育过程中起巨大的调节作用。教育者对学生的恰当情感投入往往能使学生产生强烈的心理效应。这是一种催化剂,能调动学生的积极性,激励学生的自信心和上进心。这种投入还会激起学生对教育者的信赖,使教育者提出的要求容易为学生接受。暴风骤雨式的教育、压制封闭式的教育,是不尊重学生人格个性的表现,是无视学生主体主观能动性的表现。皮亚杰说得好:“……主体只是通过自己的活动来认识现实的……客体首先只有通过主体的活动才被认识,因此客体本身一定是被主体建构成的。”在教育过程中,我们的施教只有通过主体的能动作用才能产生效应。而动人心者,莫先乎情。

这种情首先是尊重。尊重学生是符合青少年心理特点的。自尊心人人皆有,青年初期学生自尊心更强。一旦损害了他们的自尊心,他们必会失去向上的内在动力。严格教育的前提只能是真诚尊重。关于此点,马卡连柯早有论述:“我的基本原则永远是尽量多地要求一个人,也要尽可能地尊重一个人。实在说,在我们的辩证法里,这两者是一个东西:对我所不尊重的人,不可能提出更多的要求。当我们对一个人提出很多要求的时候,在这种要求里也包含着我们对这个人的尊重。”在美国心理学家马斯洛的“需要层次理论”中,“尊重需要”被看做是组成人的完整需要的一个重要层次。由此可见,离开了尊重何谈学生软对抗心理的消除? 其次是热爱。爱是建立融洽师生关系的桥梁。一般说来,具有软对抗心理的学生大多是后进生。在日常生活中,他们所受的指责和惩罚大大多于其他学生,他们的心理长期处于疑惧、自卑和戒备状态。可以想象,他们是多么渴望有爱来抹平心灵的创伤! 若我们真诚地帮助他们,满腔热情地爱护他们,细心地开导他们,那他们肯定会产生强烈的心灵震颤和对教育者的信任感。

(二)因人施教法

消除学生的软对抗心理,仅靠单纯的情感投入往往是不够的,因为软对抗心理形成后具有惯性定势作用,在较长时间内,它具有相当的稳定性。要打破这种稳定性,必须经过一个动态的心理转化期。在这个转化期中,我们教育者施教手段的妥当与否直接决定着转化效果的优劣。一般说来,学生的气质个性千差万别,我们的施教手段也应因人而异。毛泽东同志说得好:“人们要想得到工作的胜利即得到预想的结果,一定要使自己的思想合乎客观外界的规律性,如果不合,就会在实践中失败。”做思想教育工作就要根据受教育者不同对象的实际情况,选择适当的教育内容和教育方法,有的放矢地对学生教育。基于以上认识,笔者以为,转化学生软对抗心理,必须坚持因人施教原则。苏霍姆林斯基说:"没有一条教育规律,没有一条真理是可以对一切儿童绝对同样适用的……培养人首先就要了解他的心灵,看到并感觉到他的个人的世界。"那么,针对学生的不同情况,我们又该如何坚持因人施教的心理转化原则呢?

首先,要注重气质心理分析。气质是人典型的稳定的个性心理特征。它表现了一个人生来就具有的心理活动的动力方面的自然特征。古今中外的教育家都特别重视对人的气质心理的认知。孔子早就把人的气质分为"狂""狷""中行"三类,提倡"依中庸而行"。结合长期的教育实践,我觉得古希腊哲学家希波克拉特的气质体液分类标准更符合我国学生的实际。根据日常观察,凡具有软对抗心理的学生,其气质类型确实不外乎胆汁质、多血质、黏液质、抑郁质四种。一般说来,不同气质类型的学生其软对抗心理形式就明显不同。胆汁质学生大多直率急躁,易于冲动,其软对抗形式多表现为愤怒的沉默;多血质学生活泼热情,灵活机智,其软对抗形式多表现为逢场作戏,善于周旋;黏液质学生安静稳重,情绪内向,其软对抗形式多表现为不露声色,怨恨绵长;抑郁质学生行为孤僻,反应迟缓,其软对抗形式多表现为我行我素,自暴自弃。其中,以黏液质、抑郁质学生的对抗心理转化最为困难。

其次,注意教育策略的运用。对于胆汁质学生,我们可采用刚柔兼济的策略,要晓之以理,动之以情,要锻炼他们的自制力,严格要求他们遵守纪律,但又不要轻易激怒他们,以免对抗情绪加剧。对于多血质学生,我们可采用"扬长避短"的策略,应多给予他们活动的机会和任务,不要过多批评他们,让他们在实践中发现自己的优势,以求得心理平衡,自然消除对抗情绪。对于黏液质学生,我们应冷静耐心地指出其问题,并给予他们考虑问题和准备行为的足够时间。对于抑郁质的学生,我们应更多地关心体贴他们,避免在公共场合批评他们,要鼓励他们积极参加活动,以增强他们的自信心。只要策略对路了,软对抗心理的消除就不难了。

再次,培养自我教育意识。自我教育,顾名思义,就是自己教育自己。我国古代教育家历来强调自我修养,如孔子主张"慎独"、"克己"、"内自省"、"内自讼";孟子主张"自得";曾参提出"吾日三省吾身";朱熹宣扬"存理"、"省察";等等。近代教育家杨贤江主张青年"自动"、"自学";陶行知从办晓庄师范、山海工学团到办育才学校、社会大学,无不强调自我教育。学生软对抗心理的消除固然要依靠教育者的教导,但教育者不能总是牵着学生的手走路,应该让他们独立行走，使它们对自己负责，在生活的道路上，锻炼自己，形成自己合理的生活态度和理想人格。为消除软对抗心理的自我教育可采取开放式。我们可让具有对抗心理的学生多多参加集体活动，让他们在实践和交往中品尝成功的喜悦，发现自己的错误。可以这么说，集体活动是转化学生软对抗心理的最佳环境，因为在集体活动中具有错误心态的学生可直接接受教育，受到集体正确舆论、优良风气与传统的熏陶。另外，集体成员之间基于共同目标而互相关心、互相学习、互相帮助的风气可消除他们内心的自卑感、孤独感。还是马卡连柯说得好："集体是个人的教师，不管用什么样的劝说，也做不到一个正确组织起来的自豪的集体所能做到的一切。"

48. 遇到学生心理障碍怎么办

一、引导学生克服认知障碍

学生认为自己的思想观点是正确的，就难以接受相反的观点。这种抗拒心理还会因班主任的强制态度而增强。其实，学生形成自己的思想态度，总是基于一定的逻辑和思维过程，尽管这种逻辑形成是错误的，但从心理学上说，已经形成了"完形认知"。只有分析清楚错误所在，使学生发觉原来的认识前提或结论站不住脚，才能打破即成的"完形认知"，接受来自群体价值的暗示或影响，个人在群体面前常表现出为具有群体共同价值倾向的某些品质，如顽强、信任和勇敢等，而对不为群体认可的东西持抵制态度，因为他唯恐失去群体的支持。只有改变了他所属群体的影响，形成良好的班风，个体才会做出相应的调整来适应新的群体，抗拒心理也就不复存在。苏联教育家马卡连柯在教育流浪儿童的实践中总结出"平行教育影响"的原则，即通过教育集体达到教育集体中每个成员的目的，这条原则今天仍是适用的。

作为班主任和教师，对学生的心理要有正确的分析，才能因人而异，对症下药，有针对性地做好教育工作。

二、指导学生战胜情绪障碍

情绪障碍影响人的正确认识，主要表现在两个方面：其一，情绪障碍模糊了人的理性。其二,消极情绪形成了自我保护机制。学生的情绪障碍,主要是因为师生间感情的对立所致。如何化解这种感情对立,是消除学生情绪障碍的关键。

三、带领学生走出行为障碍

这表现为行为对认识的反馈和影响作用。当学生犯了错误后,为了使这种行为合理化,就会坚持维护这种行为,拒绝批评。在这种情况下,要以充分的理由证实他的行为的不合理性,使其“理屈词穷”,再正确引导。

四、疏导学生远离群体障碍

这表现为社会因素和校内外非正式群体对学生个体的影响。教师常常会发现,有的学生在私下谈话时是通情达理、愿意接受批评的,但在群体面前就显得倔头犟脑,拒不认错。有的学生在校内已有改好的表现,但一与校外一些同伴接触,又故态复萌。从这里不难看出,学生的抗拒心理多来自所属群体的支持作用。这些学生觉得只有敢于当面顶撞教师,才会显得有胆量,才会受到群体的欢迎和接纳,于是在群体面前表现得顽固异常。如果班主任只是针对学生个人,他因担忧失去群体支持而顽固到底。只有改变他所属群体的性质和影响,形成良好的班风,个体才会做出相应的调整以适应变化了的群体,而作为“提升个体形象的对抗反应”也就失去了存在的理由。

49. 学生心理郁闷怎么办

“郁闷”一词是青少年群体运用频率最高的词汇之一。课业负担重郁闷,考试压力大郁闷,学习成绩不理想郁闷,同学闹矛盾郁闷,受到不公待遇郁闷,老师批评后郁闷,父母没完没了地唠叨郁闷,没有自己的空闲时间郁闷等等。可以说郁闷无处不在,无时不有。在众多郁闷者中,学业负担重所造成的精神压力占很大比例。无独有偶,曾有媒体进行过一项高校流行语的调查,最终“郁闷”一词以55%的得票率高居榜首。在中小学校园里,郁闷已是弥漫于青少年中的高频词。

一、“郁闷”的表现形式

“郁闷”在《现代汉语词典》里的解释是“烦闷,不舒畅”。人们一般认为郁闷是介于焦虑与抑郁之间的一种精神状态,是一种负性的情绪。根据《现代汉语词典》的解释,“焦虑”是“焦急忧虑”,抑郁则是“心有愤恨,不能诉说而烦闷”。但现实中,郁闷似乎成了所有不愉快、不舒畅心情,如空虚无聊、茫然不知所措、烦躁不安、孤独无助、受到不公正待遇、看不惯社会、被人误解等的代名词。如今“郁闷”一词已远远地超出了其传统的界定内容,不但反映着现实生活状态,更体现着生活与生命质量的高低。

一个人长期生活在郁闷之中,他的正常生活就会受到影响,他的人生观就会发生偏离,他的生命意义就会降低。这种不良后果集中体现在四个方面:

一是游戏人生。由于空虚无聊,意志消沉,人生的价值追求缺失,觉得生命也没有任何意义可言,于是觉得做人没有必要那么认真、那么执著,好也是一生,坏也是一生,稀里糊涂了此一生。

二是报复集体。认为郁闷的根源在集体,是集体对他不公,是集体让他怀才不遇,是集体让他被人误解,是集体让他孤独,总之是集体让他郁闷。为了个人气顺、舒畅、心理平衡,一些郁闷的人对社会进行报复,给人带来痛苦或者不幸,对人、对己都是一种伤害。

三是患上抑郁症。据专家研究,抑郁症患者有八种表现:没有明显原因的持续疲乏感,休息后也难以复原;活动缓慢,容易为小事发脾气;常常自责,或有内疚感,自我评价过低;思考速度减慢,认为自己变笨了;失眠,入睡难,睡眠浅而不稳;食欲不振,进食减少,体重减轻;对原本喜欢做的事也不感兴趣;最严重的是会反复出现自杀念头,甚至有自杀行为。抑郁症患者已不能像正常学生一样学习与生活,生命自由发展受到影响。

四是自杀。这是最严重的一种情况。由于长期的郁闷,他对自己、对集体和社会已彻底失望,觉得学校生活没有一点儿乐趣,生命没有一点儿意义,生不如死。

二、“郁闷”产生的原因

一是生命有难以承受之重。学生过重的学习负担给人造成前所未有的竞争压力。他们为了将来能在社会上立足,拼命地学习,请家教,报补习班,上大学、考研,考证,这些压力导致心理郁闷。另外,受不良社会风气的影响,一些青少年过分重视物质的获取,而忽视了精神的追求。物质与精神其实是天平的两端,如果一重一轻,失去了平衡,也就失去了和谐。精神世界贫瘠,一个人怎能不郁闷?

二是生存环境不尽如人意。从学校来讲,学校教育充满了功利主义色彩,使很多青少年学生认为,读好了书就可上好大学,上了好大学就可找到好工作。同时,学校教育还带有浓烈的理想主义色彩,让学生感觉处处充满了真善美,社会是公平、公正的。随着年龄的增长,青少年步入社会,理想与现实的巨大差距会令他们不知所措,对社会产生恐惧感。如此,怎能不郁闷呢?从家庭来讲,一些学生出身不如人家富贵,心理自卑,于是悲观了,失望了,久而久之就郁闷了。

三是生命之中情感迷茫。人的生命是生物性生命、人文性生命的结合体,而人文性生命则包括了人际性生命与精神性生命。青少年往往在人际性生命方面,如与父母、家人的情感交流中,与朋友、老师、同学以及陌生人之间的情感沟通中容易出现问题。如果这些问题不能妥善应对,往往就会陷入郁闷之中。

四是生物性生命的成长与精神性生命的成长不同步。由于物质生活水平的提高,当前每个家庭中的孩子身体成长都很快,但其精神生命与生物性生命成长却是不同步的,因为精神生命的成长更需要的是精神食粮的供给。目前一些家庭很重视物质抚育,却轻视精神抚育。这样家庭的孩子会自问:我快乐吗?我幸福吗?我活着要干什么?等等。这些问题如果困扰他们,他们就该郁闷了。

三、帮助学生消除郁闷的方法

一是对生命、生活作比较。首先,把自己今天的生活与昨天的生活进行比较,如果今天比昨天好就应高兴;如果今天不比昨天好,就想想如何通过自己的努力让明天比今天更好。其次,把自己的生活与他人的生活进行比较,与比自己差的比较,自己比别人好,应该高兴;与比自己好的比,也不用泄气,振作起来,相信通过自己的努力明天一定会更好。通过比较,可以发现生命的轨迹就像一根乐谱线,有高有低,起伏跌宕,也正是这样,生命才美丽。明白了这一道理也许就不郁闷了。

二是建构共同生命意识。如果以自我为中心,以任意长为半径画圆,在这个圆里的人都要以你为中心,这是很难办到的,也是行不通的。如果不以自我为中心,在一个圆里的生命彼此平等,相互联系,相互依存,这才行得通。“人”字由一撇一捺组成,象征着人与人之间的互相支撑。“欲除烦恼须无我”,一个人只有建构起共同生命的意识,将“小我”融入到“大我”之中,才能不郁闷。

三是建立好自己的人生坐标。一个人有了自己的人生目标,朝着自己的目标努力工作、学习,不断充实自己,从工作、学习中获取乐趣,又何来太多的郁闷呢?

四是要加强对自己的历练。青少年应积极主动地为他人和集体服务,在为国家和社会做贡献的过程中实现自我价值。在这个过程中,认识社会,理解人生,建立正确的自我意识,把奋斗目标定在自己能力范围之内并不断实现,体验成功的喜悦。遇到挫折,采取积极态度,克服消极情绪,认真分析挫折产生的主客观原因,转换行为,转移目标,降低和缓解挫折感,这样就可以少一些郁闷。

五是要调适自己的心态。不满现状,就要通过自己的努力去改变现状;如果尽力了仍然不能改变现状,就要适应现状。退一步海阔天空。有一段子是这么写的:日出东海落西山,愁也一天,喜也一天;遇事不钻牛角尖,人也舒坦,心也舒坦;每天领取谋生钱,多也喜欢,少也喜欢;少荤多素日三餐,粗也香甜,细也香甜;新旧衣服不挑拣,好也御寒,赖也御寒;常与知己聊聊天,古也谈谈,今也谈谈;全家老少互慰勉,贫也相安,富也相安;早晚操劳勤锻炼,忙也乐观,闲也乐观。心宽体健养天年,不是神仙胜似神仙。心态调适好了,郁闷也就没了。我们不妨引导学生从中悟出一些哲理。

当然,除了青少年自己努力不“郁闷”外,家庭、学校以及社区也应行动起来,建立起预防和干预机制,使青少年不再郁闷。

50. 破除学生羞怯心理怎么办

中小学生羞怯心理表现为:与陌生人接触时感到压力,感到难为情;与人交谈时,心里发慌,前言不搭后语,结结巴巴;不善于结交朋友,不能与人融洽相处;在公共场合不能流畅地表达个人意见;感到自卑,对失败忧心忡忡。如果羞怯心理得不到及时的疏导与校正,会导致性格孤僻,成为健康成长的障碍。心理学家认为,根据羞怯心理形成的原因,中小学生羞怯可以分为以下四种类型。

一、了解羞怯心理的类型

(一)自卑性羞怯

主要表现为过低估计自己的能力,过分注意自己的缺点,常以自己的短处与他人的长处相比。比如,自己不善言辞却偏偏与出口成章口若悬河的学生相比;自己家境贫寒却总是与家境优越的学生相比,越比越自卑,越来越心灰意冷。大多数有羞怯心理的学生都是这种情况。

(二)敏感性羞怯

这样的学生自我意识强,总想给老师和同学留下好印象,因此,他们特别关注自己的言行以及别人尤其是老师对他的评价;敏感而多疑,遇事小心翼翼,胆战心惊,如临深渊。美国一位心理学家说:"他们常常担心被别人否定,对他们来说,自己的一举一动都是一幕幕演出。他们认为别人在一刻不停地对他们的所作所为进行评价,他们总把别人看做是自己的法官,自然,他们同周围的人在一起时就会感到不自在。"

(三)习惯性羞怯

由于父母管教过严或教师教育不当,或遭受过不幸经历而逐渐形成的一种羞怯。比如,我们经常看到一些学生在单、双杠周围徘徊,却从不敢跳上去一试身手。又如,一些学生因羞怯而不敢向老师请教问题。

(四)功利性羞怯

有些学生刻意追求某种结果,却总担心达不到,从而产生胆怯心理。比如,参加竞赛或考试时,论实力有较强优势,足以获得好成绩,可一到赛场或考场上,他就患得患失,心理紧张,影响正常发挥,造成不必要的失误。

二、给予具体的帮助

对中小学生羞怯心理不能小视,必须下工夫克服。卡耐基曾经说过:"克服羞怯心理对于我们做任何事情都有极大的潜移默化的作用。"为了帮助学生克服羞怯心理,我们可以从以下几个方面给予帮助。

(一)鼓励学生树立自信心

克服羞怯心理,首先要拥有自信。无数事实证明,取得胜利的第一要素就是自信。面对困难,怯懦者常常担心"我能行吗",自信者则恰恰相反,认定"我能行"。虽然只有一字之差,却折射出两种不同的人生态度:一个消极退缩,另一个积极进取。否定自己是对潜力的扼杀,是发挥能力的桎梏。

心理学家说得好,如果一个人觉得自己有点愚蠢,那么,他就会表现得愚蠢;如果一个人觉得自己端庄高雅,他就会表现得端庄高雅;如果一个人有信心,他就会表现得很有信心。能改变自己的只能是自己。"相信自己能,便会攻无不克。"所以,要特别注意学生自信心的培养,引导学生发现自己的优点和长处,帮他们钻出自卑之“茧”,飞向自信的蓝天。

(二)以名人为榜样

向名人学习,引导学生学习一些名人克服羞怯心理的事例。如卡耐基和萧伯纳,他们曾经都是非常害羞的人,经过努力,不仅克服了羞怯心理,卡耐基还成为世界著名的教育家和演说家;萧伯纳成了著名的文学家和演说家。通过这些典型案例的学习,让学生逐步克服羞怯心理。

(三)教育学生给自己积极的心理暗示

在同他人交往时,如果心里紧张,要暗示自己镇静,提醒自己不要想别的事情,把对方当做自己的熟人。同学之间、师生之间朝夕相处,应该视同学为兄弟,视老师为朋友,这样就不会害羞、紧张了。心理学家的调查研究表明:一个害羞的人当他在陌生场合勇敢地说出第一句后,随之而来的不再是新的羞怯,而很可能是滔滔不绝的演说。

(四)教育学生丢下功利包袱

日本民族是世界有名的“紧张民族”,与陌生人见面,总是惶惶不安。社会心理学家研究发现,形成这种民族性格的原因是多方面的,而热衷于追求功利则是最主要的原因。学生来到学校,渴望成功,追求进步,这是应该肯定的,但也不要因此背上太重的思想包袱。

(五)经常开展班级辩论会,为学生提供锻炼的机会和舞台

卡耐基曾经说:“征服畏惧、建立自信和克服羞怯心理最快最切实的方法,就是去做你害怕的事情,直到你获得成功的经验。”

开班级辩论会能给学生提供当众说话的机会,能训练学生的口才,是帮助学生消除恐惧与自卑、克服羞怯心理的有效方法。

51. 学生偶像崇拜错位怎么办

一位班主任给我讲了这样一段经历:她发现班上的许多男生的头发越留越长,虽然几次要求他们剪短一点,但效果不明显。为了弄清楚原因,她开始仔细观察,发现不少同学的课桌上都贴着一头长发的歌星周杰伦的照片,难道这照片与学生留长发有着某种联系?她悄悄地喊来一位留着长头发的男同学故意说

道:“你的头发很像周杰伦,真潇洒!”男生果真有些得意:“周杰伦是我心中的偶像,我说我的头发像周杰伦,他们还不信。”听到这里,她心中升起一丝忧虑:是不是同学们的崇拜偶像心理出现了偏差?于是,她做了个调查:发给同学每人一张纸条,让他们把自己心中偶像的姓名和事迹写下来。结果让她吃了一惊:绝大多数的学生崇拜的偶像是歌星、影星,甚至还有影视作品里的黑社会老大!他们不但能写出崇拜偶像的姓名,甚至连他们的生日、嗜好和一些绯闻也记得!而崇拜科学家、发明家、英雄人物的同学非常少,仅有几位学生写自己崇拜某位科学家或英雄人物,最多只能写出姓名,至于所写事迹就漏洞百出了。

因此,她断定同学们的偶像崇拜心理发生了错位,造成了大面积人文精神“缺氧”!她意识到问题的严重性:偶像崇拜是否健康,是直接关系到未成年人健康成长的大问题,甚至决定未成年人将来的人生走向;必须把他们的错位的偶像崇拜心理矫正过来!说到这儿,她问我:如何把学生偶像崇拜引向正确的轨道呢?我们认真探讨了这个问题并达成以下共识。

一、用光辉形象占领学生的精神世界

无论大人小孩,偶像崇拜是正常现象。小孩子最早的偶像是父母,父母成了他们的第一任教师,孩子一上学最崇拜的是老师,随着年龄一天天长大,知识不断丰富,认知和选择能力也不断增强,选择的偶像更加丰富。想当作家的开始崇拜鲁迅,想当医生的就崇拜各路名医,想当科学家的就崇拜钱学森及诸多的航天英雄。有调查显示:中小学生的偶像崇拜基本是健康的。而崇拜歌星、影星、体育明星之所以成了学生的首选,也属人之常情,可以理解。但崇拜明星不能只简单地模仿他们的外表,而应当多一分理性思考,要学他们台上一分钟台下十年功的坚强意志和拼搏进取的精神,这才是我们偶像崇拜的目的,是班主任要加以引导的。另外学生崇拜偶像是不稳定的,今天崇拜周杰伦死去活来,过几天就可能把他抛到了脑后。这种多变性,正是他们思想还不成熟需要多加引导的地方。我们有责任为学生树立一个个发光发热的“恒星”偶像,以取代目前的盲目崇拜。为此,这位班主任讲述了她的做法,值得我们借鉴。她说,为了帮助学生在心中树立一个个“恒星”偶像,我在班上开展了“贴一贴、写一写、说一说”的活动。

“贴一贴”就是在教室的墙壁上张贴老一辈革命家、科学家、文学家和英雄人物的先进事迹和人生格言,其中有为中华人民共和国成立立下汗马功劳的老一辈无产阶级革家,有为社会主义建设做出卓越贡献的模范人物,有为祖国航天事业艰苦奋斗的科学家。激发学生向这些可歌可泣的人物学习，以他们为目标形象，搞好当前的学习，长大后也为报效祖国贡献自己的一份力量。此外，还要把学校不同时期德育工作的重点，有选择地贴在墙上，并据此适时召开主题班会活动。

"写一写"就是利用班内黑板报、墙报和手抄报等形式，开展健康向上的班级文化建设，弘扬班级精神。可以通过开辟专栏进行，如"我心目中的偶像""我喜欢的书和书中人物""我身边的榜样""好书共欣赏"等等。为让学生能及时读到他们感兴趣的好书，可以在班内设立读书角，搜集相关图书和文学作品，为学生阅读提供方便。

"说一说"就是通过开展丰富多彩的主题班会、读书沙龙和论坛活动，让学生把心得体会、想法和观点表达出来。这样，整个班级都笼罩在浓浓的书香氛围中，经过一段时间的熏陶，许多学生对读英雄故事、学英雄事迹产生了浓厚兴趣。

一段时间之后，我发现班上的那种追求时尚、崇尚虚荣的浮靡之风明显削弱，男生的头发也剪短了，桌上的小贴画也不见了，取而代之的是积极向上的座右铭。

二、开展向身边榜样学习活动

正确利用现代中小学生的偶像心理，帮助学生清除心目中的不良"偶像"，而代之以一个合乎社会认同标准和自身理想标准的榜样，并刺激学生不断产生模仿、学习、超越榜样的行为动力，是班主任工作的重要任务之一。首先要特别注意帮助学生除了选择古今中外社会生活中的优秀人物为榜样外，还应特别关注贴近班级生活的先进典型，引导学生向身边的先进人物学习。班主任要善于运用各种教育手段，把这些社会认同、自身认同的形象转化为学生认同的心理形象，因而，要特别注意选择那些与学生生活背景、成长经历贴近的典型进行榜样教育。其次，介绍典型、宣传榜样，不仅要指出他们激动人心的行为结果与行为意义，而且还要重视分析榜样、模仿和学习超越榜样的方法、途径，让学生在认同榜样的同时，深刻地认识到榜样是人不是神，是同自己一样但比自己努力比自己成功的人。榜样值得学习，也可以效法。为此，班主任还要在班里开展竞赛评比活动，使一些优秀生和有特长的学生脱颖而出，成为大家学习的榜样。在这个过程中认识到，自己也有成为他人榜样的潜质和可能。这样的偶像崇拜，才能真正起到激发学生行为动力的效用。除上述两条措施外还要重视宣传偶像的价值和树立心中的偶像对学生进步的意义。

52. 学生“早恋”怎么办

——谈学生的“朦胧爱”

近年来，中学教育面临着一个新的问题，即部分学生随着青春期的不期而至，加上其他诱发性因素，“朦胧爱”潜滋暗长。这种若明若暗、亦真亦假的“爱情”的抬头，严重影响了学生德、智、体、美诸方面的健康发展，阻碍了党的教育方针及“三个面向”精神的贯彻落实。

概括起来，“朦胧爱”给班主任工作带来了三大问题：一是学生无心读书，荒废学业。二是影响良好班风学风的形成，导致道德水准下降。三是早涉爱河，心灵畸变，影响终身幸福。我们在调查研究的基础上，试就学生青春萌动期“朦胧爱”（人们常称之为“早恋”）的出现与学校教育作一些粗浅的分析和探讨。也想就解决办法提些建议。

男女生之间隐隐约约、闪烁不定的那种相互吸引和眷念之情，我们通常称之为“朦胧爱”。中学生没有独立的经济地位和社会地位，人格和情感也尚未成熟定型，因此，这种所谓的爱情无所依附。只不过是他们在青春萌动期内，随着性意识的出现，受好奇心的驱使，对异性一种爱慕的表达，但是如果我们不及时加以教育引导，发展下去就会带来不良后果。

一、提高认识

班主任必须提高认识，把正确引导学生克服“朦胧爱”的工作摆在班主任工作的重要日程。要纠正熟视无睹，见怪不怪的思想，要克服片面强调“朦胧爱”在生理上的合理性，而忽视这种现象的危害性。当然也不必大惊小怪，草木皆兵，把正常的异性交往也视为洪水猛兽，班主任必须把这项工作提到履行班主任职责的高度来抓。

二、端正指导思想

在思想教育中始终贯穿“积极、慎重、关心、爱护”的原则，从善良的愿望出发，通过耐心细致的工作，争取良好的效果。既不放任自流，随其自然，也不搞“风声鹤唳，草木皆兵”，有什么问题，解决什么问题。要划清正常的异性交往和早恋的界限,不无端扩大事态,轻率地伤害学生的感情。只要学生无越轨行为和严重后果,最好个别教育解决,不要公之于众,搞得满城风雨。

三、"疏堵"结合

班主任一方面坚持正面教育,一方面辅之以必要措施。做到有理、有利、有节,并广泛争取家庭、社会的支持,加强社会控制。具体做法包括:

1. 开展理想、情操、人生观和爱国主义、集体英雄主义教育。在高年级组织"青春、理想、人生"的讨论,使学生胸有大志,珍惜黄金时代的大好时光,真正认识"朦胧爱",确立正确的人生追求。

2. 寓教于乐,开展各项有益青少年身心健康的文体活动,充实校园生活,如成立文学社团、文工团、各学科兴趣小组、小记者团等。组织开展知识竞赛、社会调查、联欢会、体育比赛、书评、影评等,以拓宽青少年学生的视野,丰富阅历,提高审美情趣。

3. 严明法纪,清除精神污染。一是要堵住"黄道",要协同有关部门切实加强对出版物(包括音像)的管理,坚决收缴、取缔和查禁黄色书刊和音像制品。青少年不宜看的影片要予以控制,消灭污染源,堵死污染通道。二是堵住"黑道",配合司法部门狠狠打击社会上教唆、腐蚀中学生的流氓犯罪分子。对屡教不改形成恶劣影响的学生要给予校纪、政纪处分,以儆效尤,纠正"教而不诛"的过分宽容、迁就倾向。

4. 上好生理卫生课,开展青春期教育。教师要了解学生青春发育情况及引起的心理反应。建立健全女生辅导员制度,并请校医、辅导员从不同角度共同开展青春期教育,消除学生的神秘感,使其正确认识生理变化,净化心理。

5. 教师树立良好的师德,用高尚的情操、严谨的生活态度影响和感染学生。

53. 学生"早恋"怎么办
——再谈学生的"朦胧爱"

目前,中学生的早恋现象有日趋发展的趋势。因此,采取何种措施防止这一现象的出现,已成为班主任应当认真对待的问题。

了解家庭、社会对学生出现早恋现象的不良影响,并千方百计予以消除,是解决学生早恋问题不可忽视的内容。但本文不想就此多说,只想从两个方面谈点建议。

一、掌握学生早恋的特点

青少年时期身体发育快,第二特征出现了,同时第三特征(男子气质和女子气质)也明朗化了。再加上好奇心和模仿心理强,什么都想自己尝试一下,还有的萌发了"我是大人了",我就是我自己的上帝等自我意识,从而产生了对异性爱的期盼和渴求。班主任必须掌握此时学生产生早恋的特点,以便有针对性地予以教育引导。

(一)朦胧性

感情模糊不清,似乎是爱,似乎又不是爱。辛弃疾词云:"少年不识愁滋味,爱上层楼,爱上层楼,为赋新词强说愁。"早恋也有类似情况,但不是"强说愁",而是"强说爱"。这些十三四岁的男孩和女孩,相互之间说"我爱你",其实他们还不懂得什么是真正的爱。有的是把对某个异性的好感当成了爱,有的只是出于对异性的好奇。正如青少年有"假性近视"一样,这是一种"假性的爱"。

(二)单纯性

和年龄更大一些的成年人相比,青少年的早恋是很单纯的。爱就是一切,不附加任何条件。他们幼稚无知,缺乏生活经验。他们天真的幻想往往会在现实生活面前碰壁。

(三)差异性

对于同一年级的学生来说,有的可能有了早恋的要求,甚至要求还比较强烈。但是有的可能在这方面没有什么要求。一般说来,女的比男的主动,这是女子比男子发育早一两年所致。例如:某中学初三有个女生,扔了一张纸条给一个男生,其中写有"我是盆中花,你是盆中泥"等句子。这是比较明显的求爱。但是这个男生却不知是怎么回事,竟然拿这个纸条去找老师。

(四)不稳定性

青少年的生理和心理正处于一个急剧变化的过程中,他们的理想、志趣、爱好、性格等也往往会同时发生变化,从而引起爱的变化。早恋时所说的"永远爱你"往往是一种天真的幻想和难以实现的空话。

二、应采取的措施

根据以上情况，应对青少年早恋采取如下措施。

（一）仔细观察预防

对中学生早恋，教育工作者要及时把握时机，防微杜渐。青少年犯这方面错误之前一般有如下心理征兆：①变得特别爱打扮，常对着镜子左顾右盼，迫切要求父母添置时髦的时装。②学习上有异常表现，上课注意力不集中，成绩下降，经常旷课、迟到甚至逃学等。③活泼好动的孩子突然变得沉默起来，不愿和父母说话，对弟弟、妹妹的态度也粗暴了。④在家坐不住，常找借口往外跑，瞒着父母去公园、溜冰场、音乐茶座等场所，有时还说谎。⑤放学回家时，喜欢一个人躲在房间里想心事，时常走神发呆。⑥情绪起伏大，有时兴奋，有时忧郁，有时烦躁不安，做事没耐心。⑦对描写爱情的文艺作品感兴趣，对电视、电影中的爱情镜头特别关注，甚至设法去看一些淫秽录像等。⑧喜欢打听男女之间的事，对儿女情长的事尤其感兴趣。⑨有时背着家长偷偷地写信，看到家长忙掩饰过去。⑩常有异性打来电话，或与异性同学传递小纸条。信也多起来，信件下角还不留地址。家长和教师可根据以上信号及时发现问题，进行预防教育。

（二）正确对待，正面引导

不要认为这是十分邪恶的事情，不要轻易把早恋和品质恶劣、思想落后画上等号。它是人到了一定年龄的本性的流露，但又是一种不可取的行为。家长教师对此不要压制打击，而要循循善诱，动之以情，晓之以理，说明危害。现在有的中学一经发现男女同学之间传递小纸条、递情书，就要记大过，或为了“杀一儆百”就开会点名批评，甚至开除。对此，我们既不应“一棍子打死”，也不要听之任之。应科学地分析，反复耐心地教育，适时地开辟第二课堂，转移他们的兴趣，发展他们的爱好特长，以丰富多彩的活动来丰富他们的生活，充实他们的头脑，陶冶他们的性情，引导他们树立正确的人生观，把事业前途放在第一位。

（三）加强青春期教育，提高免疫力

中学时期是人的一生心理、生理发展的关键时期，也是最易出现问题的危险期。有关专家认为，青春期教育应从儿童抓起，让他们学会自律、自爱、自尊，以抵御社会上的各种诱惑和刺激。通过教育，不仅使青少年了解掌握人的生理变化的科学知识，更重要的是使青少年养成自我情感调节和控制能力，用道德规范来约束自己,而自尊、自爱、自制才能避免无知的行为,使自己的身心健康地成长。那种反对对青少年进行心理、生理教育,“因噎废食”的做法是本末倒置,反而给正面的教育带来更大的困难。

(四)优化班级人际环境,扩大异性交往面

学校必须同党政部门密切合作,同各职能部门协调一致,加强文化音像市场的治理,运用法制手段制止不健康的文化产品进入市场,给青少年的身心发展创造一个美好的环境。没有这样一个大环境,学校教育难以奏效。

54. 消除学优生心理阴暗面怎么办

学优生的心理阴暗面指他们虽然在智力、学习成绩、日常表现等方面相对优秀,但绝不能一俊遮百丑。实际上这些学优生在心理品质上同时存在着不同程度的、不易被人发现的“心理阴暗区”,即心理上的种种弱点。可以说:“学优生都喜欢把光明的一面给人看,而把阴暗的一面隐藏起来(马克·吐温语)。”我们曾用问卷方式,对180名中、小学学优生进行过调查,发现学优生心理上不同程度地存在着下列问题:(1)争宠怕失宠;(2)喜表扬,怕批评;(3)好逞能示强;(4)当官意识强,服务意识差;(5)好嫉妒,怕别人超过自己;(6)贬低别人,抬高自己。其中,第(4)(5)(6)种表现尤显突出。一位中学生干部在日记中写过这样一首诗:“我崇拜超群出众的拿破仑,更喜欢他说的‘不想当将军的士兵不是好兵’。上帝既已令我为人,我怎能做人下之人,人中之人?我的目标是,做一名呼左喝右的人上人!”由此可见其支配欲之强。

学优生的心理阴暗面在很大程度上是由我们的教育工作者制造的。学生家长和学校教师在发现、发展学优生长处的同时,也制造了长处的副产品——短处,即由于经常性的表扬和奖励,刺激了学优生一味追逐名利、满足个人狭隘功利要求的强烈欲望,强化了学优生关于奖赏的片面认识,使学优生在头脑中逐渐形成了“展示个人长处则获得奖赏,加倍展示则加倍获奖”这样的心理机制。有人把这种现象比作做发面馒头,加入酵母菌之后面团膨胀起来,同时也使面团变酸。

学优生心理阴暗面的存在是一种普遍现象,它的潜在发展有两种可能:或者成为学优生向前向上发展、实现宏伟理想的动力,或者成为追求个人目标、满足极端个人主义要求的内因。消除学优生的心理阴暗面可采取以下四种方法。

一、关注思想

学优生存在的六个心理问题,无疑暴露了他们认知上出了偏差,甚至存在着一些心理品质问题。班主任有责任教育引导他全面认识一个好学生一定是德智体美全面发展的学生,只停留在学习优秀上不会成为祖国需要的真正人才。并发挥评三好、评优秀学生干部、综合素质评价加以导向。要重视培养学优生的好思想好品德,特别是集体意识和责任意识。

二、巧设障碍

学优生多因自己学习好而看不起别的同学,因此,任课教师和班主任要让他懂得天外有天,楼外有楼,促使他们保持一种危机感。如交给他们一些难题让他完成,当他们完成得不好时,既要鼓励他们继续努力,又要引导他知道现在学习成绩优秀,不等于永远优秀。与此同时,班主任一定要加大表扬些本人好学又肯于帮助同学和努力为班级服务的学生,为存在心理问题的学优生树立榜样。对进步较大学生的表扬力度更要加大,使学优生思想上产生一种可能被人超出的压力。

三、巧用暗示

当发现某些学优生在同学中好逞强、在名利面前斤斤计较时,班主任要及时指出,指出时要委婉巧妙,切忌点名道姓。如最近有的同学不大虚心,把名利看得过重,这不好。我们应当虚心、谦让……响鼓不用重槌。实践证明,委婉、巧妙地帮助学优生克服心理上的弱点,最容易达到预期的教育目的。

个别谈话。有些学优生对老师的委婉暗示不一定能意识到,显得“执迷不悟”。这时,老师应找其个别谈话。谈话时,先明确指出学优生的心理弱点所在。然后,晓之以道理,循循导之,给学优生提供改正的途径和方法。许多优秀班主任的经验表明,个别谈话是帮助学优生改正缺点、体现因材施教的最佳方法。

爱严兼施。学生成了尖子,老师倍加爱护、宠信,而忽略了对学优生的严格要求。因而,对学优生不能以长盖短,而必须爱寓于严,严寓于爱。要经常提醒学优生注意自省,用自己的短处去比别人的长处。当着全体学生向学优生颁奖,要号召学习优生;发奖之后,则要及时找学优生谈话;帮助学优生找缺点,鼓励学优生向更高的目标迈进。

四、更换工作

有些学生干部,组织能力强,在同学中有号召力,但自私心较重,让他(她)当生活委员发电影票,总把最好的座位留给自己;安排搞活动,将剩余的钱占为己有等。发现这种情况,老师要及时指正。如果该生改正的决心不大,要及时更换工作,令其担任其他班委职务。这样能从客观上杜绝学优生滋生私欲的条件,是有效而可行的一种方法。

学优生是学生中的英才。培养学优生,既要扬其长,也要弃其短。这样才能使全体英才在老师的培育下更加健康地成长。

55.后进生产生“被排斥”心理怎么办

目前后进生存在着许多心理障碍,阻碍着他们的进步。“被排斥”心理就是其中的一种。他总觉得由于自己学习成绩较差,各方面都遭到排斥,其中最重要表现有以下几种。

一、掌握“被排斥”心理的表现,有针对性地进行疏导

后进生总觉得自己在班里是被遗忘的角落,甚至是大家排斥的对象。这种被排斥的心理主要表现在以下几方面,班主任要根据这种心理及时予以疏导。

(一)被老师“排斥”

一部分学生由于种种原因造成学习成绩不好,总觉得老师不待见自己,各方面都低人一等,心理上的压抑感始终挥之不去,也不愿意或不敢与老师特别是班主任接触,怕遭到嘲讽和挖苦。他们也就成了班主任遗忘的角落,一些老师也认为他们不是读书的料,很少与他们沟通,不给他们以热情的帮助,更强化了他们被老师排斥的心理。对此,老师特别是班主任必须克服自己的定型心理,要看到他们具备的潜能和特长,并予以及时的表扬。要亲近他们,多与他们沟通,让他感觉到老师是爱他们的,并没放弃他们,使他们觉得老师是喜欢他们的。要增强他们的自信心,根据他们的实际困难,给予具体的帮助,使他们在进步中体验成功的快乐,看到自己有光明的未来。

（二）被同学“排斥”的心理

由于自己学习不如其他同学，而产生一种格格不入的心理。他们总是凭直觉思考问题，疑神疑鬼，甚至觉得原来的好朋友，也不如当初那样亲密，也在排斥自己。有些后进生对同学给予的帮助也视为看不起自己的自我显示和标榜，致使自己更加孤独，怪僻。消除这种被排斥心理的方法，最主要的是构建和谐的人际关系，要通过与他们沟通，消除其多疑心理。要引导其他同学多与他们接触，理解他们存在的多疑心理，在他们遇到困难时，热情地伸出援助之手。

（三）被父母“排斥”的心理。

一些父母不懂得爱的方法和育人的科学性，过度期望心理突出，当他们看到自己的子女学习成绩不够理想时，根本不注意调查摸底，关心疏导，而是不问情由地批评、责怪或者施以粗暴的训斥，并较长时间地对孩子报以冰冷的面孔和锐利的目光。“后进生”心理上被排斥的阴影越发感觉明显。做家长的要对孩子有合理的期望，改进自己的教育方法。

（四）被有关长者“排斥”的心理

长者对一些学生们的学习状况进行本能的询问和关心，往往触痛了“差生”们的“疮疤”。“差生”们发现有的长者对学习好的学生具有一种特别的偏爱，而对自己则表现出一定程度上的潜在的“排斥”性心理，所以这些“差生”们失落感明显，常常表现出一般人所没有的“无依无靠”的感觉。

（五）被有关活动“排斥”的心理

“差生”常常会羞于见人，班级、学校或团委会进行有关活动时，他们总是遮遮隐隐，甚至是“隐姓埋名”，虽然参加了一些活动，也显得十分勉强，忧心忡忡，总感觉到有人在戳自己的脊梁，有关活动不应该有自己的位置，集体性活动在“排斥”自己。

（六）被公众“排斥”的心理

由于自己是“差生”，在公众面前始终抬不起头来，感到自己的弱点好像已被人们一眼看穿，自己在被人们所鄙视，人们在朝着自己指指点点，自己已被公众所“排斥”。

二、“被排斥”心理的疏导方法

“被排斥”性心理是中学“后进生”的一种障碍性心理。他们在自己的幻觉中一直以为人们在排斥他们，歧视他们，他们迷茫的视野误会了别人。就是由于他们的“智育”之差，而常常导致他们自卑、自暴、自弃，不能正视自己。这种心理，往往能使一些“后进生”，发生一些使人难以想象的变化，诸如厌学弃学、嫉恨同学、疏远他人、恶作剧、干扰别人、顶撞老师，甚至离校闯荡、看淡人生等等。“被排斥”性心理直接影响着相当一部分学生奋发进取、自强自立的信心，甚至能够引出一些令人失望、惋惜的不良后果。所以我们对中学“差生”的“被排斥”性心理要进行认真的疏导，妥善做好各有关方面的工作。

（一）要尊重，忌歧视

导致学生学习成绩差的原因很多，其中学习方法的欠科学性，可能是其中的主要原因，所以我们要对“差生”进行全面的了解，以“对症下药”。首先需要的是要尊重“差生”，消除他们的疑惧和“被排斥”性心理，帮助他们改善未来的人际关系，切忌疏远“隔离”他们，要让他们抬头走路，指导他们学会处理好人际关系的和谐性。

（二）要安慰，忌揭短

中学生们正处于活跃的青春期时期，出现一些冲动，给老师和班级带来一定的麻烦应视为正常。作为教者应该具备的是疏导和安慰，切忌揭短，切忌对他们算陈账、算总账，以防止把学生推向被排斥的心理感应之中去。

（三）多宽容，巧惩戒

一些学生在某些环节中出现这样那样的“失误”，完全都在情理之中，班主任切不可以成人的目光去对待他们，要有一定的宽容性。青少年犯错误，连上帝也会原谅。需要惩戒的时候也要明确目的，不可体罚和变相体罚。

（四）要信任，给机会

所谓“后进生”，只是某一方面暂时落后，不等于其他方面都落后。他们有些方面并不差，甚至有一些学优生无可比拟的特长和思想品德方面的优势。班主任要信任他们，要克服以偏概全的思想，善于发现他们的优势，并给他们创造展示优势的机会和舞台，鼓励他们为集体服务。

（五）要帮助，不放弃

学习后进生，由于种种原因造成学习成绩差，这已经给他们造成了极大的精神压力，此时，他们最需要的是老师和同学们的帮助，非常害怕被集体抛弃。班主任要在了解这种心理的同时，帮助他们分析成绩差的原因，有针对性地给以帮助和指导。

56.解决后进生傲慢态度怎么办

在现实生活中,我们常常会看到这样一种情况:某些学生尽管成绩很差,但不仅毫无人们所想象的那样"羞怯自卑"表现,反而比一般学生更"神气",见了同学和老师,尤其是见了那些经常被老师表扬的"学优生"和爱以"严师"自居的班主任,更是表现出一副满不在乎,甚至是不屑一顾的神态;他们对于一切荣誉性场合,除了拒绝参加外,总是持玩世不恭的态度,或三五成群"招摇过市",或一人独行"横冲直闯",对人对事,持论偏激,一语不合,挥手相向,甚至以"看透世界"的"生活哲人"自居,等等。

究竟怎样看待和分析上述这种"反常""傲慢"态度,是每个教师,特别是班主任教师必须认真思考的问题。

一、剖析傲慢态度掩盖下的心理状态

心理学理论告诉我们:人有各种心理需求,不同年龄、不同身份、不同处境的学生,其需求是不同的。每位学生,都渴望取得好的学习成绩,得到他人特别是班主任的好评和尊重,这是很自然的事,但由于每个学习者的具体情况不尽一致,一部分人的这种心理需求不能很快得到满足,从而使他们产生一些相反的情感体验,而这些情感体验同样又因其个体的千差万别以不同的形式表现出来,如:有的表现为忧愁焦虑、羞怯拘谨;有的则表现为激愤恼怒,烦躁不安。通常人们对前一种表现容易理解,而对后一种表现则易产生诸多偏见和误解,不惜在言语和态度上挖苦、冷视,以致酿出一些恶性循环的悲剧。之所以出现这种情况,主要是教育者未能细心观察和科学分析的缘故。

一些善于观察的班主任会发现,那些在公众场合通常表现得"不可一世"的"后进生",一旦一人独处、面对自己的时候,就会表现得垂头丧气、一副黯然神伤的样子。可见,在他们十足的"傲慢"背后,掩藏着极度的自卑。他们之所以要在人多的场合表现出一副傲慢神态,主要是出自一种病态自尊和自卫的需要。由于学习上的失败,使他们在社会人际关系中处于一种"难堪"的境地,自尊心受到严重的挫伤,而这时他们往往又受到一些来自各方面的刺激和打击:如家长的责

难,同学的歧视,一些教师的不适当批评等,这就极易使他们产生激愤、恼怒的对抗心理和出于本能的反抗与自卫。

在公开场合,他们的神经便格外敏感,对周围的一切都持怀疑、警戒态度,甚至敌视态度,尤其是对那些比较明显的"目标",如学优生、班干部,特别是班主任,更是"严阵以待",采取主动进攻态度。经验告诉我们,一旦他们的学习成绩好转,周围环境改善,他们的这种"警戒"便会不撤而除。

二、分析傲慢态度的原因

出现上述这种情况的原因又是什么呢?也就是说,为什么同是一种自卑心理,有的学生却表现为"傲慢"的神态?其一,这与人的年龄有关。细心的班主任会发现:低年级儿童一般不会出现这种情况,这类情况多发生在高年级,而又以高中阶段的学生最多。这是因为人随着年龄的增长,社会知识的增多,其自尊心理也随之增强,同是一种刺激,在他们心中引起的"震动"(矛盾)远比低年级儿童要激烈复杂得多,他们对自尊的要求,已不再只是满足于获得他人口头上的好评,而是更加看重自己在社会人际关系中所处的实际地位。同时在表现形式上也曲折隐蔽得多。这并不是品德问题,而是人心理发展的自然现象。其二,与人的气质和性格因素有关。气质是影响一个人情感发生快慢强弱、组成有关活动能力大小的具有生理解剖意义的个性心理特征。性格是影响一个人对客观现实态度及其行为方式具有很强社会因素的个性心理特征。不同气质和性格的人在同一事物中其反应形式是不相同的,同是一种心理需求未获满足,多血质和性格开朗的人,多表现为一时的情绪低落,随着时间的推移和其他事情的介入,其情绪就会很快转移;抑郁质和性格内向怯懦的人,则常是忧愁焦虑,自艾自怨,以致在行动上畏缩拘谨,胆怯怕羞;黏液质和性格倔强的人,往往是耿耿于怀,怨天尤人,平时精神不振,遇事一意孤行;胆汁质和性格暴躁的人,最易表现为激愤恼怒,恨己仇人,甚至歇斯底里,不顾一切。从上述四种气质和性格的表现来看,多血质和性格随和的人与抑郁质自信力较差的人一般不易出现像前面所述的那种"傲慢"状况:而黏液质、性格倔强的人和胆汁质性格暴躁的人则易出现那种情况。当然,影响一个人情感的表现行为方式的具体因素很多,除上述的年龄和气质、性格因素外,如男女在生理和心理上的差异,家庭和社会方面的教育,个人成长经历以及教师的教育方式等,也都是重要的影响因素。总之,人的心理现象是非常复杂的,班主任必须通过细心的观察,科学的分析,透过外在的表面现象,把握内在的本质,并找出具体原因,做到“对症施治”,使自己的工作有理、有据、有法、有效。

三、针对不同情况对症施教

在明确了后进生“傲慢”实质和原因之后,应该怎样对症施治呢?

首先,作为班主任,必须充分真诚地尊重、理解和体谅这类学生,尊重他们的人格,理解他们的心情,体谅他们的难处,不要老是“恨铁不成钢”,一味地批评指责,尤其是不要当众讽刺挖苦他们,形成对立情绪。对他们的问题一般宜采取分别分散方式解决,使其真正从内心感到教师是关心和爱护他们的,也只有这样,班主任才能取得教育主动权。

其次,作为一个学校,特别是一个班集体,要为他们创立一个良好的学习环境,使他们能够经常获得一些好的情感体验,这包括:①消除他们周围的一些消极因素,如家长和亲友的责难,同学伙伴的轻视和讥嘲。②针对他们的特长专门开展一些有利于他们才干发挥的活动,或让他担任一些适合于他们的职务,使其肩负某一方面的责任。③有意识地控制某些不利于他们的数据量化或量化标准,如考试分数等。这并非不实事求是,而是一定教育艺术的运用。苏霍姆林斯基就曾主张不要轻易给学生打不及格的分数。一些有经验的教师也常常在学生屡遭失败的情况下,避免对他们进行分数量化,或适当地调整量化标准。④在有条件的情况下,组织一些有关生产或科学技术方面的校外参观,推荐一些富有启迪性的课外读物(如名人传记,动物世界,科学园地,生活常识等等),从多方面激发他们潜存的求知兴趣,改变他们对生活的看法。

总之,人的心理现象是复杂的,教学育人的过程也是复杂的,它既是一门科学,又是一门艺术;是科学就得正确分析实情,遵循客观规律;是艺术就得讲究教育方法,注意教育技巧;只有将二者在实际中很好地统一起来,才能获得教育的成功。

57. 单亲学生产生心理问题怎么办

近些年单亲学生在增加,除了偶发事故外,主要是因父母离异造成的单亲学生。这种情况给教师特别是班主任工作提出了严重的挑战。单亲学生有很多优点，如独立自主、能力较强等，本文只就他们容易出现的心理问题及解决办法，和班主任们共同探讨一下。

一、单亲学生较多的心理问题及形成原因

（一）恐惧心理

因父母离异或因事故而失去父（母）的单亲学生，都有天塌下来的感觉，由于失去了父（母）的爱和呵护而陷入了无人保护的恐惧之中。这种精神上的伤害，在他们的心灵里是很难抹去的阴影，而使他们形成了难以回避的失落感和无助感，单亲学生立即会产生一种不安的恐惧感。他们一般都胆小怕事，急需有人伸出援助之手。

（二）自闭心理

由于父母无休止的争吵，以至于离异，造成家庭的不健全，使孩子感到这是家庭的耻辱、自己的不幸，甚至不敢与任何人诉说，于是把心门紧闭，与外界隔离，觉得根本就找不到倾诉的对象。心中的苦恼、抑郁、焦虑等不良心态逐渐在心里积压起来，成为沉重的心理负担，家庭的悲剧，使他们不想与他人交往。他们觉得，少些与外界的接触就会少些矛盾，就会减少自己的不安全感。这样时间久了，单亲学生的自闭心理逐渐会使其养成孤僻的个性，影响其健康成长。

（三）自卑心理

家庭的不完美，使得单亲学生认为自己不如同龄的伙伴。例如，他们总觉得没有同龄人幸运，甚至会认为自己没有别人漂亮、潇洒、智商高等等，心理上的劣势，会使其产生严重的自卑感。同时，他们对于其他人的交流也会很在意，生怕别人谈论自己家庭的不幸。在别人谈论他们自己比较敏感的话题时，也多猜疑。这种自卑心理妨碍了他们的正常交往，甚至造成心理闭锁。

（四）自护心理

家庭的不健全，使得这些孩子做事情往往从自身状况出发，因此思考问题的角度和范围不可避免地带有自我保护的主观色彩。他们总是在想少了父母的关爱和保护，就全靠自己保护自己了。有时候甚至不顾别人和集体的利益，只要是与己无关的，都可以被高高地“挂起来”。这种心理是非常正常的，但时间久了可能造成人际疏远，甚至不和谐。

（五）矛盾心理

单亲家庭的孩子与别人情感的交往上存在着诸多心理矛盾。他们希望和老师、同学交往，又怕老师同学看不起；希望赢得别人更多的友爱和关怀，又担心被别人怜悯；不愿意被人冷漠，又怕家庭的不幸暴露；希望得到老师同学的理解，又怕受不公正的待遇等等。对于单亲学生来说这种心理矛盾，会给他们带来难以想象的苦恼，必须给予高度关注。

二、单亲学生心理问题的对策

单亲学生的心理问题的主要成因是家庭残缺，失去家庭的温暖和父母的关爱。因而不管采用什么方法进行教育引导，都应当从爱出发。在谈这个问题之前先看一个典型的案例。

在美国一所小学里，汤姆森老师教五年级，开学时她对学生说："我是你们的老师，我爱你们每一个人。"说完之后，她有点心虚，因为她不喜欢其中一个小孩子。这个孩子叫泰迪，又脏又懒，上课从不认真听讲。说了这话之后，汤姆森老师想既然已经做出承诺，就应该兑现，要对他多些关心。于是她把泰迪的资料拿出来看。在泰迪的资料上，一年级老师写着：这是一个多么天真可爱的孩子，很喜欢他；二年级的老师也说：他是一个出色的学生，作业本干净整齐而且学习能力很强；三年级的老师说的情况却是：妈妈病重，爸爸不关心他，他的功课在退步；到四年级时，老师说：他妈妈去世，爸爸酗酒，他根本就不念书了，除非采取什么措施，否则这孩子就毁了。

了解到泰迪的不幸经历后，汤姆森老师开始真正关心起泰迪，常常找他谈话，鼓励他。那年的圣诞节，每位学生都为老师准备了圣诞礼物，并且包装得漂漂亮亮的。轮到泰迪送礼物时，全班同学哄笑起来。泰迪的礼物是用牛皮纸袋包起来的。老师接过礼物让大家安静，然后打开，里面是一串石头项链，有的地方还缺了几颗，另有半瓶香水。汤姆森老师拿起项链戴在脖子上，又用香水喷了两下，说："我好喜欢这瓶香水。"

下课后，泰迪没有走，他留下来对汤姆森老师说："看到老师戴着这条项链，我想起了我的妈妈，这香水是我妈妈最喜欢的，闻到它的味道，我觉得好高兴。"泰迪走后，汤姆森老师趴在桌子上哭了。

一年后，孩子们要毕业了。一天，从门缝里塞进来一个信封，汤姆森老师一看，是泰迪写给她的，信上说："你是我最好的老师。"六年过去了，汤姆森老师又收到泰迪的信,他已经中学毕业了,信里说:“我是以全年级第三名的成绩毕业的。你是我遇到老师中最好的。”四年之后,泰迪又写信来,说他以优异的成绩大学毕业了,还是说“你是我最好的老师”。又过了四年,已经做了医生的泰迪又来信,信里除了再次说“你是我最好的老师”之外,还加了一句:“我认识了一个位女孩子,我要和她结婚了。你可不可以来参加我的婚礼,并且坐在我家长的位置?”汤姆森老师当然很愿意去。在婚礼仪式结束后,汤姆森老师走上去和新郎拥抱并祝福他,泰迪轻声说:“谢谢你对我有信心,没有你就没有我的今天,你改变了我的一生……”汤姆森老师再也忍不住了,哭了出来,她说:“泰迪你错了。是你改变了我的一生。如果没有你的话,我还是会把改作业、批考卷这些当做最重要的事情,而把人放在一边。认识你以后,我才知道,最重要的是我能够去关心别人,有热忱,让孩子们感到被尊重,成为一个自信的人。”

今天泰迪已经成为美国爱荷华州一个地方基督医院的院长,有一整幢楼是以他的名字命名的。

（一）最重要的事情:关爱、尊重学生

单亲学生缺的就是爱。这个故事告诉我们抚平学生的心理问题的良药是爱和尊重。具有爱心的老师是最好的老师,热爱所有学生的班主任是最好的班主任!换句话说,在一个好教师、好班主任的眼中,最需要爱的是那些失去父(母)爱的单亲学生。对于单亲学生来说,尤其需要老师们落到实处的爱。主动找他们谈心,从生活、学习等各个方面给他们以帮助,尤其要在精神上多加鼓励,帮助他们走出自卑、恐惧和孤独的心理,用爱心抚慰心灵创伤,用尊重诠释人间的温暖。教师要经常对单亲学生的心理、行为等方面进行跟踪了解、详细记录,并做好保密工作,还要注意定期与家长联系,掌握单亲家庭学生在生活中的动态和情况,以便进行教育方式的调整。要有耐心,不怕反复,多些理解,多些信任,多些宽容和爱心。

然而,要真正成为一个好教师特别是班主任,又确实不是一件容易的事情。因为,爱不是刻意的表演,爱是心田里自然流出的甘泉,是一种无私的奉献,是一种实实在在的人文关怀。当你真爱学生时,你就能充分地理解、尊重、信任学生,就能毫不犹豫地为学生付出自己的一切,并从不企求回报。所以,一个“爱”字说起来容易,爱所有的学生很难,毕竟学生是千差万别的,单亲学生和不讨人喜欢的学生是客观存在的。作为一个常人,面对这样的学生,爱的情感是很难产生的。汤姆森老师是我们的榜样。

（二）最需要做的：营造和谐的班级氛围

单亲学生因失去了家庭的温暖而产生了种种心理问题，班主任就要从满足他们的归属感、安全感、依恋感出发，把班级建成一个充满“家”的温馨的和谐集体，给单亲学生另一个“家”。班级是学生学习、生活、交际和游戏的重要场所，班级心理环境的好坏，会直接影响到在这个群体里生活的学生是否能养成良好的学习习惯、建立和谐的人际关系、形成健康的个性品质。同学既是学习的伙伴，也是生活的伙伴，更是情感的伙伴，同学间建立的良好伙伴关系对于抚平单亲家庭孩子心灵上的伤口有着重要的作用，同时也使得他们有了归属感，享受到大家庭的温暖。所以，班主任要注重良好班级心理环境的创建，引导教育学生不要歧视、嘲笑单亲家庭学生，努力让单亲家庭学生在平等、尊重、轻松、和谐的班集体里感受到“家”的温馨与暖流。

（三）最重要的手段：开展活动

班集体活动的开放性和动态性，可以使单亲学生从自我封闭、自卑和孤独无助的心理氛围中走出来。在活动中增强生活的乐趣、勇气和自信。班主任应该积极创造条件，定期组织一些活动和比赛，如召开“我有一个家”（“家的温馨”）的主题班会，不仅可以把班级营造成团结和谐，同学间亲如兄弟姐妹的大家庭，更重要的是可以满足学生，特别是单亲学生的安全感和归属感。再如，可有针对性地组织一些演讲、文体、书法比赛等，鼓励单亲学生积极参加。借助这些活动，为他们提供展示自身价值、树立自尊形象的舞台，让单亲学生在活动中超越自我，找到成就感。另外，对有一定特长和组织能力的学生，班主任还可以有意识地把活动中最重要的任务交给他们，培养他们的自信心和责任感，增进他们与其他同学的友谊。对能力较差的单亲学生，也可以有意识地让他们做一些力所能及的事，以提高他们的自信心。

（四）最应当注意的：心病当用“心药”医

单亲学生因家庭破碎、失去父母的爱所造成的心理问题，必须要用“心药”医治。这种“心药”最重要的一味是爱心，除此之外还有以下三味：

1. 细心了解，走进心灵；

2. 诚心帮扶，抚慰心灵；

3. 心灵关怀，美化心灵。

58. 学生考前极度紧张怎么办

考前极度紧张(或称考试焦虑)是学生身上经常出现的一种对考试情境的敏感反应。希望考好又怕考砸,这种对考试结果无法预知的处境使考试本身成了一种威胁性刺激,于是产生紧张焦虑的反应。

考试焦虑产生时,会伴随一系列的身心反应。生理上表现为肌肉紧张、心跳加快、血压增高、额头出汗、手足发凉等;心理上产生烦躁、担忧、无助、胆怯等情绪反应,对自己缺乏信心和自我否定。当考试焦虑加剧时,其反应也更为强烈,如眼花耳鸣、头昏脑涨、注意力无法集中、思维处于僵滞停顿状态等。

一、考前紧张的原因

考试紧张是对考试的一种正常心理反应,但极度紧张就会影响考生的临场发挥,无法取得理想的考试成绩。有些学生对考试形成了一种过敏性反应,一考试就紧张,烦躁不安,备受煎熬。究其原因,有以下几点:

(一)自我期望过高

许多考生对自己抱有过高的期望值,明知道无法实现,可还要强制要求。当感觉自己力不从心时,紧张和焦虑便油然而生。

(二)知识准备和应试技能不足

对所学知识掌握多少,是否巩固,都会影响学生应试时的焦虑水平。如果知识准备不足,就会导致信心不足。本来就心情忐忑,一旦试题与自己准备的不符,就会更加紧张,结果必然导致高焦虑。有些考生平时不按计划学习,基本功不扎实,复习时间分配不合理,准备不充分,临考前拼命地临阵磨枪,夜以继日,加班加点,而真到考试时却已经疲惫不堪,怎能发挥出最佳水平呢?一些考生缺乏必要的应试技巧,不分主次和难易,一遇难题阻路便一筹莫展,不会合理分配考试时间,也加剧了情绪的紧张程度。

(三)对考试结果的过分担忧,导致自信心不足

考生的自尊心越强,越怕承担失败的考试结果,尽管自己已经很努力了,但一想到面对一个坏结果,就紧张异常,信心顿失。

（四）来自师长的压力

父母的补偿性期待，即期望通过子女来实现自己的理想价值，是部分学生产生临考紧张的原因之一。按照自己的期望来设计孩子的未来、培养孩子的兴趣爱好并在学习上不断地施压是许多父母的惯常做法，这必然会导致子女的学习负担加重，考生一旦想到无法达到父母的要求，就容易出现郁闷、纠结、烦躁、焦虑等心理反应。

教师的期待可能会成为考生的应试压力，因为学生十分珍惜教师的这种“关爱”，总希望自己能考出好成绩以谢师恩，为自己也为老师脸上添光，这种期待心情无疑会给学生增添几分压力。

（五）同学间的学习竞争

同班同学之间存在着竞争，大家争先恐后，害怕别人超过自己，尤其是成绩好的同学竞争更加激烈。彼此间暗暗努力，加班加点学习，形成一种对抗心理，久之，就会产生无形的心理压力和应试时的紧张心情。

（六）学习方法不合理，缺少可行的学习计划

有关调查表明，只有46%的高中生有适合自己的学习方法，有一半以上的学生没有自己的学习方法，或学习方法不当，而有学习计划的学生也仅占四分之一。缺乏计划和学习方法不当的人固然难以对学习树立起信心，心理有一种预期的紧张，对未知的考试结果过分担心、期望和关注。在这种心理支配下，自我调控能力下降，自信心不足，心理总处在一种恐惧和紧张焦虑之中。

（七）情绪和意志等人格因素的影响

不能有效地自我调节。有些考生在考前及考试过程中情绪处于极度兴奋和极度抑郁状态，情绪波动大，有时一点小事情也能引起他们内心的巨大震撼，情绪难以受理智控制，容易心烦意乱，喜怒无常，无精打采，稍遇不顺便怨天尤人，或认为自己一无是处。

二、如何消除考试紧张

（一）调整期望值，培养良好的个性

期望值是自我期待的预期值和目标，它是影响学生考试焦虑的重要因素。期望值是否适度，直接影响考生的动机水平、情绪状态和临场发挥。研究表明：过高的期望值会给学生造成较强的心理压力。因为目标订得太高，超过了自身

的实际能力,就会担心没有实现的把握而失去信心。同时,也会使考生在考前过分担忧而分散注意,因此,适当调整期望值,切合实际地提出目标和期望,这是非常重要的。

(二)平稳心态,正确对待考试

考试成绩在学生心目中无疑占有很重要的位置,它不但会影响到考生的升学就业,而且会影响到家庭、学校、社会对考生的评价。把考试视为决定自己终身命运的"生死战",认为考不好就没有前途的考生,肯定会背上过重的思想包袱,成天提心吊胆,害怕失败,而不能专注于学习本身。一旦考生改变了思维的刻板模式,认识到成才道路的多渠道性,考试焦虑自然是会降低的。

(三)积极复习准备,夯实基础

1. 知识储备与应试技巧

认真复习,充分准备,将考试内容融会贯通,举一反三,是提升考试信心、避免过度紧张的有效做法。此外,还要学会应试技巧:①要稳定情绪,全身放松。②在答题前要浏览试卷,统观全局。③回答每道题前,一定要认真审题,理解题意。④排列好答题顺序,贯彻先易后难原则,统筹兼顾各题,恰当分配答题时间。⑤不忽视任何细节。⑥注意克服定势的干扰。⑦先求正确,再求速度,考试时能做一点就做一点,增加一分也好。⑧做选择题时只要不倒扣分,尽量给出猜测选择。⑨合理使用时间,不要提前交卷。⑩考完退场后,不要急于对答案。

2. 体能和心理准备

有不少考生在考前拼命复习功课,作息时间颠倒,生理功能紊乱,睡眠不足,缺乏体育锻炼和文娱活动,一门心思想在考前多往头脑中灌些东西,致使大脑过度疲劳,体能下降,精力不济,头晕,失眠,食欲不振。所以,考生要注意充足的睡眠和合理的膳食,并进行适当的体育锻炼。

3. 物质准备

在考试的前一天晚上,就应该准备好准考证、文具用品、手表等,避免由于物质准备不足诱发考场上的焦虑。

(四)学会放松,多做积极暗示

安静下来,暂停阅卷、答卷,静静伏在桌子上稍作休息,或把目光移向窗外的景色,转移注意力,停止有关考试活动的强制性回忆。还可用"调整呼吸法",即全身放松,多次做深而均匀的呼吸,呼吸时大脑最好排除其他杂念,双眼注视一个固定的目标或微闭,反复有节奏地呼吸,这样也会很快消除怯场。再有,采取“积极心理暗示”方法,进行自我暗示。如:“我能行”、“我做了充分准备,一定会有回报的”、“这次考试我定能发挥出自己应有的水平,取得不错的成绩”、“这次试题难,大家都一样”。

可见,正确的人生观、价值观、坚定的信念、崇高的理想、明确的学习动机、积极的学习兴趣、开朗的性格、顽强的意志及良好的情绪等都有利于克服考试焦虑,而且考试焦虑并不可怕,只要对考试有正确的认识,考前做好充分准备,学会自我调节的方法,考试焦虑是可以调适的。

59. 学生心理脆弱经不起挫折怎么办

学生在学习生活中遇到难以克服的障碍和困难时,极易产生焦虑、紧张、沮丧、失意的情绪,这就是心理挫折。如现实中有的学生有了缺点被老师批评后心里就承受不了;在活动中经常受表扬,偶尔做得不好被老师指出时,就再也不想参加活动了;在与父母外出,索要东西得不到满足时,就会产生消极悲观情绪。这些现象都不利于学生心理健康发展。教育学生正确面对挫折和失败,提高耐受力,才能使学生在以后的生活中遇到各种困难和挫折时都能应付自如。怎么对学生进行帮助呢?

一、正确地认识学生挫折的特点

中小学生和成人比,他们的心理挫折,要比常人频繁得多,引起的焦虑、紧张、失意等消极体验的强度也比成人强得多。这是由他们的身心发展所决定的。他们的意志一般较为薄弱,容易受到暗示,自制力较差,情绪也比较敏感、丰富,情绪容易变化,容易产生激情,因此在面对挫折时,在行为上容易表现出失控的、没有目标导向的情绪行为。这种不良的情绪反应和消极行为会影响其个性的形成和发展,正确认识学生挫折的特点,有助于培养其耐受能力,也会对其个性发展产生积极影响。

二、引导学生做好应对挫折的思想准备

要引导学生正确认识到挫折是难免的。开展各种生动活泼的活动使学生懂

得社会生活极其复杂,充满矛盾,个人的需要不可能百分之百得到满足,遇到挫折是难免的,许多获得成功的人都遇到过生活的挫折,他们正是克服了种种困难后,才取得成功。教育学生不被困难吓倒,勇于面对困难,不退缩,提高自己的抗挫能力。只有这样,做事才能成功,才能创造美好的生活。所谓"心想事成"、"万事如意"、"一帆风顺"等等是人们的一种美好的愿望和理想,实际上人们在现实生活中,总有某些方面的目标不能实现,也总有事情办不成功,总要遇到这样或那样的挫折,只是轻重程度不同,产生影响不同而已。

三、帮助学生分析挫折

学生生活中的挫折,多是自身需要与客观环境产生矛盾或自身需要与自身能力不相适应而产生的。例如上课举手发言回答不够正确,在某些竞赛活动中未得奖,星期天想去游乐园,家长没有时间陪伴,看到同伴的玩具好玩、学习用品好,想让父母买,父母又不买。一般来说,学生对自己力求达到的目标抱的希望越大,失望越强烈,所受挫折就越大。班主任应从学生的情绪变化中发现他们的心理挫折,帮助分析原因,引导学生渐渐学会根据自己的能力和客观条件确定希望目标。

四、培养学生坚强的意志品质

耐挫能力是一个人意志是否坚强的标志,意志品质的培养和耐挫能力的培养密切相关。学生受年龄、知识经验储备的限制,在探索过程中易受挫折。当他遇到困难时,成人要给予鼓励,启发他们思考,寻找解决问题的办法。在学生初次坚持和克服困难的过程中,班主任应给予适当的隐蔽性帮助,使他们获得通过自己努力后成功的体验,以达到增强自信心的目的。对学生的成功要及时抓住闪光点进行表扬和鼓励,对其行为及时加以肯定。当困难较大时班主任可将大目标分成若干个容易达到的小目标,再放手让他们自己去干。还可通过学习、游戏活动,让学生在轻松愉快的气氛中得到意志的训练。也可通过设置符合学生年龄特点的一些困难,增加活动难度,锻炼他们。例如让学生学习做解放军站岗,学交警指挥交通等,从而培养坚强的意志及自控力,使其具有一定的耐挫能力。还可为学生树立榜样,当学生意志活动出现消极倾向时,班主任把学生心目中熟悉的意志坚强的榜样提出来,这样学生很容易受到榜样的感染,从而顺利完成培养其意志能力的过程。

五、教给学生积极对待挫折的方法

教育学生不要被挫折吓倒,要敢于面对挫折,敢于迎着困难上。

1. 帮助学生树立战胜挫折的自信心,同时对学生战胜困难的愿望和能力进行可靠性评价,让他们靠自己的力量克服困难,战胜挫折。

2. 创设挫折情境。班主任可通过创设某种受挫情境,结合学生的实际生活,指导他们采取适当的情绪控制行为,帮助他们运用克服困难获得成功的正确手段提高耐挫力。比如:老师在课堂教学中,采用根据图片讲故事的形式让学生身临其境地体验某种受挫情境。老师可激发学生进行广泛的讨论,让他们自己找出合理的行为方式对待所遇到的挫折。还可教学生利用语言暗示自己,消除自卑感,把受挫的行为目标分解为一个个具体的目标一一实现,让学生体验成功的喜悦,形成一定的耐挫能力。

3. 角色扮演是较有效的方法。让学生特别是低年级学生,亲自扮演有一定耐挫能力的角色,从而更好地理解他人面临挫折时采取的积极行为,体验他人在受挫情况下的心情转换,知道哪些情绪和行为是合适的,从而在某种程度上认同了,并在以后的生活中应用。如扮演故事中的科学家,使学生按所扮演的角色行为来鞭策规范自己,体验科学家获得成功的坚强意志,使学生在不知不觉中学习掌握耐挫的技能。

4. 调节情绪。这是针对学生受挫后的种种消极情绪,教之以不同的调节、控制方法,班主任必须注意学生情绪变化,以便及时指导他们对已有消极不良情绪进行调节矫正,另一方面应该以高尚、积极、健康的情感介入,为学生情感发展提供正确的方向,促使学生形成高尚积极的情感。例如转移注意力(听听音乐、郊游、打球、参加聚会),也可以用语言暗示来调节学生情绪,还可用一些非攻击性的为道德所容的宣泄方式适当发泄。

总之,教师特别是班主任应当关心受挫学生,帮助他们分析受挫原因,克服障碍,增强自信心,培养乐观坚强的心理素质,促进他们社会适应能力的发展。

60.学生意志力差怎么办

一、充分认识培养学生意志力的重要性

意志力是一个人自觉确定目的,克服种种困难,不断地调节和支配自己行为,实现预定目的的心理过程。意志力是人们认识、改造客观世界和主观世界,发展能力、走向成功不可缺少的心理素质。作为一种巨大的精神力量,它既调节人的外部行动,又调节人的内部心理状态,成为推动人们矢志不渝、不懈努力的动力。

纵观古今中外,凡是取得辉煌成就的人,靠的不仅是他们的聪明才智,更是他们坚韧不拔的意志力和百折不挠的信心。

当代中小学生的心理素质从总体上说是不错的。立志勤学、活泼开朗、积极向上、思维活跃、视野开阔等,但是,大多数中小学生都是独生子女,家庭宠爱有加,使他们吃不着苦,受不着累,娇骄二气严重,缺少磨练,什么事都依赖家长,缺少自立能力和自制力。特别在"应试教育"影响下,他们的学习和升学压力又很大,遇到困难和挫折常常表现为缺乏意志力,心理承受能力差,从而影响自身学习、生活和身心健康的发展。

今天的中小学生,将是21世纪的主人,是中国社会主义现代化事业的建设者和接班人。他们只有具备吃苦耐劳、锲而不舍、持之以恒的意志力,具有面对困难不畏惧的勇气和承受挫折的能力,才能担当重任。才能使中华民族在激烈的世界竞争中立于不败之地,屹立于世界民族之林。

意志品质反映了中小学生意志力的发展水平,培养学生良好的意志品质,就是培养意志力。

二、怎样培养学生坚强的意志力呢

坚强的意志力不是与生俱来的,与一个人先天素质、教育和锻炼是分不开的。中小学生正处在人生转折时期,也是培养坚强意志力的最佳时期。

(一)帮助学生树立远大理想,为坚强的意志力养成奠定基础

坚强的意志力和一个人的世界观、人生目标、理想有着密不可分的联系。意

志力受理想、人生目标的制约,伟大的目的产生伟大的毅力。学生只有树立远大理想,明确人生追求的目标,才会有崇高而执著的追求,才会有克服困难的巨大动力,才会有伟大的行动。只有帮助学生树立远大理想,才能使他们为实现理想而磨练意志力。

(二)在日常学习、生活中培养学生坚强的意志力

远大理想要和具体生活、学习相结合。坚强的意志力要在实际生活中培养和磨炼,“宝剑锋从磨砺出,梅花香自苦寒来”。只有通过在日常学习生活中与困难做斗争,在艰苦环境中磨炼,才能磨炼出坚强的意志力。自古雄才多磨难,从来纨绔少伟男。学生在生活和学习中,不可能是一帆风顺的。教育学生遇到困难,不能绕开,而是要勇敢去面对它,主动去克服它。要充满信心,相信只要自己付出努力,克服了困难,就会获得成功。

教育学生不要认为只有经历大事才能磨炼意志力。列宁说:“要成就一件大事,必须从小事做起。”只有在小事上锻炼自己的意志,才有可能在遇到大事时表现出坚强的意志力。要使学生明白:如果不在日常学习、生活中加强意志力磨炼,就不会养成坚强的意志力。所以不要小看上课注意听讲、按时完成作业、遵守学校各项规章制度、坚持体育锻炼等等这些“小事”。这些“小事”都是培养坚强的意志力不可缺少的重要途径。只要持之以恒,认真对待这些“小事”,就会逐步养成坚强的意志力。

(三)在集体之中,依靠集体力量培养坚强的意志力

每个人都离不开集体,必须生活在集体之中。社会、家庭、学校、班级都是大大小小的集体。学校要多组织学生参加集体活动,集体活动对学生坚强的意志力养成起推动作用。为了集体的荣誉和利益,学生一般能克服困难,努力去做好。要动员学生主动到社会生活中“自找苦吃”,通过做好人好事,参加劳动等,培养学生吃苦耐劳的精神,体验磨炼意志力的乐趣,激发他们养成坚强的意志力的信心和决心。

(四)有针对性地采取不同方式,培养坚强的意志力

首先,每个学生的意志力发展水平不一样,有明显的差异。要针对学生意志力的表现认真分析,找出弱点,针对弱点制订加强意志力磨练的计划。对学生提出明确的磨练意志力的任务,为他们创设困境,鼓励他们知难而进,达到磨炼的目的。改变学生意志力的弱点,不能操之过急,需要持之以恒,长期培养。任务

制定要难易适度,先从克服简单的小困难做起,再慢慢地从小到大,逐步培养。任务一旦提出,一定要严格要求学生完成,不能半途而废。

其次,要求学生强迫自己做一些重要的、有意义的事情。有些事情重要、有意义但枯燥,学生不感兴趣,要教育学生有意识地强迫自己做这些事情,并且要认真做好,这是磨练意志力的好机会。要求学生只要认识到事情重要、有意义,就不要放弃。

第三,利用榜样激励学生磨练意志力。找一些古今中外优秀人物意志力锻炼的事迹为榜样,也可以找一些伟人、革命烈士、科学家等等,让学生学习和模仿,提高学生加强意志力磨练的积极性和自觉性。要求学生坚持记日记,记日记也是磨炼意志力的重要手段。日复一日、年复一年地记日记,需要持之以恒的毅力。在记日记过程中,会发现自己意志力发展的弱点,能及时加强磨炼,会收到事半功倍的效果。

还可以让学生针对自己意志力的弱点,找一些名人名言、警句放于室内、案头作为座右铭,天天可见,不时用来激励和鞭策自己加强意志力的磨炼。

61. 遇有“白日梦”的学生怎么办

心理学研究认为,“白日梦”是人在非睡眠状态下自我重度“卷入”的幻想活动。它以超越现实、东拼西凑、无边无际的虚构情节为主要内容,以自己静思遐想,在眼前“放电影”为主要形式,用以满足自己的某些愿望,从而求得一定程度的快慰。“白日梦”是相对于夜梦而说的,许多研究证明,夜间做梦的生理、心理过程对于提高人的思维、记忆和创造性地解决问题的能力,以及调节情绪均有很好的作用。而“白日梦”虽然也可以激发艺术创造的灵感,或转化为意志行为的动机,但如果以“白日梦”完全取代了有意义的行动,则会成为逃避现实,自我解脱的消极行为,长此以往,就可能出现心理障碍。因此,许多人认为“白日梦”是根本不能实现的妄想。大致包括以下几种类型:一是情爱型。即于冥想中编造一个与情爱有关的故事,以满足开始萌发的对情爱的渴望。二是荣耀型。即幻想自己一举功成名就,教师、同学刮目相看,从而使自己平时被冷落的心得到安慰和满足。三是英雄型。幻想自己造访深山,经名师指点,身怀绝技,所向无敌,于是名扬天下,以此平衡曾经受辱的委曲的心理。第四类是随欲型。幻想的内容不稳定，随着环境的改变随时发生变化。什么能给自己带来欢乐，就幻想什么。

一、分析“白日梦”形成原因及对症施治

“白日梦”形成原因较为复杂，主要有两种成因。

（一）心理压力大

现在的中小学生不仅课业负担过重，而且心理压力过大，他们还未曾享受充满稚气的童年快乐，就已进入了心理躁动的青春期，出现了生理、心理发展不协调的矛盾。由于缺乏必要的生理、心理卫生教育，导致他们失去了心理平衡，出现焦虑、压抑、恐惧、不安的心理。而且，在传统观念影响下，为了升学率，学生每天在校时间多达十几个小时，家长还要给孩子加码，使他们的学习负担很重，心理压力更重，因而智力活动受到限制，失去了对学习的兴趣和信心。为了缓解这些矛盾，使个性得到发展，学生需要一种适合自身发展的生活模式，但个人欲望和现实无法统一。于是，便为自己编织美好的梦境，在“白日梦”中达到现实中不能实现的目标，通过逃避现实产生愉快感和满足感。可见，减轻学生繁重的课业负担，开展丰富多彩的活动，开发学生的智力，培养学生的学习兴趣、思维品质和能力，是解决这个问题的有效方法。

（二）期望值过高

中小学生的自我期望值往往脱离自身实际能力。他们的自我意识尚处于形成过程之中，无论评价自己，还是内化他人评价，均易受偶然性、情境性等因素影响，往往对自己估计过高。更严重的是，目前教师和家长受望子成龙思想的影响，对他们的期望更高，而且错误地认为，给学生确定的目标高些会有促进作用，却忽略了他们实现目标的可能性。因而对学生的期望脱离了学生实际能力。一旦经过努力，目标难以实现，而对可能遇到的失败和挫折缺少心理准备，难以承受的挫折感就会产生。当遇到挫折的时候，有的学生又不会进行自我调控，而是选择自我解脱的办法，编织一个能平衡自己心理的情境，在“白日梦”中去“实现”自己的目标。

期望过高、拔苗助长，必然造成心理压力过大。因此，解决的办法应该是根据学生的实际水平和认真能力，帮助他们制订合理的、经过努力可以实现的发展目标，并全力帮助他们实现目标，进而获得成就感。

二、预防策略

中小学生偶尔有几次“白日梦”，尚属正常，如果长期沉醉于“白日梦”中，必将影响其身心健康。因此，班主任和任课教师除了前文所说的对症施治之外，一定要加强对学生教育引导，预防产生这种心理现象。

（一）鼓励学生树立信心

在教育工作中，班主任和任课教师要积极帮助学生了解、认识自己，正确评价自己，使他们理解勤能补拙的道理，消除自卑感。树立自信心，可以给学生适度的压力，并通过鼓励、支持、赞扬推动学生去完成任务，尤其是对自信心不足又极力掩饰自己弱点的学生，要珍视他们显露自己的自尊心理，给他们在集体中表现自己的机会，满足其心理需要。

（二）引导学生正视挫折

引导学生正确认识和对待挫折，班主任和任课教师就是使学生认识成功之路并不平坦，在实现理想的过程中，遇到困难和挫折是不可避免的。在教育工作中，既对学生进行人生观和远大理想的教育，又引导学生正确认识自己，帮助学生确立恰当的奋斗目标。对遇到挫折的学生，要尊重、理解、鼓励他们，保护他们的上进心和自尊心，通过创设情境或运用心理矫治的方法帮助他们从挫折的心境中解脱出来，并总结在挫折中获得的经验教训，增强其耐挫折力，使他们在以后遇到困难时，自觉地调节自己的心理状态，经受住各种挫折的考验。

（三）开展丰富多彩的活动

学生参加各种活动，能够充实生活，培养兴趣，激发求知欲，产生愉快的心境，自觉地调节由于紧张和压力带来的心理冲突。班主任和任课教师应特别注意引导那些有自卑心理、心理压力大的学生参加这些活动，在活动中发挥他们的主动性、积极性，使他们体会到只有现实生活才能满足自己的合理需要，从而全身心投入到现实生活中去。

德育心语

德育是什么？德育是教师与学生心灵与心灵的沟通、人格与人格的碰撞，是奏响做个好人的号角。

——题记

62. 面对学生超前消费怎么办

超前消费是指脱离自己收入水平和收入能力的盲目消费行为，它以追求享乐为目的，以消费高品牌、高档次的商品为特点，是一种不顾生产发展的可能和家庭收入的多少而盲目攀比、不计后果的消费方式。

随着我国经济的快速发展，人们的消费水平在不断提高，消费观念也在悄然发生变化，这是社会发展经济繁荣的必然要求。超前消费作为刺激经济发展的一种手段，曾在一定时期有条件地起到过一些作用，也颇受部分生产者和消费者的青睐。但一味搞超前消费就会损害经济的健康发展，削减国家和个人财富的必要积累，造成寅吃卯粮、负债度日的困难局面，最终结果是拖垮经济。无论从国家还是个人角度看，超前消费都是弊远大于利，是一种盲目的非理性的消费方式。超前消费的观念也一样影响到了年轻人，影响到了中小学生，在一部分学生当中很受追捧，甚至成了他们的一种消费习惯。在青年学生中间为什么会出现超前消费呢？原因有以下几点。

一、西方错误消费观念的影响

改革开放以来，人们的思想屡受西方思潮的冲击和影响，西方资本主义社会的超前消费观念自然也在其中。“能花钱就能挣钱”“今天花一分明天挣两分”，这些错误的消费观念逐渐在一些学生头脑中固定下来,他们不断用将来能挣大钱的幻想安慰自己,并且认为这是年轻人的一种时髦消费方式,周围有许多同学也在这样做。

二、盲目攀比,追求虚荣

在一些学生身上存在着盲目攀比之风,他们以穿戴名牌服饰来显示自己的特殊身份,以大手大脚花钱来显示自己的阔绰与豪气,通过炫富招来周围同学的羡慕,借以驾驭别人,获得一种高出一般同学的优势地位。那些家庭条件不好的同学,为了不让人小瞧,不顾现实生活条件,强行满足自己过高的物质需求,以为通过这些光鲜的打扮和花销就可以为自己赢得声誉,就可以让自己得到大家的欢迎与认可。

三、家庭消费教育乏力

许多家长不懂怎样树立子女正确的消费观,对子女的消费教育缺失。他们只是一味地爱孩子,尽力满足他们的各种物质需求,把自己年轻时匮乏的物质生活在孩子身上补回来。子女消费教育缺失有两种情形:一种是家庭条件优越的,父母从不限制孩子的各种物质欲望,有求必应,虽然有强大的家庭后盾,从经济层面看不属于超前消费之列,但许多消费已远远超出了个人发展所需,带有挥霍的性质,尤其不利于帮孩子形成正确的消费观。另一种是家庭条件较差的,父母出于软弱或对孩子的歉疚之情而不得不满足他们的欲望。例如一位从小娇生惯养的初中生,根本不体恤做父母的苦衷,在缺少权威与管制的家庭里有恃无恐,他利用父母的软弱和爱心,屡屡要钱,几年内花销达 6 万元。其父母不懂怎样教育孩子,以为满足他的各种要求就是对他的爱,结果孩子根本没有任何一点儿感恩父母的想法,只是把他们视为满足自己物欲的钱袋子,没有尊重和体贴,甚至对父母大打出手,最终酿成悲剧。

四、讥贫笑穷的世俗眼光

“嫌贫爱富”的思想由来已久,是固着于众人头脑中的世俗观念之一。“笑贫不笑娼”,“贫穷”在人们心目中是最受忌讳的,为了摆脱贫穷状态,甚至不择手段。一些学生受世俗观念的影响,对自己家庭的贫困状态耿耿于怀,产生深深的自卑感,生怕让同学瞧不起。他们在到了一个新的学习环境后,好像变了一个人,极力掩饰自己贫困的物质生活条件,不惜压榨父母,来满足自己在同学面前的有面子的心理。

五、享乐主义、拜金主义抬头

一些学生受流行于世的享乐主义、拜金主义的影响,崇尚花天酒地的奢靡生活方式,为了让自己活得舒服些,迷恋物质享受,今朝有酒今朝醉,不顾自身和家庭条件,强行透支消费。

超前消费的教育策略:

(一)正确消费观的教育

消费增长是一个随经济增长自然提升的过程,作为个体消费者其消费水平应与他的经济收入相适应。“量入为出”历来是人们消费行为的一条铁律。中小学生大部分属于未成年人群体,还没有取得独立的经济地位,一切花销要由其保护人(父母)承担。父母的消费观念直接影响到孩子的消费观念和行为,如果父母的花钱大手大脚、漫无节制,也必然要导致孩子消费行为失控。青少年学生正处在世界观形成阶段,物质消费观是生活必不可少的课题,一些学生虽有超前消费行为,但不是无药可救,也不能说明他们已形成自己的消费观,更多属于一种模仿的消费行为,受周围环境影响较大。因此,对有超前消费行为的学生只要正确引导,让他们明白消费行为只是满足个人生存与发展的一种基本手段,但绝非人类生活的本质,除物质消费外,人们更需要尊重、理解、关爱、交流、创造与文化等精神需求。

(二)祛除攀比思想,把精力用在学习上

盲目攀比是导致超前消费的起因之一,人们总在与别人比高低、论长短,生怕自己不如人家。没有比较就没有鉴别,与人相比可以,但比什么?怎样比?却值得研究。盲目攀比是一种错误的有害的比较,原因在于它没有考虑自身的实际条件和需求,以追求虚荣为目的。超前消费大多属于此类,即为了抬升个人在群体中的“声誉”,搞一些超越自己实际需求和条件的东西,却忽视了人生的真正价值所在。

(三)与家长沟通,协调步调,引导孩子正确消费

家庭是孩子生活的经济来源,父母怎样教育孩子消费是关乎他健康成长的重要课题。中小学生的超前消费现象与其所受的家庭教育有直接关系,或者说,

凡是习惯超前消费(即超出家庭担负能力或超越自身实际需求)的学生,都可以在其家庭环境中找到初始原因,或是父母的不良影响,或是家庭的溺爱,或是家长的错误诱导,总之,家庭有不可推卸的责任。在纠正子女乱花钱的毛病时,首先需要家长控制源头,不给过多的钱,不轻许,不答应孩子的无理要求,同时加强与子女的感情交流,了解他们的真实想法与内心世界,多关心他们的学习和成长。

(四)感恩和爱的教育,丰富他们的精神文化生活

超前消费的学生多数不能体谅父母的苦心,一味追求物欲,不思量挣钱的艰难。一些学生只知道向父母开口要钱,甚至责怪父母无能,不能为他提供充足的金钱来源。对物质及金钱的极度欲望只能导致爱心的流逝,不懂感激父母,认为父母为他所做的一切都是应该的、理所当然的,没有一点同情怜悯之心,不知道感恩。在有些学生身上,已不仅仅是爱花钱的问题了,深层次的问题是对双亲感情的缺失,不懂爱和感恩,人格发展呈现畸形。这时最需要的就是感恩教育,填补学生被物欲独占的感情领域,让他们学会体谅父母,能设身处地地为他人着想,学会与父母友好相处,并把注意力转移到学习上来。

63.不知怎样提高德育实效性怎么办

中小学生的思想,正随着改革开放的形势,发生着巨大的变化。他们的思想更加复杂起来,这就给班主任抓好班级德育工作带来更大的困难。因此,要提高班级德育的实效性,就必须坚持在实践中研究,在研究中实践。这样才能有效解决德育工作中出现的复杂问题,才能提高德育工作的实效性。下面想针对研究的内容方法谈点粗浅的看法,与大家交流。

一、研究学生的心理

当前的中小学生知识面广,思想活跃。在经济模式多元、价值观多元的现实生活中,各种错综复杂的矛盾冲突,各种思想观念的碰撞,无不影响到他们的心理。尽管学生的思想心理从主流上看是健康的,他们关心国家大事,渴望祖国的伟大复兴,有强烈的爱党、爱国、爱社会主义的思想,非常希望自己成才后报效祖国。这是做好德育工作的重要条件。但是,随着改革开放的深入,一些腐朽的思

想也在侵蚀着青少年的心灵，加之他们的年龄特点，在他们身上存在着不利因素，如缺乏对国情的全面了解；缺乏民族自尊心、自信心；一些青少年滋长了自私自利心理；社会分配上差距的拉大和腐败现象的存在，影响着青少年的正确价值观的形成；一些学生艰苦奋斗精神相对减弱。对人不感激，对己不克制，对物不爱惜，对事不尽力，是当代青少年消极心理的集中概括。因此，我们要研究学生思想品德形成与发展的规律，研究他们的心理特点和心理需求，以提高德育工作的针对性。

二、研究德育工作的特点

"十年树木，百年树人"，德育工作是一个育人的系统工程，必须坚持"广泛宣传，反复教育，长期熏陶"的工作方法。德育工作有其自身的特点和规律，只有牢固掌握这些特点才能按德育规律办事，这对实现德育目标有着重要的指导意义。一是德育工作要注重实效性。每一个教育阶段要有明确的目标。目标的确定必须和不同的教育对象相联系。目标过高或过低都不能取得良好的教育效果。二是德育工作要注重整体性。教育的内容是普遍联系的，要统筹考虑，不能顾此失彼。三是德育工作要注重渗透性。德育工作必须以正面教育为主，以理服人。要避免空洞说教，防止形式主义，克服急功近利，要常抓不懈"打持久战"。四是德育工作要注意层次性。一切从实际出发，要具体问题具体分析，分类指导，"对症下药"，不搞"一刀切"。五是德育工作要注重实践性。德育工作要联系实际，坚持"知行统一"。强调教师的示范性，要教育学生从自身做起，从现在做起，从小事做起。

三、研究学生所处环境的特点

班主任要清醒地认识到，现在学校培养的学生是跨世纪的一代，他们的政治思想和文化素质如何，关系到社会主义现代化目标能否实现，关系到能否坚持党的基本路线一百年不动摇。"当前世界范围内的经济竞争，综合国力的竞争，实质上是科学技术和民族素质的竞争。"青少年所处的这一社会大环境的时代特征，迫切要求德育工作者更有效地发挥使青少年健康成长的导向、动力和保证作用，增强教育工作者的责任感、使命感。研究学生所处环境，主要包括其家庭环境、社区环境及其与学校环境之间的差距，以便有目的地为协助家庭和社区优化环境作出努力，发挥环境的育人功能。

四、研究班风，净化校园小环境

《中共中央关于进一步加强和改进学校德育工作的若干意见》强调，“在整个精神文明建设中，学校应成为最好的小环境之一，并对大环境的优化做出积极贡献”。要使学校成为最好的小环境，必须注重良好的班风、校风的形成。校风是学校成员共同具有的较为稳定的行为习惯、精神风尚、人文环境；是学校领导作风、教师作风、学生作风的综合表现；是一所学校的风气。我们要研究班风的构成要素及形成过程，我们要坚持强化管理、以法治班的原则。强化管理是良好班风形成的关键，重点抓好教师队伍的榜样作用，抓好学生的日常行为规范，促进“勤奋求实，文明守纪”班风的形成。

五、研究教师在师生关系中的作用

良好的师生关系是德育成功的基础。在建立良好的师生关系上，班主任和任课教师起主导作用。我们要求学生尊敬老师，热爱老师，自己必须首先要成为值得尊敬和热爱的老师。首先，我们认真学习《教师法》、《教师职业道德规范》，努力提高自身的政治思想和业务两方面的素质。只有教师才学过人、身正为范，才能适应教育改革发展的需要，才能自觉肩负起教书育人、管理育人、服务育人的神圣职责。其次，教师着装要整洁大方，发式不能怪异，教室内不准吸烟，对待学生不准体罚或变相体罚等。这些都直接影响着良好师生关系的建立。

实践表明，融洽的师生关系对做好学生的德育工作，促进学生的健康成长，乃至对提高教学质量，都有重要的意义。

六、研究个别生，转化后进生

后进生的转化是提高班级德育实效性的重要环节。加强对后进生的管理、教育、转化，是班主任工作的一个重点。这项工作的好坏是检验班级德育工作成败的重要标志。因此，把研究个别生、转化后进生的工作，放在重要位置。研究的重点应是后进生形成的原因及其特点，研究转化后进生的基本途径和方法。班主任要建立后进生档案，要组织帮教小组，并坚持“以爱动其心，以严导其行”的指导思想，不断总结转化后进生的有效经验。在新形势下对德育工作进行了研究和探索，是取得成效的关键。但在实际工作中仍常常碰到新的问题。因此，对德育工作的研究要有“而今迈步从头越”的勇气和“不当扬鞭自奋蹄”的精神。

七、教育观念必须更新

传统的观念、习惯的势力往往是顽固不化的。教师的“教书”与“育人”应该是一致的、不矛盾的。因为教师的“教书”,不仅要教书本知识,而且要教学生做人的道理,教学生健体的本领。“育人”就是“育”德智体全面发展的人。这就一致了。但是,如果把“教书”看做仅仅传授书本知识,那必然会造成重智轻德、重智轻体、重智轻美、重智轻劳的问题,使“教书”的内容狭窄化,偏离了“育人”的全面发展目标与方向。在实际上,这种把“智育”看得重于一切的现象仍是一个十分普遍而又严重的问题。因而,多年来讨论着的人才观、基础观、质量观、素质观的问题在相当一部分人的心灵深处还没有彻底的“正本清源”,阻碍着素质教育的全面实施。

64. 学生道德自律差该怎么办

班级德育的实效性主要体现在受教育者是否从他律走向了自律。他律是靠班主任的行之有效的工作,以及外部的其他力量来控制学生的行为,其特点是权威性、约束性、强制性、被动性和他教性。而自律是指学生靠自己的自觉性、自主性、内控性与自教性来实现道德的升华、行为的匡正。他律是基础,自律是高层次水平。班级德育应着重从提高道德认识水平、培养自我教育能力和加强道德行为训练来培育学生的自律精神。怎样才能引导学生从他律走向自律,提高班级德育的实效性呢?

一、充分认识他律与自律的特点及其关系

“他律”,是指那种不重视人的价值,依靠外部力量使人接受一定的道德观念和履行一定的道德规范,并依靠社会舆论和社会奖惩等为动力,促使学生在思想上和言行上循规蹈矩。故他律不是靠人的理性和信念,而是靠外力强制,不是靠人的自觉,而是推崇对上服从权威,它的根本功能在于外在制裁。其根本特点是:权威性、约束性、强制性、被动性和他教性。

由于他律德育否定人的价值,利用外力迫使人产生恐惧心态而使之就范,这种不是出自内心需要的外部压力往往又使学生不得不装出一副正人君子的模

样,做出虚假的行为,应付其事。故他律德育容易造就双重人格。

自律德育与他律德育不同。“自律”是指人们行为的约束力和驱动力依靠理性、信念和道德良心,依靠内心自觉,而不是靠外力强制。它尊重人的价值,强调自主、自治和自我教育,重视发挥人的主体意识、智慧、潜能及创造力。自律德育的根本功能是内在制裁,它要求主体自我约束、自我选择、自我规划、自我评价;并要求建立良好的内心法庭,对自己的言行进行自我裁决。故自律德育的突出特点是:自觉性、自主性、内控性和自教性。

但由于自律德育强调自我完善,如果班主任不重视或不善于启发诱导,很容易使受教育者陷入“绝对自由”的误区。近年来,随着改革开放和信息化发展,西方的利己主义价值观不断渗入我国,对青年学生产生了广泛影响,尤以非理性主义哲学思潮的影响最大,如存在主义鼓吹的“自我设计”、“自我选择”、“自我实现”等观点的泛滥,在一个时期内一些青年开始谈“自我”、“自由”,闭口不谈“价值”,他们只关心自己,不关心他人、集体和国家。所以,要正确发挥自律德育的功能,班主任必须正确认他律与自律的关系对受教育者加强理性启迪教育,发挥他律的基础作用。

现代教育家的研究表明,人的道德发展的基本规律是从他律向自律发展的过程。他律是低层水平,自律是高层水平,达到自律人的思想就解放了,就能够充分发挥主体的能动性。不少专家都认同德行有纪律精神、牺牲精神、意志自由等三个要素的观点。在这三要素中,由道德价值观、道德规范转化为行为习惯是从“纪律”发展到“自主”的过程,即从“他律”到“自律”的过程。杜威认为,儿童的道德发展是从最初的顺应或不加批评地接受(他律),然后向自主(自律)发展,是一个自主性越来越高的升华过程。前一阶段是后一阶段的基础,后一阶段是前一阶段的必然发展。他律道德水平,儿童的道德判断由外部因素决定。自律道德是一种协作性道德,儿童的道德判断不再由外部约束决定,而发展了主观责任感。从他律到自律贯穿了整个道德发展过程。道德发展阶段越高,道德自主性越强,自律水平也越高,就能更快形成自觉自主行为的机制。

可见,他律德育是自律德育的基础,自律德育是他律德育的升华,两者不是独立抗衡,而是互相协调、互相影响,在人的道德发展中是一个由低级向高级发展的辩证统一过程。同时,他律与自律在人的道德生活中又是不可缺少的。当一个人还处在年幼时期,身心发展尚不成熟,缺乏知识和生活经验,他的思想和行为容易越轨,必须利用道德规范的外控力来约束他的言行。但随着个体身心发展的成熟,知识与生活经验日益增多,其道德水平逐渐由“他律”转向“自律”,个体的自觉程度提高了,内控力增强了,就无须用过多的清规戒律来约束他,道德教育的重心应该依靠更多的理性启迪,使遵守规范富于自觉性,从他律的规范性约束转化为自律的行为。但这并不是说,成年人不需要他律约束,一个人完全靠自律想要生活在一个复杂的社会里是很困难的,甚至可以说是不可能的,因为他的言行总是要受到该社会的法制和道德的约束,人靠纪律其行为才有明确的方向与范围,方可控制自己的欲念,一旦失去了纪律的约束,人就不能自我控制,根本无法获得自主或自由。“我们唯有遵守道德纪律然后能取得自主和自治的能力;唯有养成自主和自治的能力而后能自由。”

从他律向自律转化,需要有道德内化过程,才能使社会道德变成个体的思想品德。道德内化是一个复杂的过程,一方面需要靠理性启迪,提高道德认知水平;另一方面需要加入情感因素,起催化作用。在理性方面,主要是提高主体对道德概念的理解和道德规范的认识,深刻领会道德的社会意义和要求。同时,需要启发主体开展积极的思想斗争,解决主体原有认识、需要与社会道德要求存在的矛盾,使主体的思想认识与社会道德渐趋于一致。但这时仍然处在思想认同阶段,社会道德还未真正成为主体的思想观念,需要在此基础上进一步强化认识,并通过道德实践引发情感体验,正是在健康的情感体验中使知、情融合而形成信念。道德信念的形成是道德认识的升华并达到巩固的标志,它对自律行为的产生起关键性作用。

二、培养自律精神是班主任德育工作的重要任务

马克思说:“道德的基础是人类精神的自律,而宗教的基础则是人类精神的他律。”这句名言明白地告诉我们,在学校培育具有自律精神的学生是一个十分重要的任务,然而这样的重要任务却往往被班主任所忽视。班级德育的这种重视他律忽视自律的现象还普遍存在,在衡量和评价学生的思想品德时,也往往以是否接受并服从这些规定为主要标准。在德育方法方面,通常采用的有说服、榜样、实际锻炼、指导修养、品德评价等,尽管这些方法本身没有强制性,在实施过程中往往出现不同程度的必须服从的强制性。比如“说服”被公认为德育的基本方法,如果能真正做到摆事实、讲道理、循循善诱,通过双向交流让学生有反说服和选择的余地,这样的说理教育是无可厚非的。问题是,使用者往往在说服前就定下框框,必须达到“我说你服”的目的,而且使用者往往以教育者的权威出现,

使学生望而生畏,不服也要服。这就直接影响了德育的实效性。不可能培养成有自律精神的“创造型”人才。

下面仅从道德教育的视角谈如何塑造学生的自律精神的问题。

(一)提高学生道德认知水平

道德认知是指对道德规范系统的认识,对道德范畴、原则、规范的价值和需要的理解,以及对人们的行为能根据社会道德的要求作出判断和评价。道德认知是道德内化和道德行为的先导,起着理性指导作用,它是促使道德信念形成的认识基础,是自律道德的导向性机制。一个道德认知水平低的人不可能自发地产生自律行为。现代心理学派行为主义提倡的“社会学习理论”,认为儿童的行为是从对榜样的模仿学习中得来的。这种理论有其合理的一面,即强调环境的影响作用。但行为的模仿往往是表面的、外在的,不一定出自主体的内心认识和需要,儿童往往盲目地模仿,不知其所以然,即使对一些良好的榜样行为,因缺乏认识也不可能内化为自律行为。在学校教育工作中,有些班主任和教师经常给学生强制灌输一些道德理论和行为规范,他们不重视学生的理解和接受程度,更不注意反馈信息,使学生对理论和规范的认识始终停留在知其然,而不知其所以然的水平上,这样,正确的理论和规范也就难以内化为学生的自律行为。过去长期以来,全国持续开展学习先进榜样的活动,无疑已取得了巨大成绩,但也不可否认,在学习过程中有些地方和单位出现走过场或搞形式主义的偏向,致使效果不佳。根本原因就在于对榜样的思想言行缺乏相应的理性阐明,使学习者只停留在口头上或随大流的行动上,未能深入他们的心灵、触动他们的思想和真正成为指导行为的指南。因此,培养学生的自律精神首先应提高他们的道德认知水平,这是自律道德的基础。

(二)培养学生自我教育能力

自我教育,顾名思义,就是自己教育自己,即受教育者把自己作为一个受教育的客体,有目的、有意识地对自己的思想、道德、行为进行转化和调控。从这个意义上说,自我教育实质上是自我认识、自我约束、自我践履、自我管理的过程,也就是自律的过程。培养学生的自我教育能力,是使他们能够自律的重要保证。“培养学生评价自己行为举止的愿望和能力,这是一个十分艰巨的任务,但又是实施自我教育的必要措施。”自我教育的基本能力是由独立分析能力、自我评价和自我改正能力、自我控制和自我监督能力所构成。

1. 独立分析与判断能力的培养

应当培养学生能够在政治生活和道德生活中识别真、善、美与假、恶、丑，能掌握马克思主义的理论武器，批判形形色色封建的和资产阶级的思潮，以及与社会主义现代化建设格格不入的各种歪风邪气。虽然当代学生大多数人的思想品德本质上是好的，然而也有的人面对着复杂的社会问题和西方社会学说大量涌入的影响，往往分不清是非善恶，为资产阶级个人主义思想和生活方式所俘虏。有些人宣扬资产阶级的自由与民主，否定马克思主义，主张“全盘西化”，少数人甚至腐化堕落，走上犯罪的道路。因此，培养学生的独立分析能力是班主任不容忽视的任务之一。分析能力与判断能力密不可分，对社会政治道德现象作了分析，自然会引出一定的判断，判断是否正确，取决于独立分析的水平。当前，某些班主任采用注入式的手段，学生学习政治、道德理论习惯于死记硬背，不联系社会实际，不接触思想，这不仅不能提高独立分析和判断能力，相反压制了他们的积极性，在行为上具有明显的“外部定向”特征，处于他律状况。要改变这种现象，必须认真贯彻理论联系实际和启发性原则，逐步培养学生的独立分析和判断能力，才会使他们的道德水平由他律向自律发展。

2. 自我评价和自我改正能力的培养

一个人要自律，必须正确认识自己。“人贵有自知之明”，能够正确认识自己是不容易的。就一般青少年学生来说，他们的自我评价和自我改正的能力不强，不能正确剖析自己虚心接受别人的意见，这是因为他们的世界观正在形成的过程中，思想方法有时片面，而且有一颗好胜的心，总以为自己是正确的，如果别人没有充足的理由和事实说服他，就不会轻易改变自认为正确的观念。还有的学生出于无知而盲目自信，那就更需要从提高道德认识入手，培养其自我评价和自我改正的能力。

3. 自我控制和自我监督能力的培养

一个人在无人监督的情况下，能够自我控制和自我监督，行为不越轨，才是真正有道德的人。苏霍姆林斯基说：“独自一人时不做坏事、丑事，没有庸俗表现的人，才是真正的人。”青少年学生的自我控制和自我监督能力较差，在公开场合，因有老师和同学的监督尚能克制自己，唯个人独处时，往往不能自控，有些人因而干出蠢事和坏事。因此，培养学生的自控和自监能力是进行自我教育和发展自律德育的重要一环。

（三）加强道德行为训练

道德行为是指人们在一定的道德认识、道德情感和道德意志的支配与调节下所表现的行动。它是衡量一个人道德水平高低的主要标志，因为一个人的品德如何，不是停留在口头上，主要看他的实际行动。孔子认为，"行"比"言"更可靠，他说："君子耻其言而过其行。"笛卡尔认为，为了要判明人们的真正见解是怎样的，与其听其言，不如观其行。培养学生的自律精神，从行为上加强训练有两方面重要意义：一是在行为训练中检验学生的自律水平，促使他们发扬优点、克服缺点，沿着正确的路子迈进；二是通过行为训练与反复实践使自律道德得到巩固，并形成自律的习惯。

1. 锻炼学生的道德意志

道德意志是指人们在履行道德义务或责任中克服内心障碍和外部困难的能力和毅力，表现为实际行动中果断、坚决、勇敢、自制和坚持。一个人具有坚强的道德意志，能排除一切阻挠，不以客观外部的影响为转移，始终坚持道德原则，自觉地选择适当的方式方法来克服困难，排除各种障碍，直至实现预定的道德目标为止。孔子对学生进行道德教育，要求学生的意志达到"磨而不磷"、"涅而不缁"那样坚强。孟子特别重视磨炼人的意志，他认为，只有经受严格的意志磨炼，具有排除各种威胁利诱的能力和毅力，才能做到"富贵不能淫，贫贱不能移，威武不能屈"。在学校生活中，有的学生常常违反学校的规章制度，触犯纪律，主要原因之一是自制力不强，缺乏坚持精神，不能自律。特别是年龄较小的学生，由于意志力薄弱，不能自我克制，或者受到同伴的影响、外界的引诱，或者受到"别人的挑衅"，因而做出越轨的行为。训练学生的道德意志，首先要帮助他们确立正确的道德动机和行动目的。动机的确立是要经过思想斗争的，动机斗争的过程就是一种意志的过程，只有当正确的动机战胜不正确的动机之后，正确的行动目的才得以确立。其次，要提高学生的认识，培养其坚定的信念以及崇高的义务感和责任感，以增强意志力。再有，要求学生在履行道德义务中有坚韧不拔的精神，克服各种障碍和困难，不达目的誓不罢休，这是道德意志的集中表现。

2. 针对学生的个性指导行为训练

学生的个性不同，自律水平和行为方式均有差异。班主任要针对其不同个性采取有效措施指导行为训练，切忌一刀切或一锅煮。有些学生沉着、坚韧、持久，但经常缺乏主动性和果断性，对这类学生要着重启发他们的自觉性和提高坚定性。有些学生积极、活跃、朝气勃勃，有时却产生轻率或鲁莽的行为，对这类学生要着重培养他们沉着和提高自控能力。有些学生热情、主动、果敢，但常常不能坚韧、持久，对这类学生要着重锻炼他们刻苦耐劳和坚强的毅力。还有些学生个性软弱、胆小怕事，易受暗示，对于这类学生要着重锻炼他们勇敢、果断的精神和原则性。自律精神的培养，既要贯彻因人施教的原则，又要加强集体教育，只有把因人施教与集体教育结合起来，才会提高教育效果。

3. 培养良好的行为习惯

道德行为习惯是指稳定、经常的，在一定条件下自然而然地出现的道德行为方式。习惯是行为经过反复实践而形成的。习惯的形成对于自律具有十分重要的意义，形成了习惯能使行为由偶然性变成必然性，由不经常的行为变成一贯的行为。而且，形成了习惯能使行为巩固而发生迁移作用，例如学生养成了良好的遵守纪律的习惯，就能迁移到遵守社会公共秩序和遵守国家法律。培养道德行为习惯，主要通过各种实践活动，某一种行为经过反复实践自然养成习惯。班主任要有目的有计划地训练学生，特别要重视在日常学习和生活中训练。但行为习惯训练，不能孤立进行，应该与提高道德认识结合，在提高认识的基础上，进行行为训练，增强自觉性，克服盲动性和被动性。在训练过程中，还要注意培养学生自我反省的习惯。“吾日三省吾身”，这是古人进行道德教育、培养自律精神的重要方法。

65. 学生生命意识淡薄怎么办
——谈生命教育

生命教育是对一切生命充分尊重、敬畏与呵护的教育。其目标是立足学生生命的存在，增强学生生命意识，提升学生生命质量。

一、学校生命教育现状不容乐观

现在，一些青少年缺乏对生命的敬畏，生命意识之淡薄已经到了触目惊心的程度。

(一)具体表现

1. 有调查显示，轻生已成为青少年非正常死亡的主要原因，曾有过轻生念头的学生也占有相当的比例。

2. 弑亲、弑师等恶性事件频频发生，青少年犯罪的发生率不断上升。

3. 很多学生感到学习压力和精神压力很大，生活枯燥单调，精神苦闷，生命质量不高。

（二）原因分析

1. 流行文化与网络文化的负面影响与日俱增。一些宣扬腐朽文化和悲观情绪的流行歌曲，学生们天天唱，甚至自觉不自觉地以此来安排自己的人生道路，确立自己的人生追求。这无疑在影响着他们正确人生观的确立。特别是网络上和部分影视作品中充斥的凶杀暴力场面，正渐渐地固化在学生的头脑中，使他们不仅对暴力行为没有惧怕感，而且会把虚拟世界与现实生活混淆起来，觉得现实生活不过是一场游戏。这的确是十分危险的。

2. 学校生命教育的偏差。由于应试教育的影响，教育教学中“唯科学主义”的观念抬头，因而导致教育中人文价值的缺失，教育沦为纯粹的对知识的追求和对实用技术的向往；这种重科学轻人文的现象造成教育对人性美、人性善的弱化，使学生对生命的内涵和价值发生认识上的偏差，情感态度价值观的教育发生扭曲。

殊不知知识可以让人变成普度众生的“天使”，也可以使人沦为荼毒生灵的“魔鬼”！一位纳粹集中营的幸存者，后来成为了一所学校的校长，他对教师们说：“我希望你们首先要帮助学生成为尊重生命的人，这样才能使知识、技能派上正确的用场。”

3. 教师漠视学生生命权的现象依然存在。一位学者说：“学校本来应该是安全区域，法律之光将魔鬼驱逐到远离学校的地方。可是一些教师却蜕化变质为‘魔鬼’，也有的成为‘魔鬼’的帮凶，学生的肉体成为‘魔鬼’撕咬的对象。”这话似乎说得严重了，但是一些中小学生遭到校长、教师毒打并致伤、致残、致死的真实事件（少数）确属此类。而且残忍的、不人道的打骂侮辱学生的做法以及突破伦理底线的体罚和变相体罚仍然存在。当众让学生受辱，这种剥夺人的体面与尊严的做法实在太残忍了，不仅毁掉了学生内心深处善良的种子，也是造成学生轻生的重要原因之一。

4. 学生承受挫折的能力较差。在“四二一”型家庭中的独生子女，受到家长的百般呵护，依赖性强，独立性差，缺乏应对困难和挫折的能力。学校教育则往往把学生束缚在课堂上，学生接触社会少，经风雨见世面的机会不多，社会适应能力较差，这样的学生一旦遇到挫折，就变得手足无措，甚至失去生存的勇气。

二、怎样有效地开展生命教育

目前,许多中小学校都开展了生命教育,虽然生命教育的受重视程度越来越高,但教育的有效性还不高,笔者提几点建议仅供参考。

第一,科学教育与人文教育互动

生命教育的主阵地是课堂,其主要形式有两种,即科学教育和人文教育。有效地开展生命教育,既要高度重视科学教育,又要重视人文教育。新课程改革的三维目标把教学中的科学性与人文性结合得很好;但是,我们做得还很不够,还没有完全摆脱应试教育的影响。从生命发展的角度看,应试教育就是“见分不见人”的教育,不关注学生的情感、态度、价值观,鲜活的生命被教育者排斥在视域之外。而素质教育不仅关注学生的智力,更关注学生的品德;不仅关注生命的存在,更关注生命的发展;不仅关注学生现实的生活,更关注学生未来的幸福。因此,全力搞好新课程改革是实现教育的科学性与人文性有效结合的重要途径。

陶行知先生说:“千教万教教人求真,千学万学学做真人。”“教人求真”是科学教育的精髓,它不仅传授科学知识和技能,更教人追求真理,并激发人们服从真理、修正错误的勇气。“学做真人”则是人文教育的理想境界。爱因斯坦说过:“照亮我们道路的是真善美,人文精神最根本的一点就是使人达到健康光明的人格境界。”健康的情感、正确的思想离不开人文精神的滋养,生命教育要用人文精神美化学生的心灵,放大人性的真善美,使学生成为具有人性之美的人。生命教育要求教师具有健康的情感和光辉的人性。教师的人性善是教育伦理的底线,是生命教育的思想基础。

第二,尊重生命的特点,按教育规律施教

生命教育必须把握住学生的生命价值和特点,按教育规律施教,只有这样,才能提高教育的针对性和实效性。学生的生命主要具有以下特点。

不可逆性——生命从有到无的过程是不可逆的,而且生命是短暂的。因此,生命教育的关键是教育引导学生敬畏生命、珍惜生命,不仅要珍惜自己的生命,而且要珍惜他人的生命,并在有限的生命中为人类的发展做出贡献。作为教师,在珍惜自己生命的同时,也要珍惜和保护学生的生命,不能让祖国的花朵过早凋谢。

发展性——生命一经形成,就要通过各种途径得到发展。这个发展过程是一个由自然生命发展为价值生命和智慧生命的过程。教师要善于激发学生的生命潜能,而不能扼杀学生的生命活力。要按照素质教育的要求,实现新课程改革的三维目标。坚持德育为先,培养学生的创新精神和实践能力,促进学生德智体美等素质的和谐、可持续发展。

独特性——生命具有鲜明的个性,而且个性具有两极性,既有好的一面,又有不好的一面,这些正是提高生命教育针对性的依据。我们要引导学生发扬优良个性,克服不良个性,培养他们的创造品质,提升其生命质量。学生既有个性,又有共性,教师要在了解学生的个性和共性的基础上开展生命教育。

可塑性——教育的价值就是让人在有限的生命历程中,更加珍惜生命、敬畏生命,懂得生命的意义,为了未来美好的生活而努力奋斗。当面对学习成绩较差的学生或犯了错误的学生时,教师更要坚信,犯错误和改正错误正是学生生命质量提高的过程,要坚信没有什么错误不可以改正。

第三,教师要依法施教

教师缺乏法律意识是落实生命教育的主要障碍。

《中华人民共和国未成年人保护法》明确规定:学校应当尊重未成年学生接受教育的权利,关心、爱护学生,对品行有缺点、学习有困难的学生,应当耐心教育、帮助,不得歧视,不得违反国家的法律和规定开除未成年学生。但是在一些学校依然存在歧视学生、违反法律的现象,这应当引起我们的高度重视。

那种不尊重学生人格尊严、不懂得保护学生生命的教师,无论在其他方面取得怎样的成功,也绝不是好的教师。当前,不少教师在面对学生时,相对重视法律赋予自己的教育责任,却忽视了自己也受法律的约束。因而,常常不自觉地对学生身心造成伤害,甚至以“为了学生好”、“恨铁不成钢”的名义,为自己的侵权行为开脱。这是不少教师的一种心态,明明是自己侵犯了学生的生命权、受教育权,却丝毫不从自己身上找原因,而是用教师身上的光环掩盖了侵权的真正原因——缺乏法制观念。须知:“教育领域不应是法律之光照不到的角落,在法律面前,教师没有豁免权。”教师增强法制观念是搞好生命教育的关键。

第四,加强人生观教育

青少年时期是学生生理、心理发生剧变的时期。这一时期,学生自我意识尚未形成,生命意识亦不完善,而且,学校和家庭对学生的学习和心理施加了很大的压力,只重视学习、不重视人格发展的现象普遍存在。我们的教育长期忽略了一项内容，即“为何而生”的教育，这使得学生难以做到对生命价值的了解与欣赏。

“为何而生”的教育就是人生观教育。对学生进行人生观教育，是生命教育的重要内容。在这方面我们有许多资源可以利用，有许多经验可以借鉴。

毛泽东同志的《为人民服务》、《雷锋日记》可作为非常好的生命教育教科书。许多革命先烈、劳动模范以及抗洪抢险、抗震救灾中涌现出的英雄人物，都是具有正确人生观的典范。我们在生命教育中要引导学生学习这些典范，仿效这些人生的榜样，要让这些正面形象深深地扎根在学生的心中，并落实在行动上。

陶行知先生在一首诗中说：“人生天地间，各自有禀赋。为一大事来，做一大事去。多少白发翁，蹉跎悔歧路。寄予青年人，莫把少年误。”他所说的大事就是为人民服务。他还说，学生就是要学习做人、做事、做学问，现在多学一点知识，多养一份元气，将来为国家多做一份事业，这才是生命价值的实现，这样的人生才能做到“无悔”。为了增强学生的生命意识，我们要引导学生懂得自己的命运应由自己来主宰。正如《生命没有彩排》这首歌里所唱的：“生命没有彩排，只有一次精彩！欢笑还是悲伤，自己主宰！”对于学生来说，教师是生命的守护神、人生的领路人，教师理应为学生生命的完善贡献自己的力量！

66. 提高学生民族气节怎么办

民族气节，就是国民为捍卫民族独立和民族利益，维护民族尊严，面对外敌的入侵、反动统治者的压迫和敌对势力的种种进攻所表现出来的“富贵不能淫、贫贱不能移、威武不能屈”的志气和节操。

笔者认为，民族气节是爱国主义的精髓。强烈的民族自尊心、自信心和自豪感，祖国利益高于一切的观念，为祖国现代化事业无私奉献的拼搏精神，憎恶一切丧失国格的行为，是当前民族气节的主要表现。为了弘扬民族精神，提高青少年对“崇洋媚外”、资产阶级自由化等思潮的识别、抵制能力，增强他们的爱国主义情感，必须对民族气节教育予以高度重视。

如何进行民族气节教育呢？略陈管见。

一、认识民族气节教育的正义性和历史性，把握民族气节教育的科学性

不同的历史时期，民族气节具有不同的内容。在漫长的封建社会和半殖民地半封建社会里，民族气节多体现在民族危亡、国家忧患之际。

如“留胡节不辱”的苏武，虎门销烟的林则徐，不食美国“救济粮”的朱自清……中华人民共和国成立前后，作为历史上民族气节集大成者的中国共产党人和广大人民群众，面对国民党反动派的压迫和帝国主义的侵略，为求得中华民族的解放，为维护年轻共和国的尊严，涌现出无数可歌可泣的具有高尚民族气节的英雄；面对资本主义国家的经济封锁与“和平演变”，挺直脊梁，巍然屹立，自力更生，艰苦奋斗，出现了无数铁人王进喜式的模范。在改革开放的新时期，民族气节更有其全新的内涵和意义，那就是面对经济上的暂时困难，要“时穷节乃见”；面对国际反华势力的压力，要“气粗志更高”；面对中外文化的碰撞，要敢于吸取其精华，又不盲目崇洋等。

总之，必须运用辩证唯物主义和历史唯物主义观点，对民族气节进行科学的分析，也只有认清民族气节的正义性与历史性，才能使民族气节教育具有科学性。

二、针对青少年特点，生动地进行民族气节教育

1. 以各科教学为载体，巧妙渗透民族气节教育。各科教材中有许多民族气节教育的极好素材，我们要善于发现、挖掘和利用。比如语文教材中的《冯婉贞》《三元里抗英》《谁是最可爱的人》《人民英雄永垂不朽》《多吃了几斤盐》《钱学森——中国人的骄傲》和《毛泽东周恩来的“衣食住行”》等等，都是闪耀着民族气节光辉的篇章。再如理科教材中，不是也记载着数不胜数的为振兴中华而终生探索的科学家及其成绩吗？让中小学生熟悉民族志士的事迹和成就，了解中华民族的科学发展史，有利于增强他们的民族自尊心、自信心和自豪感。

2. 开展传统文化活动，提高青少年的民族传统意识和民族文化修养。传统文化活动的形式要注意多样化，如举办知识竞赛，组织文艺会演，编写并演出歌颂民族英雄的话剧、歌舞，参观历史博物馆，观看诸如《甲午风云》《英雄儿女》《高山下的花环》《零的突破》《开国大典》和《共和国不会忘记》等歌颂民族气节的电影并组织影评活动，阅读反映民族气节的书刊并组织书评活动，到能反映民族气节、记载民族英雄业绩的胜地去旅游，开展介绍民族英雄的故事会等，这些

活动既符合青少年的年龄特点,又潜移默化地进行了民族气节教育,何乐而不为?

3.收集反映民族气节的名言与宣传民族英雄和志士仁人的光辉事迹相结合,激发青少年的爱国热情。中华民族一向崇尚气节,仅从鸦片战争以来,涌现出的民族英雄就灿若群星。翻开中华民族的史册,反映民族气节的名言更是史不绝书。除“三军可以夺帅,匹夫不可夺志”、“富贵不能淫,贫贱不能移,威武不能屈,此谓之大丈夫”和“杀身以成仁,舍生而取义”等古训外,在现代就有举不胜举的反映民族气节的名言,如“我以我血荐轩辕”(鲁迅语);“高尚的生命常在壮丽的牺牲之中”(李大钊语);“敌人只能砍下我们的头颅,决不能动摇我们的信仰”(方志敏语);“一个人要有志气,一支部队要有士气,一个民族要有骨气”(王进喜语);“为了党和人民的事业,就是入火海,进刀山,我也心甘情愿”(雷锋语)……在毛泽东、刘少奇、周恩来等老一辈无产阶级革命家的光辉著作里,反映民族气节、激励人民爱国热情的名言更是不胜枚举。我们教育工作者,应该帮助青少年深刻理解这些古训、名言的历史意义及现实意义。并在此基础上,介绍留下这些名言的英雄模范人物的生动事迹,为青少年树立榜样、指明方向,激发他们的爱国热情,引导他们树立起崇高的民族气节。

应该强调的是,在进行民族气节教育中,要着重歌颂中国共产党老一辈无产阶级革命家的光辉事迹,他们为民族的解放、国家的独立,“先天下之忧而忧,后天下之乐而乐”,其气节与成就超过了历史上任何阶级、个人和政治团体。如抗日英雄朱老总,青少年时期“为中华之崛起而读书”并把一生献给党和人民的周恩来,为国家和民族的利益,仗义执言、谔谔上书的彭德怀,还有那些在和平建设年代里拒腐蚀、永不沾,身居闹市、一尘不染的同志,都表现出了前无古人的无产阶级的浩然正气,他们不仅经受了血与火的考验,而且在和平建设时期也经受住了金钱、权力的考验,不愧为时代的典范、千古的楷模。

67.学生缺乏正确的荣辱观怎么办

胡锦涛同志提出“要教育广大干部群众特别是广大青少年树立社会主义荣辱观”,不仅体现了社会主义社会的主流价值导向,而且为学校德育工作指明了方向。作为德育工作主力的班主任,该怎样引导学生树立社会主义荣辱观呢?

一、研究青少年荣辱观形成的过程

人的荣辱观不是先天就有的，而是在后天的环境和教育影响下逐步形成的。成年人的荣辱观及其行为表现，以及当时的社会风气都会对青少年的荣辱观产生潜移默化的影响。

1. 社会的荣辱评价是影响青少年荣辱观形成的重要因素

孩子刚懂事的时候，父母就会指着电影、电视、舞台上的角色说“这是好人，那是坏蛋”；就会对社会上形形色色的人和事做出评价，告诉孩子什么是对的，什么是错的，怎样做好、怎样做不好；孩子平时做了好事，父母会喜笑颜开表示赞许，孩子做了错事，父母会生气并提出批评。孩子就是从家长对各种行为的爱与憎、褒与贬中得到了教养，意识到每个人的所作所为有好坏之别，好则光荣、坏则可耻，于是，荣辱观开始萌发。随着年龄的增长，孩子也开始有意识地做好事、不做坏事，从而又会受到家长或周围人的称赞。这种称赞也就成了他们内心的荣誉体验和感受荣誉的心理过程，而且孩子周围人的有意无意地高兴或不悦，称道或斥责，赞赏或讥讽，也会影响到孩子的认识及行为。可见，社会的荣辱评价是影响孩子荣辱观形成的重要因素。

因此，成年人是否具有正确的荣辱观以及社会风气是否健康，对青少年是否能够形成正确的荣辱观是至关重要的。我们必须营造良好的社会舆论环境，在全社会树立和落实社会主义荣辱评价的标准和规范，为青少年形成正确荣辱观提供良好的外部环境。

2. 青少年自身荣辱判断和自我评价能力的提高是其荣辱观形成的标志

孩子进入学校开始了学习生活，这是他们形成社会主义荣辱观的关键时期。此时，他们开始接受教师特别是班主任进行的更加科学、规范的教育影响和系统的荣辱评价。除此之外，对青少年正确荣辱观的形成最重要的还是他们内因的作用。因此，班主任要通过各种教育行为、规章制度和实践活动激发青少年“趋荣避耻”的动机，使学生自觉地确立社会主义荣辱观的评价标准，将其内化为自己的品德和价值追求，进而外化为良好的道德、学习和生活的各种习惯。根据这个规律，可以说青少年进入学校后，是他们形成社会主义荣辱观的最好时期。其原因还可以从以下两个方面分析：一是国家制定了《中（小）学生日常行为规范》（下称“行为规范”），对青少年基础道德建设有了明确的要求，尤其是“八荣八耻”将社会主义荣辱观具体化、目标化，提倡什么、反对什么泾渭分明，为学生明是非、辨善恶、审美丑提供了价值判断的标准和基本的行为准则，使荣辱观教育有了明确的方向。二是青少年自我意识和自我判断能力、自我评价能力在逐步提高，他们初步具备了明是非、辨善恶、审美丑的价值判断和行为选择的能力，为社会主义荣辱观教育奠定了心理基础。学生自身的荣辱判断能力和自我评价能力的提高，也是其正确荣辱观形成的标志。因此，班主任要把培养学生荣辱判断能力和自我评价能力，引导他们实现由他律向自律发展，作为荣辱观教育的目标追求，并为实现这一目标做出不懈的努力。

二、加强青少年社会主义荣辱观教育

研究青少年荣辱观形成的过程是搞好荣辱观教育的前提和条件，可以使荣辱观教育更加符合青少年思想认识的特点和思想品德发展的规律，提高德育工作的实效。

1. 建立荣辱观教育的长效机制

首先，要引导学生明确荣辱标准，把学习“八荣八耻”与“行为规范”结合起来。根据学生存在的主要问题，班主任可以提出一个时期学生应该达到的行为目标，引导学生理解“趋荣避耻”而形成良好的道德习惯、劳动习惯、学习习惯和生活习惯的价值。这种价值不仅体现在它可以使自己全面提高素质，为自己的命运和一生幸福奠定基础，更重要的是它能够使社会更加和谐，更加有利于社会的发展和国家的繁荣富强。

其次，要努力建立荣辱观教育的长效机制。班主任要立足于素质教育，遵循学生的认知规律，在班级管理、班级活动、班级人际关系等方面体现“八荣八耻”的荣辱标准和价值导向。具体地说，要在班集体中形成学习“八荣八耻”和“行为规范”的长效学习机制、教师的师德示范机制、榜样的激励机制、班级环境的熏陶机制、活动的训练机制和奖惩的保障机制等，要千方百计使其发挥相互协调、同向发展的作用。

2. 荣辱观教育从“心”开始

“八荣八耻”和“行为规范”只有在青少年头脑中扎根，即“入脑入心”，才能变为他们“趋荣避耻”的自觉需要和行为动机。因此，荣辱观教育必须从“心”开始。

(1)培养责任心

责任心是人对劳动、工作、学习负有无法推卸的责任而产生的情感体验，是培养学生正确荣辱观的道德基础。

责任心与爱国主义情感紧密联系在一起，是“天下兴亡，匹夫有责”的国家意识、民族意识的具体体现，归根到底是一种对祖国负责、向人民负责的道德感，具有鲜明的时代性。“以热爱祖国为荣，以危害祖国为耻”体现了社会主义荣辱观的核心，有利于祖国繁荣富强、国泰民安，有利于实现祖国的统一，维护国家的主权和实现中华民族的伟大复兴。每一个中国人对祖国的兴衰都有不可推卸的责任。因此，培养学生的责任心，就要把热爱祖国作为至高无上的目标，引导学生把知国、爱国、报国的中华民族的光荣传统发扬光大，要把学生的学习与祖国的前途命运联系起来，树立“为中华之崛起而读书”的理想和信念。只有“今天多做一份学问、多养一份元气，将来为国家多做一份事业、多尽一份责任”，才是真正的爱国。

“责任”与“义务”二字是紧密相连的。没有为祖国尽义务、全心全意为人民服务的思想，就不会有高度的责任感。要引导学生充分认识社会上出现的“见利忘义”现象的危害，减小其对青少年的影响。要通过社会实践活动，引导学生用实际行动为班级、为社会、为他人多尽一份义务，多负一份责任，并以此为荣。

(2)培养同情心

著名作家简宁曾经说过：“一个人最大和最重要的能力是关心和同情别人。一切的学习都是从这里开始的……”同情心就是当别人遇到困难、受到挫折、遭遇不幸时，有一种设身处地的心理体验，并毫不犹豫地伸出援助之手，去帮助、去劝慰、去分担。同情心是良好道德行为的心理基础，是中华民族的传统美德，也是社会主义荣辱观的心理基础。中华民族历来倡导“仁爱”，并将其视为人间最美的感情。有了“仁爱”，有了同情心，就会形成和谐的人际关系。诚如古人所云：“敬人者，人恒敬之；爱人者，人恒爱之。”如果人人都献出一片爱，社会就会更加美好。

(3)培养羞耻心

康有为有一句名言：“风俗之美，在养民之耻。”当前“八荣八耻”和“行为规范”，许多青少年已经熟读成诵，但违背社会公德的行为屡见不鲜。可见，懂得道德规范并不难，难的是践行道德规范。为什么会出现这种“非不知也，实不为也”的现象呢？关键是缺乏羞耻心。清代石成金说：“耻之一字，乃人生第一要事。”

一个人丧失了羞耻心，就会肆无忌惮，就会无视一切道德规范而无恶不作。因此，荣辱观教育必须培养学生的羞耻心。

羞耻心与荣誉感是相对立而存在的。有了羞耻心，在自己做错事、说错话时，心里就会感到内疚、惭愧和悔恨，就会遭到自己良心的谴责。这是一个人道德的心理防线，是树立正确荣辱观的重要心理品质。孔子说“知耻近乎勇”，有了羞耻心，才能构筑起内心的道德防线。

总之，社会主义荣辱观教育，要从身边小事抓起，着力培养学生的责任心、同情心和羞耻心，筑起他们健康的人格长城。

68. 学生诚信缺失怎么办

讲诚信，是中华民族的传统美德。早在春秋时期，孔子就有“言必信，行必果”的精辟论述。“曾子杀猪”、“曹操断发”的故事更是信守诺言的千古佳话，史书记载的诚信故事不胜枚举。可是，在市场经济日益繁荣的今天，社会诚信道德出现了普遍缺失，中小学生也在不同程度上受到了影响。为此，班主任应从以下几方面加强诚信教育。

一、中小学生诚信缺失的主要表现

中小学生，是在深化改革、扩大开放、发展社会主义市场经济的新时期成长起来的。经济日益繁荣，各种新生事物不断涌现，一方面为他们的健康成长提供了良好的条件，另一方面也对他们的良好思想品质的形成产生了负面影响，对中小学生的道德观念产生了极大的冲击，造成了他们诚信的缺失，主要表现在：

（一）认识偏差，诚信观念淡薄

受社会诚信缺失，以及这方教育的淡化，中小学生出现了认识上的偏差，造成诚信观念淡薄。诚信无用成了一些中小学生的思想根基，诚实等于“傻瓜”成了一些中学生的口头禅。

（二）观念狭隘，损害他人利益

在学校生活中，小团体主义代替集体主义教育的问题，使学生产生狭隘的集体主义观念，以维护班集体荣誉而弄虚作假，甚至损害他人利益。如果班主任在这些事情上采取漠然的态度，势必会给学生诚信道德的养成带来极大的伤害。而且这种缺乏诚信的行为，在一定范围内还很有市场，颇受集体内部的欢迎，因而这种观念必须引起班主任的高度重视。

（三）利益驱动，缺少自我约束

由于学生受到各方面的压力及自身虚荣心的影响，为了取得较好的考试成绩，考试作弊已成了公开的秘密，据我们不记名的问卷调查，有1/2的学生曾有过作弊行为，其中还有一些平时学习成绩比较优秀的同学。学生之所以冒着危险作弊，根本原因在于利益驱动，因为考试成绩优异的学生，在同学、老师、家长的心目中就会高人一等，这样做既满足了虚荣心，又得到了许多实惠。

（四）知行不一，缺乏诚信实践

受过多年学校教育的学生都知道做人要诚实守信的道理，却往往是“语言上的巨人，行动上的矮子”。许多同学对《守则》和《规范》的内容耳熟能详，却不能很好地体现在日常行动中。一些中学生在不同的场合常常会发生角色的改变，不能做到知与行的统一，不能将诚实守信贯穿于日常生活和学习活动的始终。其原因在于缺乏诚信实践，对诚信的理解只停留在书面上，而没有深刻地领会和体验。

（五）氛围不浓，缺少诚信道德评价

在一定程度上，学生诚信缺失，与集体中缺少诚信道德评价有关。许多同学对不诚信的行为听之任之，明知不对，少说为佳。造成不诚信的行为有蔓延的趋势。班主任有必要建立监督评价机制。

二、学生诚信缺失的对策

加强和改进未成年人思想道德建设是目前全社会关注的焦点。胡锦涛同志在全国加强和改进未成年人思想道德建设工作会议上发表重要讲话，明确提出学生要诚实守信，并将此项工作作为落实思想道德建设工作的重要组成部分。因此，班主任在诚信道德教育的过程中，要根据实际，采取一些行之有效的方法：

（一）充分发挥主阵地作用，加强诚信是中华民族传统美德的教育

课堂教学是对学生进行思想品德教育的主渠道、主阵地。必须对学生进行诚信道德教育。如“经济常识课”要阐述“信用至上”是经济社会所遵守的社会公德，是中华民族的传统美德。教师在教学实践中，可以采用让学生以诚信为

题,收集古今经济生活中关于诚信正反两方面事例的方式,然后在政治课上演讲、交流、讨论。从而认识到诚信是一种宝贵的社会资本,是社会交往中比较准确的道德保证。学生收集资料的过程也是信用实践与感悟的过程。有了初步的认识,经过交流、讨论,就会形成观点,反过来指导自我的道德实践。诚然,思想政治课中像这样关于诚信教育的素材还有很多,关键在于教师在教育教学过程中要打破旧思路,采用新方法,将思想政治课变得生动有趣,富有成效,从而充分发挥其主渠道、主阵地的作用。

(二)密切"三结合"网络,重视多方位育人

诚信道德教育是学校、家庭和社会共同的职责,多年来,中学生诚信道德教育工作不能收到满意的效果,主要是这三方面没有形成合力,班主任应该密切这三个环节的关系,使教育成为一个完整、运动的系统,齐抓共管,使学生诚信道德教育工作的实效性显露出来。班主任要指导家长树立诚信理念,起到身体力行的示范作用。社会是包容每一位学生的人生舞台,社会的道德表现直接影响着每一位学生人生观、价值观、世界观的形成。《中共中央国务院关于进一步加强和改进未成年人思想道德建设的若干意见》为形成良好的诚信道德教育氛围提供了有利契机。诚信道德教育应该抓住这一有利时机,与社会生活紧密结合起来,让每一位学生深切感受到社会风气的改变,使之受到深刻的教育。学校、家庭、社会三位一体,将诚信道德教育贯穿到学生活动的每一环节当中,长期坚持下去必然能收到良好的效果。

(三)加强诚信实践锻炼,提高教育的实效性

中小学生的年龄特点和心理决定了他们不喜欢空洞的说教,开展方法多样、形式活泼的诚信道德教育活动是达到良好教育效果的必要手段。如观看优秀电影电视片、听先进人物报告会、考试不设监考老师、举办以诚信为主题的演讲比赛、故事会、主题班会、征文比赛等活动。使学生在潜移默化中接受诚信道德教育,让他们通过对活动的参与得到诚信的实践锻炼,自觉培养诚实守信的品质,达到自我教育的良好效果。

(四)重视校园(班级)文化建设,优化育人环境

在诚信道德教育过程中,环境对人影响十分重要,学校(班级)是学生活动的主要场所,所以应该在学校(班级)营造良好的诚信道德教育氛围,重视环境对人的作用。应该充分发挥广播、黑板报、宣传栏、警示牌等宣传舆论阵地的作用,将

诚信道德教育广泛穿插于思想品德教育的宣传中。让健康文明的精神食粮占领文化阵地,让校园(班级)文化向高雅健康的方向发展,使学生时时受到诚信教育的熏陶,来帮助学生完善人格,健全思想。

(五)持之以恒做好诚信道德教育工作,从大处着眼,小处着手

学生诚信道德的培养是一项长期性的工作,因此,全体教师特别是班主任应该有持之以恒的工作精神,从大处着眼,小处着手,不避繁难,不嫌细琐,扎扎实实地做好诚信的养成教育工作。班主任要从日常工作的细微之处入手,为每一位学生建立诚信档案,在每周的班会上将有不良信誉的行为向全班同学公布,如抄袭作业、考试作弊、言而无信、值日生不做值日等,时刻为学生敲响警钟。对优秀的同学进行表彰,对不良的现象进行鞭挞,从而在班内形成良好的诚信氛围。让诚实守信成为班内学生的道德价值取向。

弘扬和树立诚信为本的道德观念,既是立人之本,也是立国之本。我们要为广大中小学生积极创设诚信氛围,建立健全诚信评价制度,开展形式多样的诚信教育活动,为他们养成诚实守信的良好品德架桥修路,从而扎实有效地推进中学生思想道德建设工作,为建立诚信社会做出自己的贡献。

69. 学生社会公德自律意识差怎么办

记得1994年10月天津水上公园用万把红伞装点的“大地走红”艺术造型,只展出了两天红伞便被哄抢毁坏一空,从而引发了一场关于社会公德的大讨论,因为实属共性问题,其影响甚至波及全国。时隔仅仅5年的今天,天津市香格里拉广场雕塑被毁事件又无情地摆在世人面前。而且这类无视社会公德的现象比比皆是:公交车无人售票箱内的残币和假币、公共场所的脏乱吵、旅游景点到处可见的×××到此一游的字迹、生活小区践踏草坪乱折花木的现象、人际交往中的互不尊重……多得令人触目惊心。这一切再次引起人们对社会公德的呼唤。我们教育工作者也必须进一步审视中小学德育工作,努力对中小学生进行社会公德教育,加大力量培养他们的自律精神。

社会公德即社会公共道德。它是一定社会的全体公民共同遵守的人与人之间、人与社会之间和人与自然之间关系方面的最基本的生活准则和行为规范。社会公德是道德体系中最低层次的要求,是个人良好道德形成与发展的基础。

一个人如果连最基本的社会公德都做不到，是很难自觉履行较高层次的社会主义道德规范的。人们都承认，社会公德的好坏，是衡量一个社会道德风尚好坏和精神文明程度的重要标志，也是学校德育工作优劣的试金石。因此，加强社会公德教育是中小学德育工作的基础性的却又十分重要的内容。

尽管近几年来中小学校都广泛开展了《行为规范》的养成教育；尽管中小学生对遵守公共秩序、爱护公共财物、行为文明、待人礼貌、尊老爱幼、尊重他人、诚实守信、见义勇为、讲究卫生、保护自然环境等公德规范表示认同；尽管他们在社会公德行为上也能不同程度地践行上述公德规范，然而，不能不承认在中小学生中观念选择和行为选择还存在一定差距，突出地表现为知行脱节，而且普遍存在着自律意识较差的问题。究其原因，除了一些学生家庭成员公德意识不强、公德行为较差，以及社会存在违背社会公德的现象，对学生产生了不良的影响之外，中小学德育工作的种种失误也是影响学生形成良好社会公德的不可回避的原因。

一是重知轻行。中小学德育普遍存在着重道德观念和道德规范的灌输，忽视对学生进行公德意识的培养和公德行为的养成教育，以致其能说不能做，知行严重脱节。

二是重高轻低。重高轻低是指在我们的德育工作中重视道德的理想性和高层次的道德要求，却忽视道德的现实性、广泛性和低层次的公德要求。由于中小学德育工作不同程度地存在着轻视社会公德的价值导向，致使学生存在一种"大礼不辞小让"的错误认识和不重视遵守社会公德的现象，于是，社会公德失范也就不足为奇了。

三是重内轻外。中小学校普遍重视在校内对中小学生进行"行为规范"的教育，却不同程度地忽视了德育工作的社会性与开放性，关起门来搞教育，脱离复杂的社会现实，不能经常引导学生在社会交往、社会实践中践行社会公德规范，这就容易使学生形成"双重人格"，不能做到我们所倡导的校内校外一个样，有人监督与无人监督一个样。

四是重知轻能。即在道德教育中重视规范条款的记忆，忽视为什么要自觉遵守这些道德规范的理性阐述和结合正反两方面的实例培养学生辨别善与恶、美与丑、是与非的能力，以增强学生的免疫力。因此，学生在践行社会公德规范时缺乏独立性、创造性和自律性，以致与社会上不讲社会公德的现象随波逐流。

总之，由于学校提倡的道德规范与社会上低俗、陈腐的道德意识和道德行为存在着明显的反差,学生一旦走出校门,听到的、看到的确实有不少违背社会公德的言行。这种“道德反差”对成长中的、思想仍比较单纯的中小学生无疑具有不良影响。特别是当他们发现在学校接受的思想道德观念在社会上对不上号或行不通时,必然会对学校的德育产生困惑和怀疑,以致顺应不良的社会环境,严重的会导致道德滑坡和信仰危机。

有鉴于此,中小学德育工作必须尽快走出误区,切实搞好社会公德教育,提高其实效性。社会公德教育需要做的事情很多,但其根本的任务是培养学生的自律精神。马克思说:“道德基础是人类精神的自律,而宗教的基础则是人类精神的他律。”我们的祖先在道德建设上特别强调主观修养和自我完善。人的道德发展一般遵循从他律到自律的过程。他律是利用外部力量来控制人的思想行为,其特点是权威性、约束性、他教性;自律是在他律的影响下,通过人的内在道德法庭——良心来调控自己的行为过程,其特点是自觉性、自主性、自教性。学校的德育工作就应当从提高学生道德认识水平、培养其自我教育能力,并通过行为训练培养学生的自律精神,实现由他律走向自律。

如何才能使学生养成严格的自律精神呢?

首先,应当进行公德规范的理性阐述。社会公德规范只能告诉人们应当如何去做,而为什么必须这样做要靠对规范的理性阐述。只有令人信服地阐明社会公德作为调整人们社会公共生活和在公共场所交往中必须遵循的行为规范,是社会利益的反映,是为社会的整体利益服务的,任何违背社会公德的行为都将造成社会的混乱。同时,还要说明在社会主义初级阶段,社会公德不能完全脱离社会主义道德,这就是社会公德的时代性,不能自觉遵守社会公共生活中最起码的道德准则就不可能遵守如我国宪法所提倡的“五爱”等高层次的社会主义道德准则。而且,只有使学生在知其然而又知其所以然的情况下,才能树立公德意识,并自觉地主动地把遵守社会公德变为他们自我追求、自我完善的内在需要和应尽的社会责任。

二是要培养学生的道德判断能力。社会公德教育的开放性、广泛性,要求我们中小学不能只关起门来搞教育。因为,企图为学生创造一个纯洁无瑕的真空般的环境,只是一种美好的愿望,而且还会造成学生不能适应复杂多变的社会生活的结果。如上文所述这种强烈的“道德反差”,只能削弱学校道德教育的力量,造成学生对学校德育工作的逆反,乃至“信仰危机”。正确的办法只能通过对社会公德规范的理性阐述,使学生理解为什么必须遵守社会公德规范,引导学生走向社会,广泛了解国民遵守社会公德的实际,即用自己的耳朵去听,用自己的眼睛去看,自己去发现遵守社会公德的先进典型和违背社会公德的不良现象,然后,启发他们再用自己的头脑去想、去分析,去辨是非、明善恶、分美丑、定取舍,指导他们自己去选择正确的公德观念和行为方式。学生的道德判断能力的培养,还可以为学生提供一些现实生活中道德两难式的困惑问题组织他们讨论:比较不同理由,形成选择与反省其道德观念与行为的机会,使其从中学会解决道德问题的新方法,达到提高道德判断能力的目的。总之,没有这种判断能力,就不可能有自律精神。

三要培养学生自育能力。自育能力是学生按照道德要求,并在外界教育影响下,对自己进行有目的、有意识的自我培养和自我教育的能力。这种自育能力主要应由自我认识、自我要求、自我促进、自我评价、自我完善等五个因素构成。心理学认为:人们都有忽略自己不良品行的倾向,即所谓"自丑难觉"。如果一个人不能正确地认识自己的属性(学生,祖国未来的接班人)、义务和责任,就不能逐步确立起自尊、自信、自主、自强的健康心理,也就不可能为自己提出奋斗目标和要求,并按目标严格鞭策自己、监督和检查自己达到自我要求的过程,并对自己的思想和行为进行科学的评价,不断调整自己的思想行为,以达到提高自制、自控能力的目的。学生自育系统中的构成因素相互作用、相互影响,形成一个完整的系统,作为中小学生这个系统尚未形成,需要在教师和家长的指导下进行。如引导学生通过分析和评价榜样行为或不良行为而进行自我反省或采取其他方法使学生"识丑",并认识这些"丑"已经严重地损害了自我形象,增强克服"丑"的自觉性和主动性。

四是多提供实践机会,培养学生自律精神。在现实生活中道德选择方式有三种,即习俗型、良知型和理智型。习俗型的特点是从众或听命;以大众是非为是非,以权威是非为是非,缺少一种基于个人经验和个人理性的反省和审视。因此,要培养学生的自律精神,除遵循德育的基本原则外,要多提供学生在道德实践中探索世界、发现事实、独立思考,对自己道德行为进行自我调控。《中国教育》2000 年 5 月 17 日对北方交大思想品德修善课改革的报道,其中两条值得我们中小学德育工作者借鉴:一是在老师指导下由学生自编自导自演道德小品,这样给学生讲人生、讲理想、讲价值,这种方法形象而有说服力,容易被学生接受。二是开展"积德实践"活动(原称"道德实践"),取积少成多、集腋成裘之意。具体内容是由学生自己找时间、机会,在学校或到社会上去做好事,而且有对方的回执,计入道德考评的成绩。目前,还有不少中学组织学生上街做社会公德规范的宣传,维护交通秩序,进行社区保洁,保护社区生态环境(如组织护绿队)或开展敬老助残活动等等,这些对培养学生的公德意识和自律精神,养成良好的遵守社会公德的行为发挥了重要的作用。

总之,中小学应该把社会公德教育纳入学校德育工作体系,长期坚持不仅有利于学生思想品德的成长,而且对社会主义精神文明建设发挥着奠基和辐射作用。到那时天津水上公园"红伞"事件、香格里拉广场雕塑被毁事件就将再也不会重演。

70. 网络德育该怎么办

互联网被视为继报纸、广播、电视之后的"第四传播媒体",以其全球性、开放性、交互性、综合性等特点使不同文化之间的交流有了畅通的渠道和机会。它为现代化信息的传播构筑了一座四通八达的"立交桥",从而促进社会的全面进步。

从教育的视角看,网络确实有利于学生个性的发展。在以往的学校生活中,学生个体为了取得集体的认同,有时不得不放弃个人许多个性特征,而在网络空间里,个体可以毫无约束地挥洒自己的个性。他们在网上可以体验到各种人生角色的酸甜苦辣。这种丰富的体验,恰是道德教育的良好基础。同时网络创造了一种新型的人际关系基础,扩大了学生的交往范围。在网络中,不同信仰、不同文化、不同民族、不同地区、不同肤色、不同性别、不同年龄的人们,可以没有任何障碍、任何歧视地进行自由、民主、平等的沟通和交往。这种交往可以更加超越时空和种种主、客观因素的限制,具有更大的开放性、选择性、多样性和丰富性,为学生提供了良好的道德自律的机会。

一、如何应对网络的负面影响

互联网的资源共享性为人们迅速地获取信息特别是为青少年网上学习提供了方便。然而,网络也给学校德育工作带来许多麻烦和负面影响,这是班主任必须应对的。

(一)损害着学生正常的社会人际关系

目前越来越多的青少年整天将自己锁定在计算机面前,习惯于输入输出,内心倾向于机器化，减少了表情和亲情。网上交际使青少年沉溺于虚拟空间而离群索居，造成新的精神空虚；特别是一些"网迷"每日数小时甚至数十小时坐在电脑前，致使其中的一些人已经患上了"上网失衡症""信息污染综合征"等新的疾病。因此，这种"人—机—人"的关系正在损害着以往社会上正常的人际关系。

（二）弱化了学生的社会主义道德意识

网络的传播使道德价值趋于多元化，诸多的西方道德价值观的入侵，给青少年学生的道德选择带来了困惑，加上这种选择的自由性，使学校德育的导向失控。网上的"言论自由"使得人际交往变得复杂化；特别是西方发达国家通过网络优势，对发展中国家和不发达国家进行文化侵略和渗透，冲击着学生未成熟的人生观和价值观，使其轻易地放弃民族文化而崇拜西方文化，从而引发自身文化危机。可见，因特网在悄无声息地改变着青少年的道德认识和价值观念，弱化着学生的社会主义道德意识，这无疑是对社会主义学校德育的一种严峻挑战，必须引起我们的高度重视。

（三）信息垃圾毒害着学生身心健康

互联网中诸多黄、赌、毒、暴力信息垃圾，对于缺乏鉴别能力的青少年，不仅具有巨大的诱惑力，而且往往会使他们迷恋于其中而失去自制力。同时，网络也为弱小者提供了犯罪条件。可见，通向网络化时代的道路并不是铺满鲜花的金光大道。在给我们的生活、道德带来良好发展机遇的同时，也给我们带来了许许多多的麻烦、灾难和不安，同时也给我们学校的德育工作特别是班主任提出了严峻的挑战，使我们不得不把网络德育工作迅速摆到学校整体德育工作的日程，而班主任的肩上承担的责任是其他教育工作者无法替代的。

二、网络德育亟须有效发挥班主任教育主体的主导作用

网络德育是指发挥网络优势开展网上德育活动，对学生进行政治教育、道德教育、法制教育、人文教育。网络德育过程同样是教师（教育主体）有效发挥主导作用，调动学生（学习主体）的自主性、积极性、创造性，最终实现学生道德自律能力不断提高的过程。网络德育是学校德育的有机组成部分，是德育现代化发展的必然趋势，必须围绕现代化德育思想、德育目标和德育内容展开，并与学校日常德育构成完整体系，以形成学校德育新的运行机制。

但是,由于互联网迅猛异常地快速发展,网络德育提出后,我们的许多班主任精神准备不足,还不能迅速形成现代教育的新理念;不少班主任由于不精通现代教育技术,对互联网知之甚少,这成为班主任教育主体主导作用难以发挥的主要原因。

尽管有些班主任已经掌握了现代教育技术,而且能够熟练地操作互联网,但是,在网络德育中还要有效地承担责任和义务指导学生在充分利用有益信息资源的同时,抵制有害信息。

必须掌握现代教育技术增强创新意识。网络技术是在网络社会中生存的基础,掌握网络技术是做好网络德育工作的前提。目前学生运用计算机的能力远远超过班主任的已不是新鲜事,提高广大班主任操作计算机技术和运用网络技术的能力已是当务之急,使他们能够熟练地使用网络,驾驭网络,能及时地解决网络中出现的种种问题,从而使网络德育工作更加生动形象,更加具有吸引力和辐射力。对此,摆在学校面前的是如何以掌握教育现代化技术为突破口带动教师队伍现代化,这是摆在我们面前的一个非常紧迫的问题。不少有条件的学校已经建起校园网,并出台相关制度在中青年教师中开展文字录入、文字处理系统、操作系统、数据库等达标测试或组织教师参与全国计算机培训和等级考试。"多媒体教学比赛"、"多媒体课件制作评比"、"网上德育活动展示"正在广泛开展,对培养教师上机借鉴网络信息资源的能力和网络德育软件开发的能力发挥了巨大的推动作用。

班主任只有掌握现代教育技术,在网络德育中才能有效发挥主导作用。

三、网络德育要疏堵结合,重在培养学生的道德自律能力

在网络德育中学生也是学习的主体,只有他们充分发挥主观能动性,才能取得良好效果。

众所周知,由于网络的隐蔽性和不可控性,造成的信息污染十分严重。黄色陷阱触网可见,西方资本主义的意识形态不断传播,严重影响着青少年世界观、价值观的健康发展。另外,网上的各种信息垃圾对学生思想具有很强的腐蚀性,使青少年网上道德行为失范成为可能。加上网络信息直观形象,又多与娱乐性相结合,因此,对青少年具有极强的吸引力。目前"闲扯、游戏、色情"已被称为网络三大公害。有统计表明,学生上网,真正为了获取有益信息,把网上学习作为最新人生追求的只是少数。尽管网络确实使学生个体的独立性、自主性得到了

充分的发挥，个性得到了张扬，但是，大量的事实说明，由于青少年学生把握政治方向的能力、道德判断能力较差，思想免疫力不强，因此作为学习主体行为的失范现象颇为严重。不少学生由于热衷网聊、网恋，涉足黄色网页沉迷其中不能自拔。

这种学生学习主体行为的失范，是网络德育面临的必须迅速解决的问题。只有加强网络德育，才能解决问题。其主要办法是疏堵结合，培养学生的道德自律能力。

(一)采取措施，正本清源，打击网络不法分子

这里说的就是"堵"，"堵"绝不是指下一道命令禁止学生上网，这样做会适得其反。笔者说的"堵"是面对网上信息良莠掺杂，有必要构建相关的监控机制，加强对网络信息的监控，或运用行政、法律、技术等手段，控制信息源头，以达到正本清源的目的。有关技术部门应承担起保护青少年的重大职责，通过过滤程序限制学生获取不良信息，登录不良网站，并为青少年输送科学、正确、健康的信息软件。除此之外有关部门还要加大对社会上的网吧的监控管理力度，对不法网吧要坚决取缔。对网络不法分子要依据相关的法律法规给以坚决制止。尽可能从信息源头上减少黑、黄、赌、毒等信息垃圾的传播。如果政府对此缺乏作为，班主任工作再努力又有何用！

(二)正面疏导，培养学生的思想免疫力和道德自律能力

中小学德育工作在正面疏导方面已经积累了许多宝贵的经验，如加强学生的政治思想教育，提高学生的政治素质，并有机联系西方资本主义国家西化、分化、弱化我国的事实，增强学生的政治敏锐感和鉴别力，粉碎资本主义国家妄图颠覆我们社会主义祖国的政治图谋；加强道德教育，提高学生的道德素质，特别要强化"三观"教育，培养学生树立共产主义理想、信念和世界观，形成现代化的、健全的人格和高尚情操，使西方腐朽的生活方式和价值观念如过街的老鼠人人喊打。只有这样才能不断提高学生的政治鉴别力和思想免疫力。

与此同时，还要加强网上德育，并在以下几方面进行积极有效的引导：①引导学生正确识别网络信息中的"垃圾"，合理利用电脑游戏。班主任的任务在于向社会呼吁杜绝有害游戏毒害青少年的同时，应积极引导青少年学生树立正确的游戏观念，让电脑和网络游戏在他们成长中发挥积极作用。这是网络时代班主任应该思考的新课题。②引导学生继承和发扬优秀民族文化，积极抵制网上

不良文化的侵袭。防止中华民族的优秀文化的消解,指导学生正确认识和吸收网络文化,培养学生的自控力和辨别是非的能力,这也正是网络德育的任务之一。③引导学生树立正确的“网络伦理”,杜绝不文明的网上行为。不文明的网上行为,往往会带来意想不到的后果。因此,班主任应该教育引导青少年树立正确的网络道德观念,自觉规范网上行为,杜绝破坏性事故发生。④开展网上心理咨询。长时间的上网,对学生心理产生的危害,已是有目共睹,有的孩子甚至患上了孤独症。基于这一点,班主任应该积极进行“网上心理咨询”,在学生上网前就向学生传播有关上网可能导致心理障碍的信息,以及防止心理障碍产生的方法等,并建立“网上心理咨询”辅导站。由于网上交流有很大的隐蔽性,学生不用露面,也可以匿名,当然可以大胆地说出自己的隐私和心理疾患,通过自身的努力和老师的指导,求得心理平衡,医治心理疾病。⑤建立家校电子联系信箱。学生和老师都可以进入网上交流,家庭和学校可以互通情况,共同关心孩子的健康成长。

网络德育作为现代化德育途径正在引起各国教育工作者的注意,我想未来不久,网络德育会与网络科学同步,这正是我们德育工作者的呼唤与期盼。

71. 学生缺乏科学精神怎么办

中共中央国务院《关于深化教育改革　全面推进素质教育的决定》中明确指出:“要让学生感受、理解知识产生、发展的过程,培养学生的科学精神和创新思维习惯。”可见,培养学生的科学精神是学校教育的重要任务。

一、科学精神是维护真理的“理性精神”

为了正确理解科学精神的丰富内涵,我想用生活中令人感慨的事例加以阐释。读过王朔小说《我是你爸爸》的读者不会忘记这样一个情节:儿子在学校因当面指出老师讲课中的错误而激怒了老师,学校责令他停课写检查。可是爸爸却对儿子说:“你傻就傻在不懂得这条做人的基本原则:当权威仍然是权威时,不管他的错误多么确凿,你尽可以腹诽,但一定不要,千万不可当面指出来。”这样的事情在我们的中小学校时有发生,这样的老师、父母也大有人在。这是科学精神吗？这是科学态度吗？当然不是！他们的言行正在不知不觉中使学生不迷信

老师和权威的科学精神逐渐消失,不信,请再看下面的例子:

一位老师曾向学生出示了一篇有病句的文章,并告知这是世界文学巨匠列夫·托尔斯泰的习作,要求他们从文学的角度予以评价。学生经过思索之后,纷纷发表看法,称文章“行文流畅,字字珠玉”、“整散结合,错落有致”、“修辞得法,富有韵味”……令人费解的是,竟无一人有不同见解。这时老师问:“此文果真完美无瑕?”同学们异口同声地说:“当然,文学巨匠写的嘛!”仅凭老师简单的暗示,本来有能力对文章做出正确评价的学生们却无不无条件腹诽了。而且学生这种服膺权威的态度,正随着年龄的增长越来越凸显出来。

对此我们能埋怨学生缺乏实事求是的态度吗?当然不能!我们许多老师和家长不是也不敢对名人提出异议,对权威只知遵从甚至牵强附会吗?从某种意义上说,我们的一些老师和家长正在无意中联合起来阻碍青少年科学精神的发展。学生不同意老师的意见,批评、谴责就会接踵而至。我不禁要问,谦虚难道就是言听计从吗?这样要求学生符合科学精神吗?当然不符合!那么,怎样做才符合科学精神呢?我们还是先看两个例子。

2004 年 2 月 24 日,世界著名交响乐指挥家小泽征尔在北京人民大会堂指挥维也纳爱乐乐团,为中国观众奉献了一台精彩的音乐会。这使我想起了他成名前,在欧洲指挥大赛决赛中的一个故事:进入决赛的他,按照评委给他的乐谱指挥演奏时,发现乐谱有不和谐之处,以为是乐队演奏错了,就停下来重新演奏,仍不如意,于是对乐谱产生了怀疑。可是在场的评委、作曲家等权威人士都郑重地说明乐谱没有问题,是小泽征尔的错觉。面对音乐大师和权威人士的否定,他思索再三,突然大吼一声:“不,一定是乐谱错了!”话音刚落,评委台上立刻响起热烈的掌声。本来这是评委设计的一个圈套,参赛者若趋同权威则遭淘汰。最终,小泽征尔在大赛中摘取了桂冠。他为什么能取胜?他为什么成为世界著名的指挥家?就是因为他不迷信权威和大师,相信自己的理性判断,就因为他具有实事求是的科学精神!

还记得日本著名微生物学家、白喉血清疗法首创者之一的北里柴三郎博士,曾在一篇论文中批评他的老师绪方正规学术上的一个见解。在绪方正规执教二十五年纪念会上,北里博士首先致辞说:“反对恩师是一件痛苦的事,但我们的责任是维护真理。”绪方正规听后首先报以热烈的掌声。这件事不仅说明北里柴三郎具有维护真理的科学精神,而且他的老师绪方正规同样具有修正错误的科学精神。

根据这些事例,我们是否可以这样认为,科学精神就是维护真理的“理性精神”。

维护真理就要尊重事实,不趋同权威。如果对老师或权威的观点、做法产生怀疑,就应当敢于提出来。有人说,“怀疑是科学精神的灵魂”是有道理的。在科学的发展史上,许多生动的例子可以说明这个观点。没有对托勒密“地球中心说”的怀疑,哪来哥白尼的“太阳中心说”;没有对“重物在空中自由下落时,速度与它们各自的重量成正比”这一观点的怀疑,伽利略的落体定律和惯性原理也不会产生。可见,没有怀疑就不会有科学的发展。当然,怀疑是建立在思考与研究基础上的,而不是无根据地瞎猜想。

要维护真理就应当不迷信、不盲从、不因循守旧,而应当敢于冒险、敢于开拓创新。在科学史上,因为因循守旧、迷信权威而导致失去创新机会的例子很多。典型的例子就是英国化学家普里斯特,因为迷信权威而把将要到手的成果白白放过。此时,拉瓦锡却抓住不放,而发现了氧气。惧怕权威、迷信传统,就不具备科学精神。

维护真理就要敢于修正错误。作为教书育人的老师,面对学生的质疑甚至批评更应当具有修正错误的勇气,以此为学生示范。

一言以蔽之,科学精神最本质的一条就是实事求是。毛泽东提出的“主张实事求是,主张客观真理,主张理论和实践一致”就是对科学精神的鲜明的解释。

二、培养学生的科学精神是一项紧迫的任务

中共中央宣传部在《公民道德建设实施纲要》中明确指出:“提倡学习科学知识、科学思想、科学精神和科学方法。”其宗旨就是为了全面提高公民的科学文化素养。不久前,中国科协也启动了《全民科学素质计划》,计划到中华人民共和国成立100周年之际,使十八岁以上的公民达到预期的科学素养。根据我国公民整体科学素养不高和中小学生科学精神下滑的状况,加强对学生科学精神的培养,对于中小学来说无疑是一项紧迫的任务。

掌握必要的科学知识,具备科学精神,能够有效运用科学态度和科学方法去判断、处理各种事物,就是我们常说的科学素养。

在科学素养的诸要素中,科学知识是基础,科学精神是灵魂,两者是并行不悖的。然而,在我国现实的科学教育中存在着单纯重视普及科学知识,忽视培养科学精神的倾向,将科学教育目标直接指向了升学,使科学教育带有明显的功利

性。其弊端是影响了公民科学素养的全面提高和均衡发展。因此,我们要正确理解江泽民同志的"弘扬科学精神更带有根本性和基础性"这句话的精神,要在大力普及科学知识的基础上弘扬科学精神。这便是中小学教育的迫切任务和历史使命。

赵烽先生在分析中小学弘扬科学精神的迫切性时,精辟地阐述了四条理由:一是科学精神的培育工作没有引起各方面的重视;二是科学教育带有很强的功利主义倾向,其目标指向了升学;三是对培养科学精神途径的理论研究滞后;四是教师队伍的科学素养不能适应培养学生科学精神的需要。(见德育研究2004.1)的确这四方面问题真正得到较好的解决还任重而道远;还需要教育行政部门、理论工作者和广大教师、学生家长的共同努力。加强对学生科学精神的培养,原因在于:

一是我国公民的科学素养不高,严重地影响着青少年科学素养的提高。实事求是地说,我国多数公民还不具备基本程度的科学知识、科学精神,还不能用科学的态度看待某些事物,迷信思想严重,更缺乏运用科学方法处理和解决问题的基本能力。2002 年 10 月 23 日,中国科协对外公布了第四次中国公众科学素养调查结果:2001 年中国公众具备科学素养的比例为 1.4%,分别是美国和欧盟国家的二十三分之一和十五分之一。尽管 2003 年我国公众达到科学素养水平的比例上升到1.98%,但仍然远远落后于上述国家。这样严峻的现实要求教育有所作为。

二是青少年学生科学精神下滑的现状亟待改变。2003 年天津市对中小学"科普教育现状"的问卷调查显示,24% 的学生认为世上有神仙、鬼怪,19% 的学生相信占卜、算命。《科学世界》杂志 2003 年也曾在北京和上海的八所中学和高校中进行一次问卷调查:有 88% 的中学生相信或有点相信通灵术,63.7% 的中学生相信或有点相信飞碟的存在,有 89% 的被调查者辨不清什么是真科学和伪科学。而令人吃惊的是,"青少年中信教的人数在逐年增加,且向低龄化、知识化发展"。这一切,足以说明我们的中小学还须进一步加强对学生进行辩证唯物主义和历史唯物主义世界观的教育及科学精神的教育。

三、承担起培养学生科学精神的历史重任

科学精神的培养是基础教育的目标之一,在这方面我国的中小学教育还跟不上时代发展的需要。因此我们必须认清形势,从以下两个方面加大培养学生

科学精神的力度。

（一）普及科学知识，培养科学精神

普及科学知识应当重视其整体性。科学知识是自然科学知识与社会科学知识构成的统一体，不能片面强调一方，而忽视另一方。可是现在的中小学教育却不同程度地存在这样的问题：大家都承认普及科学知识的主渠道是课堂教学，可是，为了"应试"，只好考什么就学什么，它的直接危害就是造成学生科学素养的不均衡发展。这种状况不改变，科学精神的培养就无从谈起。

普及科学知识要重视过程、重视实践。在实践探索中培养学生尊重科学、尊重真理、实事求是、反对迷信的科学精神。目前的课堂教学还不同程度地存在着忽视启发式、研讨式，过于重视知识结果的本身，忽视研究的过程，忽视科学实验等问题。要改变这种状况，我们要坚持课内与课外、历史与现代相结合原则，在引领学生研究书本知识的同时，指导他们利用网络查找资料，了解科学知识的新成果。同时还要开展丰富多彩的课外活动，走进自然探索其中的奥秘；开展社会实践和志愿者活动，提高运用社会科学知识的能力；利用学校科技节、文化节，带动科学知识的普及和小发明小创造活动；科技"大手拉小手活动"是当前最受学生欢迎的活动之一，他们可以直接与专家学者面对面地学习和交流，学习他们的科学精神。

总之，不掌握基本的科学知识，不会运用科学的方法，所追求的科学精神充其量只是空中楼阁。

（二）传播科学思想，弘扬科学精神

"爱科学"是"五爱公德"的内容之一，也是学校德育的一项重要内容。"爱科学"包含着引导学生崇敬和热爱古今中外的科学家的崇高品德、科学思想和顽强的意志品质，特别是他们的科学精神；帮助学生树立崇尚科学、反对迷信、信奉无神论的辩证唯物主义和历史唯物主义的世界观；使他们懂得热爱学习、尊重知识、尊重科学。

每一位优秀科学家的科学思想、崇高品德、科学精神以及他们为追求真理、捍卫真理的献身精神都是我们传授科学思想、弘扬科学精神的最好教材。因此，我们要充分利用这些教材激励学生尊重知识、坚持实践、实事求是、追求真知、反对僵化、不惧权威、敢于超越的科学精神和坚强意志，提高他们辨别伪科学的能力。

培养学生的科学精神任重而道远,我们必须付出艰苦而持久的努力。

72. 学生不懂孝敬父母怎么办

孝敬父母是中华民族的传统美德。正如孔子所说:“夫孝,道之本也,教之所由生也。”但是,目前,独生子女不孝敬父母的现象却比较普遍。因此,教育学生孝敬父母、弘扬中华民族传统美德已成为摆在我们面前的重要任务。怎样引导学生孝敬父母呢?

一、制订标准

要深入调查学生不孝敬父母的种种表现,如,①不听从父母教导,顶嘴,在长辈面前任性,耍脾气。②不爱劳动,不愿帮助父母做一些力所能及的家务事。③挑吃讲穿,乱花钱,对父母缺少体贴。④公共场所不愿照顾老人。⑤部分学生在这方面存在知行脱节、言行不一的现象,即虽明白孝敬父母的道理,但缺少尊老的行动。然后,根据不同年龄段学生的具体情况,制订出孝敬父母的具体标准:①关心父母的饮食起居、身体健康,主动帮长辈做事。②听从父母的正确教导,外出或回到家向长辈打招呼。③经常把学习和思想情况告诉父母。④对老人说话和气,有礼貌。对长辈有意见时,有礼貌地提出,不要脾气,不顶撞。⑤维护长辈尊严,有礼貌地称呼长辈。⑥关心长辈,为长辈祝寿。⑦虚心向长辈请教,尊重长辈的意见。⑧细心侍奉长辈。不打扰长辈工作、学习和休息。⑨热情接待来访的老人。⑩为老人让路、让座。将这十条印发给学生及其家长,以便让他们共同遵守、养成习惯。

二、讲清道理

要保证“孝敬父母”之理深入学生之心,就要首先从课堂教学等多种渠道入手。

1. 把“孝敬父母”的教育纳入学校活动课程

①如以中华传统美德小丛书中的《孝敬父母》作为教材。这本书介绍了十五位古人、十五位现代伟人和一位当代小学生怎样孝敬父母的故事,且图文并茂,学生易学,易记。②选配优秀教师作为“孝敬父母”教育的专项指导教师,组织这

些教师严格进行有关教材的专项培讲。③对该门课程提出了明确的教学目标要求,并将该课程记入教师工作量,将教学结果纳入教师工作业绩评价,保证该课程教学落到实处。

2. 深挖学科教学的教育因素,渗透孝敬父母之理

①由于语文课、思想品德课、社会课里含有丰富的孝敬父母的教育因素,所以我们就明确要求这些学科的教师要将课堂教学作为进行孝敬父母活动的有机组成部分。②每学期组织相关学科的教师撰写有关孝敬父母教育的经验体会。

3. 利用学校宣传阵地,营造教育氛围

班主任要充分利用红领巾广播站播讲孝敬父母内容的故事,用校刊、校报进行孝敬父母的宣传教育。班级黑板报、学生手抄报要大力宣传学校涌现出的孝敬父母的好人好事。在校园张贴八十余张孝敬父母的宣传画,开办四个含有孝敬父母内容的照片、挂图、文章介绍的专栏及黑板报。

三、开展活动

1. 以班队活动为载体,倡孝敬父母之风

班队活动是极受学生欢迎的教育形式,我们要激励学生主动参与孝敬父母活动,有效地增强孝敬父母教育的氛围。班主任要根据学校孝敬父母教育的整体安排,经常开展孝敬父母主题系列活动,如“我当父母小帮手”竞赛活动,有针对性地开展“孝敬父母汇报会”“感恩主题班会”,通过讲故事、表演小品、唱歌、谈个人体会等形式,从点滴入手,极大地调动队员孝敬父母的积极性。开展主题为“爱心献父母”的“三个一”活动,即每天放学回家向父母道一声问候,给父母倒一杯热茶,帮父母做一件力所能及的事。通过有奖征文(如《我是乖孩子》、《我帮父母分忧愁》、《今天是三八节》)、歌舞、诗朗诵、小品、讲自己的故事等形式,使学生得到教益。

2. 以学生家庭为主阵地,倡导孝敬父母之行

(1)提高家长对孝敬父母教育的认识。通过家长会、家访等形式,向家长讲清孝敬父母的道理,请他们密切配合学校对儿女进行孝敬父母教育。定期举办家教讲座,分析当代独生子女身心特点,向家长传授教育子女孝敬父母的方法。发挥家长委员会的桥梁作用,经常组织家长交流家教经验,并选出在这方面取得较好成绩的家长,向全校家长介绍经验。

(2)利用家校联系,及时沟通信息。班主任要经常家访,了解学生在家孝敬父母的情况,有针对性地对家长进行科学教子的指导和建议。请每个学生家长每月填一张学生在家孝敬父母的情况。建立学生孝敬父母行为家校联考制,即由家长和学校共同协商制订学生孝敬父母行为量化考核标准表。此表一式两份,一份由家长根据子女表现打分;另一份由班主任填写,并在班会中分小组讨论。最后,再根据家访或来访情况综合评分。这个考核结果将作为学生评优选先的必备条件。

(3)开展"好家长、孝顺儿女"家庭的评选活动。制订"好家长、孝顺儿女"家庭的评选标准和评选办法,做到公正、公平、公开。

73. 不知如何发挥班会课德育功能怎么办

班会课是培养学生文明的行为习惯、健康的心理素质、良好的道德品质的重要手段。努力提高主题班会活动的质量,充分发挥其德育功能,是班主任应履行的重要职责。

一、了解班会课存在问题设法加以克服

(一)认识模糊

从学校领导方面来看,对于如何提高学科课堂教学质量,向课堂四十五分钟要效益,动的脑筋不少,而对班会课的督察、管理和评估却重视不够。不少班主任认为文化课是硬任务,班会课是软任务,忽视班会课对学生思想品德、综合素质及能力的培养作用。班主任对如何上好班会课研究不够,有的用几分钟讲讲目前班中存在的问题,然后就上班主任所任教的学科,有的甚至完全挪作他用。

(二)计划零散

不少学校虽然每学期初都要求各班制订班务工作计划,但就学校整体而言,没有把德育内容的五大要素(道德教育、法纪教育、心理教育、思想教育、政治教育)的结构和层次区分开来,并根据学生身心发展的特点、认知水平和品德形成发展的规律系统地提出对不同年级学生不同的德育目标、内容及要求。因而班主任对班会课的安排就显得盲目、零散,缺乏系统性、整体性,导致班会课的内容

脱离学生思想实际,空洞无味。

(三)形式单一

必须承认,许多班主任在改革班会课方面做了大量有益的探索和尝试。但相对学科课堂教学改革而言,班会课的改革滞后,这也是事实。班会课普遍存在集中灌输多、启发引导少,理论讲得多、学生实践少,消极应付多、解决实际问题少,政治教育多、品德内化少的现象。班会课形式主要还是班主任对德育知识的宣传、灌输,板着面孔训人,指手画脚。不注意从中学生的实际出发,不研究中学生心理的现象在不少学校依然存在。可以说,枯燥、单一的班会课模式是导致班会课德育功能低效的重要原因之一。

(四)内容随意

班主任每学期都要制订班务工作计划。但据笔者了解,一是制订的计划随意性、主观性较强,缺乏以社会学和心理学为基础的德育内容。二是即使制订了计划,但真正按计划行事的凤毛麟角,常常是临时"找米"下锅,往往是想到哪里说到哪里。班会课的随意性也是班会课质量不高,学生不愿听的原因之一。

二、如何提高班会课质量

(一)注重班会目标的统一性、层次性

在《关于加强与改进学校德育工作的若干意见》中指出:"在小学要加强对学生自律、自理能力的培养,在中学要加强学生道德评价能力的培养,在大学以培养学生树立正确的人生观、世界观和社会主义理想信念和道德上的自律能力为重点。"这一提法既有统一的目标,又顾及了各个层次的具体目标。

(二)注重班会过程的学生参与性、主动性

在班会活动过程中,学生作为德育过程的主体,应在教师的引导下积极主动地参与活动。在这个过程中,班主任要善于调动学生的积极性,发挥他们的主观能动性,让他们在活动中逐步学会关心他人、关心社会,形成正确的价值观、道德观。如何引导学生在班会课上主动参与德育过程,西方价值澄清理论对我们的工作很有借鉴意义。西方价值澄清理论认为德育过程应是一个"评价"过程,由下列步骤构成:(1)自由地选择,从尽可能多的可供选择的项目中作出选择;(2)对各种可选择的项目后果作认真的思考;(3)将个人的选择向公众公开,以求得公众的认可,并根据所作的选择去行动。这三个步骤实际上就是学生德育过程中选择、评价及行动的过程。因此，班会课上，重要的是让学生主动参与，积极选择，重在自律。如以说服教育为例，不仅要向学生说明道理，使其遵守，更为重要的是向学生提供广泛的信息，让其自觉地进行选择，把教师的疏导和学生的自觉选择有机结合起来，才能把教育者的要求内化为学生的需要，才能真正达到教育的目的。

（三）注重班会形式的多样性、灵活性

越来越多的班主任认识到形式单一、“一言堂”的班会模式是德育低效的主要原因之一。内容丰富、形式生动活泼的班会课模式越来越被广大班主任所接受。一次辩论会，班主任可能会惊讶地发现，许多平时沉默寡言的学生突然间娓娓道来、侃侃而谈；一节主题班会，班主任会发现学生们能围绕主题，查阅大量的资料、参考书，引经据典；一次社会实践活动，可能会让学生学到许多书本上所不能获得的知识，学生会在接触社会、了解社会中震撼心灵、感悟人生；一节综合素质课，可能是一套精神大餐：中外风情、古今名人轶事、时事点评、科技动态、生活小品。这样的班会课，学生们会精心构思，全身心地投入，并在活动中澄清认识，在实践中增长才干，在参与中提高素质。班会课真正成了学生施展才能、培养能力、内化道德的舞台。

（四）注重班会内容的时代性、实效性

一节好的班会课应在尊重学生身心发展规律和年龄特征的基础上，讲究其内容的时代性。过时、空洞的说教无疑令学生厌烦，甚至产生逆反心理，更谈不上内化。社会在进步，时代在发展，德育的内容应随着时代的发展而不断丰富和发展。以社会主义市场经济发展的态势和21世纪人才需求趋势分析，作为人的内在素质，不仅仅要求思想、政治和道德方面的完善和发展，还包括民主法制意识的强化，人格、个性、意志、兴趣、交往等方面的良好发展，健康的心理素质的形成等。这些都是21世纪人才的精神世界不可缺少的内容。班会内容的时代性特征具体表现在：要通过学生主动参与和自我教育，形成正确的人生观和价值观，具有坚定的社会信念和信仰，坚强的意志品质，献身事业的高尚情操和勇于探索的创新精神，注重克服逆反心理、嫉妒心理、享乐欲望和个人主义倾向，学会宽容别人、善待他人、团结协作，养成诚实、客观、公正的评价是非标准，强化民主思想、科学态度、法制意识、竞争观念、效益观念，保持自尊、自爱、自强的气节等。

班会内容的实效性是指班会要针对学生不同年龄、不同时期的特点进行组织和引导，从而达到内化品德的目的。要保证班会课的实效性，要注意三忌：①忌空。空洞的说教不会激发学生兴趣、陶冶学生情操。如教育学生爱祖国，首先要启发学生从爱学校、爱班集体做起；爱人民，首先从尊敬父母，爱护同学做起；爱劳动，首先从自己认真值日，不乱扔瓜皮果壳做起。②忌旧。陈词滥调只能使学生听而生厌。具有时代感的感人事迹，身边的模范人物和典型事例，学生通过自身实践所获得的感性认识和理性认识，可能激起学生情感上的共鸣。③忌泛。就是不要泛泛而谈，无针对性。班会内容应在遵循统一性和层次性的基础上，从班中的实际情况出发，对症下药，力求解决学生中存在的实际问题。那些泛泛而谈、信手拈来、隔靴搔痒的教育，无益于学生良好行为习惯的养成和良好思想品德的形成。

总之，我们要坚守好班会课这一重要的德育阵地，不断探索，勤于思考，努力提高班会课的质量和效果，充分发挥班会课在素质教育中的作用。

74. 学生在班干部选举前拉选票怎么办

前些年，一些学生干部由于怕影响学习、怕得罪人等原因而不愿当干部的现象时有发生。在校内当学生干部，确实被不少学生冷淡过，如今，学生干部特别是学生会、团委干部开始“走红”，出现新的动向：不少学生看中了当干部的种种好处，纷纷跃跃欲试，使校内“当干部热”开始升温。于是，一些想当干部的学生开始用小恩小惠办法拉选票了。某班在班干部进行改选前，一些想当干部的学生各出“绝招”拉选票，有的把平时积蓄的钱统统拿出来，买来了一些小礼品或零食发给同学，说是“感情联络”。另一位学生则给同伴发了人手一册的袖珍记事本，表示“意思意思”……

这种用小恩小惠的方法拉拢人心、争取选票的现象在学生干部的竞选中有上升的趋向。一位家长怎么也弄不懂，平时勤俭的儿子，突然有一天开口要许多钱。原来他儿子是班干部，这次又轮到改选了，为了表示对同伴的支持，为竞选打下一些基础，他儿子只好硬着头皮，买一些零食招待大家。他的母亲不解地问：“怎么现在学生要当干部，也要用物质手段？”儿子一脸正经地说：“现在你不请客，人家会认为你小气。尤其是在改选的节骨眼上，适当送点小玩意儿或零食,人家不会白拿或白吃,效益是会反映在选票上的。”有一位班干部,就有过这种经历:头一次改选她不在意,表现出正常的心态,其他人用了点小伎俩,结果让她“看不懂”:她落选了。第二次改选,她学乖了,在拉选票时,动用了物质手段,果然有效。面对这种现象,我们班主任该怎么办呢?

一、分析原因 认清危害

说到学生“贿选”“买官”的原因,一学生如是说:当干部接触班主任和任课教师的机会多,若能给老师留下好印象,老师的评语可以多美言,对自己评三好、评好干部都有加分的可能。一位班主任对学生这种施小恩小惠“买官”的现象表示了忧虑,她认为,学生用“钱”买“官”,这是社会上一些不良风气在校园内的反映。“官本位”想法,在学生中开始放大了。她举例说,有一位学生当干部前关心同学,班里的工作也抢着干,选上干部不久,便学着大人样儿,开始发号施令了,摆出了一副派头,神气十足;另外,学生干部靠拢教师,逢事就有好处,在评选中能占有优势。有一些学生向往当“官”并不是为了服务班级,求得一个锻炼的机会,而是想尝试有权的乐趣,并利用它来谋一些私利,这就更令人担忧了。这样,学生思想会受到腐蚀,长此以往会产生难以设想的负面效应。

二、解决办法

针对学生干部选举中存在的不正当现象,不少优秀班主任指出,要从机制上“堵”,从思想上“导”,在纠正不良倾向的同时,提高学生的思想觉悟和辨别是非的能力。

目前在学生中以钱为“铺路石”,用钱进行诸如拉选票、代做作业,代做值日生等交易的做法并不鲜见。此风必须引起班主任足够的认识,要千方百计地加以解决。特别是要在平时防微杜渐上下工夫。要通过“贿选之风危害大”主题班会活动,发动学生摆现象、论危害、明是非,这是杜绝买官现象的有效方法。这样做不仅明确了用钱“买”官的危害,而且,也能使学生认清这种危害,提高他们明辨是非的能力。

一些教师还提议,班干部可采取轮换制,不必一味依赖投票选举。现在不少班主任采用了学生干部“轮换制”,值日班委制,无疑对改变这种不良做法大有好处。更为重要的是,要培养学生正确的干部观、处世观,引导他们用正当的途径、方法树立正确的做人、做事的意识,避免滑入金钱万能的误区。引导学生明确当干部是为了服务班级、服务同学,绝不应有个人图利的思想。同时要建立班干部能上能下机制和评价机制,对那些不能努力工作,只谋个人私利的干部,要及时帮助教育,不能很快改正的要随时撤换。

艺术方舟

班主任工作是艺术的工作，艺术的本质是求美、创新。

——题记

75. 让班级工作有“规矩”、成“方圆”该怎么办

一个班主任其工作水平的高低，主要体现在其工作方法的“方圆”艺术上。不管是班级管理还是学生工作概莫能外。所谓“方”，即工作的准则、原则。所谓“圆”即工作的策略、技巧。过于求“方”，则会有悖于“感人心者，莫先乎情”的古理，过于求“圆”，则会丧失教育学生的原则。班级工作的艺术应该是“方”中求“圆”，“圆”中求“方”，“方圆”统一，相得益彰。具体说，应在以下四个阶段上灵活运用。

一、开局艺术——先“圆”后“方”

开局，即班主任上任伊始。此时，班主任对班级情况不熟悉，学生对班主任也不了解，多数学生对班主任持观望态度。班干部在工作上或多或少地存在畏难情绪。所以，在开局阶段班主任要克服急于求成、锐气过盛的心理，在工作中不能先“三把火”，而是要从长远打算。工作的方法要尽量“圆”一些。如不随意用强制手段命令学生做什么，不随便指责班干部在工作中的失误，不当着多数学生的面批评挖苦学困生或犯了错误的学生。应及时抽出更多的时间，深入到学生之中，努力和学生打成一片，与学生进行心理沟通，进一步了解班级实情，观察班干部的工作能力，培养学生骨干和积极分子，掌握全体学生的思想动态，了解多数学生的个性特征。

二、定局艺术——外“圆”内“方”

定局,即班主任在了解大局之后,组织实施自己决策的阶段。此时班主任在外部表现上仍要延续上一阶段的工作特点,不锋芒毕露地指责学生,不咄咄逼人地撤换班干部,不夸大班上存在的问题。而是要以积极的态度、民主的工作方式,集中班级的优势,启发激励学生,制订适合本班实际的工作计划和班级规章制度,并积极引导学生去严格执行;组建各种班级管理机构,不断增强师生间的相互了解,相互信任。潜移默化地树立自己的威信,巩固自己在学生心目中的地位,使学生在不知不觉中接受你的工作方式和教育影响,自觉自愿地规范自己的行为,积极主动地创建奋发向上、文明健康的班集体。

三、稳局艺术——上“圆”下“方”

经过开局、定局之后,班级状况势必出现一个相对稳定的时期,这一阶段是班级工作出成绩的关键时期。班主任在这一关键时期,一定要处理好学校及学校各部门的规章制度、布置的阶段性任务等与本班的规章制度及本班的利益之间的冲突与矛盾。正确的做法应是在了解学校各部门意图的前提下,结合本班实际与特点,积极引导学生,创造性地去执行,走出新路,形成特色,使班级工作既不偏离轨道,又不脱离本班实际。这就叫做上“圆”。所谓下“方”,即在稳定的基础上一定要不失时机地加大工作力度,坚持原则,扶正祛邪,积极支持班干部工作,充分发挥骨干和积极分子的作用,通过开展各种教育活动,调动每个学生发奋努力,更上一层楼。

四、结局艺术——小“圆”大“方”

结局,即学年度将要结束的最后阶段。在这一阶段中,每个学生学习、工作、思想品德的优势与不足以明显地表露出来,一些不良倾向与矛盾冲突也容易在这时激化,搞不好就会前功尽弃。班主任在这一阶段,要把好最后一道关,及时回顾总结前一时期的工作,对待关系班级集体的原则问题和重大问题,要立场坚定,态度明朗,充分显示“方”的艺术。支持正确观点,反对错误倾向,大力表扬各类好人好事,评优树模,要充分显示“圆”的艺术。对师生、学生之间的矛盾,要大事化小,小事化了,冰释嫌隙,把全班学生紧密地团结在自己的周围,为新学年工作打下坚实的基础。

76. 工作中运用心理规律怎么办

怎样运用心理规律以增强育人效果,这是一个班主任不能忽视的问题。这里提几点建议。

一、把握适度的心理距离

班主任对学生有足够的感召力是教育有效性的重要条件。心理学规律表明,适度的心理距离所产生的人际感召力比“亲密无间”反而强得多。所以班主任和学生保持适度的心理距离是必要的。距离要做到适度,就不能太阔。太阔,阔如鸿沟,就谈不上心灵的交往。也不能太近。太近,近如亲人。就会失去师道尊严,学生会变得“放肆”。理想的状态应该是:疏而不远,亲而不密。目的是造就和保持威信和神秘感,增强对学生的吸引力和影响学生的力量。这样说来心理距离的把握似乎很玄虚,其实不然,落实到与学生交往的技巧上,就成为一种很实在的东西,这些交往技巧可概括为八个字:

间歇:有意识地时接触时不接触,若即若离。俗语有“远香近臭”,一味“朝夕相处”很容易招致学生腻烦。等距:泛化接触,平等相待,不存偏爱,避免整体距离遭到破坏和部分学生产生心理不平衡。含蓄:不过分袒露自己,把一切都亮给学生,这不等于欺骗。班主任将最好的东西展示给学生。影响学生,是教育的一部分。将自己的缺点和学生不能很好地理解的东西暴露给学生,只会降低威信,或引起学生不必要的思想混乱。差别:做到师生有别,“老师是老师,学生是学生”。不能太随便,套近乎,像一般的社会朋友。在孩子们的心中,班主任是崇高的、圣洁的,虽然不过是一种神秘感,但很健康,能引导孩子们积极向上。

保持适度的距离不等于减少对学生的爱,距离与爱并不冲突。

二、争取积极的“回报效应”

“回报效应”与其说是一种心理规律,不如说是人之常情:有投才能得报,“礼尚往来”就是这样;投之后得到的报往往多于投。投有积极消极之分,报亦如此,即所谓“善有善报,恶有恶报”。学生接受教育影响可看做是对教师教育行为的回报。根据“回报效应”,第一,班主任必须多投,以求多报,不投而求多报是行不通的;第二,只可投“善”,不可投“恶”,就是说要避免一切伤害学生或对学生不利的行为。为争取积极的“回报效应”,班主任可向学生先行“投资”的方面很多。感情投资:关心、爱护学生;善行投资:在生活上帮助学生;表率投资:以自身的优良品行成为学生楷模;气氛投资:花力气建设心理环境,营造积极健康的生活风气和学习风气;责任投资:兢兢业业,全心全意为学生,对本职工作高度负责,换取学生学习上的认真自觉。

三、创造良好的第一印象

学生对班主任的好感是其接受教育影响的一个基础,如学生对班主任感情排斥,心生“恶感”,则会大大增加教育的难度。所以班主任必须争取学生对自己的好感,不能听任学生对自己产生“恶感”。一个人留给他人的第一印象会持续地影响自己的整体形象和他人对自己的感情。这说明班主任虽然在第一次面对学生之前,对学生了解甚少,但对学生关注自己的第一印象可从以下几方面给学生留下美好的印象:仪表从众:大众化的仪表能被学生立即接受,免生不必要的猜测和议论;言语从容:不能吞吞吐吐,拘谨畏缩,也不能过分自我表现,哗众取宠,这些更要不得;涵养丰富:涵养丰富自会散发出特殊魅力,会一下子征服学生的感情;声誉良好:凭借良好的声誉获得学生好感,即所谓“先声夺人”。

第一印象的创造,实质上是班主任形象的自我设计、自我塑造问题。教师既要注意“临场表现”,也要注意平时加强自身修养,完善整体人格。

77.不知如何借助集体力量转化后进生怎么办

后进生也是生活在班集体中。因此,通过班集体建设和集体活动的开展,去感化、转化后进生,就会取得明显的效果,这就是所谓群体感染效应。怎样才能产生群体感染效应呢?

一、明确奋斗目标,树立集体荣誉感

班集体的奋斗目标,能够激发班级每个成员努力上进的激情,并产生极大的向心力和凝聚力,班级有了统一的目标,学生才会有统一的行动。后进生一般存在混日子的思想,缺乏明确的奋斗目标,当班集体制订奋斗目标以后,他们作为

集体中的一员,无形之中就会产生一种内驱力,促使他们像其他同学一样,向着班集体的共同目标努力。1991年秋季开学,分到我们初三(1)班的新生中,有好几个是初二时顽皮出了名的学生,学期初我向全体同学提出本班的奋斗目标是:个人争创三好生,班级争创先进集体。我同时讲明两者的关系:个人创三好是班级争先进的前提条件,如果个人不想争创三好生,那么班级争创先进集体的目标就会落空,集体荣誉就会受到损害。结果,一学期下来,在全班同学的带动下,几名后进生的表现明显好转,其中一人被班上评为劳动积极分子,一人因多次为班级义务修理桌凳而受到学校表扬,期末评比时,我班被评为县级先进班集体。

二、给予平等机遇,实行民主管理

后进生因为自身有些缺点和错误,总是担心别人的冷遇,在班集体中免不了有一种孤独感和自卑感。对班集体的事情往往漠然处之。因此,教育转化后进生,首先应该尊重他们,公正地对待他们,在班级管理中,应该大家的事情大家管,给每个同学以公平的机遇和权利,尤其对少数后进生,要不带任何偏见,不求全责备,扬长避短,大胆使用。

近年来,我班一直实行轮流班长制,一学期内每个同学(包括后进生)都有做一周班长的机会。新班长上任时,要进行“施政报告”,明确工作目标和要求,卸任交班时,要进行“述职报告”,总结一周来的工作得失,并简要分析原因,为下任班长提供借鉴。这种做法,能激发后进生的主动性和积极性,促使他们改正自己的缺点,尽心尽力为班集体做好工作。92届我班有个叫李平的同学,他原来经常迟到、旷课,动不动就惹出是非。进我班后不久,他的表现明显好转,当老师问他转变的原因时,他说出一句心里话:当轮到我做值周班长时,我如果带头破坏纪律,又怎么去做好班级工作,维持好秩序呢?

在实行轮流班长制的同时,我还注意选拔各有特长的后进生担任小组长、公物保管组长、纪律监督员和卫生检查员等,给他们机遇,也给他们责任,让他们在参与班级管理中,增强主体意识和集体主义观念,从而达到教育转化的目的。

三、采用多种形式,丰富课外活动

后进生一般文化基础都不够好,学习上有一定的困难,有时难免产生厌学情绪。然而他们有各自的兴趣和爱好,对课外活动都有较高的热情,喜欢在各种活动中表现自己。针对这一情况,我经常组织学生开展多种形式的课外活动,如:

新闻发布会、小论文竞赛、故事会、诗歌朗诵会、歌咏会、英雄劳模事迹报告会、书画展览、体育比赛、奥运知识讲座等。通过这些活动的开展，我欣喜地发现，不少后进生很有特长。特别是93届的陈杰和王伟两位同学，文体方面的才华出众，他们先后在区、县文艺汇演和体育比赛中获奖，为班级和学校赢得了荣誉。更重要的是活动开发了他们的智力，提高了他们多方面的能力，使他们的思想和学习都有了长足的进步。

四、树立正确舆论，建设良好班风

“后进生”之所以有种种缺点或犯错误，一个重要原因是受不良环境的影响。俗话说：近朱者赤，近墨者黑。初中生一般年龄在14～16岁左右，心理素质不够稳定，易受外界的影响，因此，我一直注重树立正确的舆论和良好的班风，把“文明、守纪、勤奋、创新”八个字作为班风建设的主要内容，从思想、学习、生活等各个方面对学生提出具体要求，发动全班同学互相竞赛、互相监督，班上出现了好人好事有人夸，不良行为有人管的现象。在这样的环境中，“后进生”也逐步认识到自身存在的种种不良行为，都是违背班风要求的。92届我班的张涛同学，刚进班时，经常无端寻衅斗殴，有时与校外不三不四的人混在一起，曾因三人合伙行窃，被派出所处以罚款，后来在班级正确舆论和良好班风的熏陶和感染下，他逐步向好的方面转化。特别是多次主动协助老师晚上值班，为校园治安工作做出了一定的贡献，受到了校领导的多次表扬。

实践证明：从班集体建设入手，发挥集体的力量和作用，在“后进生”的身上，就会出现群体感染效应，转化工作就会产生明显的效果。

78. 性格内向学生不好沟通该怎么办

性格内向的学生一般不善于与人交往，不善于语言表达，内心想象丰富但没有勇气付诸行动，在人际交往中常常伴有不同程度的自卑感、多疑症，甚至抑郁症。性格内向者不容易适应当今日益社会化的学习和生活环境的。为此，作为班主任如何与性格内向的学生加强沟通，了解他们的内心世界，并有针对性地加以引导，使他们拥有一个健康的心态，积极与人交往，顺利完成学业，就显得尤为重要。

沟通的技巧是因人而异,因时间、地点、条件的不同而有所区别的。这里仅结合本人的一些经验,列举一些最基本的沟通技巧。

一、善于倾听

作为一班主任,要善于倾听性格内向的学生讲话,因为这类学生一般是不会轻易讲话的。没有真正的倾听就不会得到他们的信任,他们就不会把自己的心里话和内心感受告诉我们。倾听本身就表示我们对他们的理解和尊重。很多性格内向的学生对外界的情感反馈是十分敏感的。班主任如果能专心地、耐心地倾听他们讲话,就是对他们的重视和尊重,也是在给他们一种良性的刺激和积极的反馈,能引起他们说话的兴趣,提高说话的动力,以后他们就会愿意把心里话说出来。

二、充分肯定

不论性格内向的学生有什么感受,只要这种感受是真实的,我们就必须加以肯定,肯定他们的这种感受是真实自然的,然后再给他们解释为什么会有这种感受。教师在与他们接触时最容易犯的错误就是,当他们描绘出一种独特的、主观化的、常人不易理解的感受时,班主任就认为是"胡说八道"、"哪有的事"等等,这样就妨碍了他们与班主任进行深层次的沟通。例如,有的学生认为自己普通话说得不准而怕别人笑话,不敢在公共场合讲话。针对这种情况,我们先要肯定和理解他的这种感受,用和蔼和体贴的态度对他讲:你害怕别人取笑你,这是很正常的,但普通话说得不标准是可以通过训练慢慢纠正的。假如他们得到了我们的肯定,愿意进一步谈下去,我们就可以和他们共同商讨,如何改进和提高。

三、及时澄清

澄清包括两个方面的涵义:一方面是搞清楚他们每句话的实际内容和说话的目的,这是实现有效沟通所必需的。有的时候,说话的内容和目的是不一致的,我们要看到话语背后隐藏的"潜台词"。举例说明:炎热的夏天,孩子跟妈妈说:"我渴了。"渴是孩子的感受,但真实目的是让妈妈给买汽水喝或买冰棍吃。"我渴了"是说话的内容,目的是为"我买冷饮解渴",说话有他的言外之意。班主任如果不清楚这一点,就无法与他们真正地沟通。"澄清"的另一个要求是,他们发生什么生活事件,班主任一定要搞清楚整个事件的经过、当时的环境以及他们的情绪反应等,每一个细节都要搞清楚。了解得越详细,就越能与他们进行有效的沟通。例如,他们与其他同学发生不愉快,这时,教师就有必要让他们平心静气地把整个事情的经过、细节及他们的情绪反应讲清楚,教师也应表示出关心和愿意了解的态度。这样我们就可以有目的地去帮助他们,缓解他们的不安和愤怒。而且,这样做本身就有利于教师与他们的沟通,促进他们表达能力的提高。他们如果能够把事情的经过完整清晰地再现出来,把自己的情绪感受如实地、生动地表达出来,这种言语描述本身就是他们精神健康水平提高的体现。

四、善于引导

引导通常是采用提问的方式,提问有两种形式:一种是开放式的,另一种是封闭式的。封闭式的就是只需要回答“是”还是“不是”,或进行选择性回答,很像法庭的法官对当事人的询问。教师有时也使用封闭式的提问,目的是把某一个症状的特殊性质搞清楚。如教师问有偏头疼病的性格内向的学生,是左边疼,还是右边疼,两个答案中只能选择其一,这就是个封闭式的提问。教师在与他们的交谈中,除特殊情况之外,应尽可能少用封闭式的提问。因为,封闭式的提问容易使学生陷于被动,容易让他们感到是在受盘问,使他们产生不被信任感,不能发挥他们的主动性。开放式的提问就是允许他们自由地发表意见。如问他们:“昨天你过得怎么样?”这就是一个开放式的问题。他们可以把昨天的情况详细地告诉我们,也可以由他们自己决定说什么不说什么,什么事情说得详细,什么事情说得简单一点,可以自己选择谈话的重点。介于两者之间的,是所谓半开放、半封闭或称限定开放式提问。如问他们:“昨天晚上你睡得怎么样?”这就是个有限的开放式问题。所谓“有限”指我们问的就是昨天晚上的睡眠情况。可也有一定的开放性,是入睡困难,还是早醒,睡眠时间的长短等,就随他们说了。这样提问内容比较集中,尽量不问他们“为什么”,而问事情的经过,这样便于我们了解实际情况,即使很难断定他们所说的是否是事实,也能反映出他们的观点和态度。如果总是问“为什么”,他们会认为是在追究责任,这样,他们很可能产生抵触情绪,并把责任推得一干二净。

五、帮助重构

重构就是把他们的话用不同的措辞、不同的造句加以复述,而不改变他们说话的意图和目的。例如,如果他抱怨说:“我妈妈不理解我,也根本不关心我。”我们就把这句话加以重构:“你这种苦恼我们完全理解,因为我们和你一样需要亲人的理解,也需要亲人的关心,是不是?”他就点头,表示同意。这就说明我们的重构没有歪曲他的目的和意图。他说妈妈不理解、不关心他,含义是他需要母亲的体贴、关心和理解,如果这种需要得不到满足,他就会抱怨。重构是否正确,就在于能否得到对方的首肯。上述例子他表示同意,说明重构是正确的,这是因为我们把抱怨变成了需要。单纯抱怨不能解决问题,荀子说“自知者不怨人”,就是说真正有自知之明的人不抱怨别人。总是抱怨别人的人,一般是自知之明比较差的。上面说的那位学生,抱怨妈妈不理解他、不关心他,实际上反映出他本人的表达能力和沟通能力差,他看不到这一点,只感受到需要没有得到满足,所以抱怨。通过重构把消极的抱怨变成积极的需要,既然我们有这方面的需要,就可以有目的地去满足这种需要。如果没有相互之间的沟通,他也不表明自己的想法和态度,妈妈怎么能理解他呢?告诉他,只有把自己的感受、兴趣爱好、学习和工作上的困难、青春期的苦恼等说出来,妈妈才能理解你,帮助你,才能满足你的需要。我们每个人都有各种精神上的需要,都需要我们采取行动,通过言语、行为得到满足。重构的目的和有效性就在于能促进谈话由消极的抱怨变成积极的需要,并采取积极的态度去满足这种需要,同时,也打开了进一步沟通的门户。

六、现身说法

也就是代他们说话,这种方法可以促进沟通。例如,有的学生对异性产生爱慕的心理,不好意思说出来,敏感的教师似乎看出了某种苗头,就可以出来现身说法。“我们在你这个年龄的时候,看到挺帅的姑娘(或小伙子),就控制不住想多看几眼。”这就是现身说法,“我们是过来人”,我们的这种经验,就有可能缓解他们精神上的压力。假如他们有什么荒唐可笑的想法不愿说,做教师的也可以做“代言人”。现身说法能够促进他们对自己的了解。他们可能会想,既然教师过去都有过这方面的经历,我们现在的年龄比你们那时的年龄还要小,就更不足为奇了。这样一来,学生就能够敞开胸怀,比较自由地表达自己的看法。

七、鼓励自述

尽量启发和鼓励性格内向的学生主动讲话,便能够更好地实现与他们的沟通。启发和鼓励他们讲话有直接的方法和间接的方法。所谓间接的方法就是借题发挥。例如,在与他们一起看电视时,就可以和他们谈电视节目的内容,共同体会故事里的悲欢离合,引起他们谈话,这是间接方法。所谓直接方法就是现在发生了什么事情,就借这个事情展开讨论,尽量让他们讲话,促使他们提高语言表达能力,帮助他们解决一些心理问题。

八、提供机会

给他们提供交流的条件和机会,办法是多种多样的。例如,鼓励他们看完电视后,写一篇感想,然后一起讨论,彼此交流,交换感受。教师也可以给他们出题目,让他们对某一新闻或事件谈他自己的感受和看法。还可以定期与他们交谈,如周六或休息的时间,和他们坐在一起找某个话题随便聊聊,或对某个问题展开讨论。从空间上也可以创造交流的机会。教师们可以带着他们一起去郊游,边玩边聊,或以身边的景物作为题材,抒发各自的感情,鼓励他们把自己的想法和情感表达出来。

总而言之,要顺利实现与性格内向的学生的沟通,教师就要以关心和热爱学生为出发点,多创造一种轻松愉快、和谐融洽、自由自在的氛围,让他们触景生情,融情入景,敢于和善于表达自己的想法和看法,树立与人交往的信心和勇气。

79. 赏识学生却适得其反怎么办
——走出赏识教育的误区

"赏识教育"在班主任中正在引起高度的重视,而且,积累了不少的宝贵经验,取得了令人瞩目的成绩。但是也有些人对此感到困惑:我不吝啬自己的赏识,也经常赏识学生,但往往学生不买账,有时还会适得其反。笔者通过大量的教育和教学实践认为"赏识教育"虽然是一种行之有效的方法,但也存在着一些误区。

一、赏识失公

这种表现在只"赏识"那些成绩和表现都比较好的学生,走入了"马太效应"的误区。这样做既不利于大多数学生的进步,同时也容易使好学生处于孤立的地位,不利于所有学生的成长。而最渴望被"赏识"的学生往往是那些相对落后的学生。有时他可能用违反纪律等手段来引起老师的注意和关心。这种心理应该引起班主任的重视。所以,我们的班主任要多与学生接触,要多看到学生特别是那些后进生的长处,充分挖掘他们的闪光点。如有的学生擅长打球;有的擅长写作、画画;有的擅长唱歌、跳舞等。对这些,我们都要不吝赞赏,让学生有充分表现自己才能的机会。即使对那些有一些缺点的学生,如果你对他们“委以重任”他也就可能变得让你“难以置信”。有一个学生上课经常迟到,班主任偏偏安排他在值周时守在校门口,要求比其他同学还要早到校,他感到老师是在信任他、“赏识他”,结果他一反常态地把任务完成得很好,以后也改掉了迟到的毛病。

二、赏识失度

凡事过犹不及,赏识失度,也会使学生迷失方向,产生骄傲情绪,同时也容易使学生放松对自己的严格要求。每一个学生都是可爱的,也是非常敏感的,如果我们老师不深入调查研究,对学生的表现观察得不全面,表扬得不及时,就会挫伤学生的积极性。学生同样也是非常认真的。如果老师只是凭空想象对学生妄加赞赏,学生也会认为老师过于虚伪。所以,作为老师特别是班主任老师要深入调查研究,要勤下班,要依靠班干部及时了解和掌握学生的情况。要多看学生的日记、周记了解学生的内心世界。要升华“赏识教育”的内涵,要通过这种教育手段把学生的潜能挖掘出来,使被“赏识”的学生的行为更具有主动性和能动性。班上有一个学生思维很活跃,上数学课也能积极发言,但往往总是喜欢表现自己,考虑问题很不成熟,为了不挫伤他的积极性,班主任总是先在全班表扬他,后又提出一些更难的问题让他思考,指出他答题中的缺点。后来,他能做到深入钻研解决问题,从而形成良好的意志品质。这时,班主任又进一步的“赏识”让他不仅思维敏捷而且善于思考了。

三、赏识失则

青年班主任和学生年龄相近,容易和学生沟通、打成一片,甚至对学生称兄道弟,从而放松了对学生的严格要求。这样做时间一长就会使自己在学生中没有威信。所以作为班主任还要坚持原则,不掩盖问题,正确地处理好“赏识”与批评的关系。在“赏识”学生的时候,不要忘记要对学生提出更高的要求,从而使学生处在不断的追求和不断的进步中。另外学生最反感老师拿别人(别班)和自己比较,说盆是盆,说碗是碗,这也是一个原则问题。笔者曾经带一个重点班,同时又任教一个普通班。有一段时间普通班纪律不好,开始我总是板着脸训斥他们,有时还拿好班的学生跟他们比较，结果是纪律没搞好师生关系异常紧张。后来，我发现了他们的长处就是上课喜欢讨论问题，我即时抓住了这一点，在课堂上经常拿一些问题同他们进行研讨，让他们有充分表现和施展自己才能的机会。结果我以后上课就轻松多了，师生关系也更加融洽了。

四、赏识内容失调

目前，在社会主义市场经济的影响下，学校的升学率和经济效益有着密切的关系，所以追求升学率也成了一些班主任的追求，因此，学习成绩成了班主任赏识的主要内容。显然这是不全面的，而且容易造成误导。对学生的身心成长极为不利，也不可能达到教学育人的目的。所以我在做班主任时候首先就是抓学生的思想品德教育，抓养成教育，学生的学习动机、成绩和劳动、纪律表现以及为班争光等都应成为赏识的内容，学期结束每一个学生都对自己在各方面的表现有一个全面的了解。评“三好”学生、优秀团干、保送大学等都有依据。同时也防止了变“三好”为“单好”的现象。不走出赏识的误区就不会有科学的赏识和良好的效果。

80. 赏识学生却适得其反怎么办
——坚持正确的赏识原则

坚持正确的赏识原则是解决赏识学生适得其反的关键。那么应该坚持哪些原则呢？

一、强化学生行为的内在动机

表扬学生优点或成绩应特别关注学生行为动机对其正确的动机一定要予以表扬。因为动机是学生行为的动力，只有正确的行为动机，通过表扬才能不断地得到强化，才能使其行为有足够的动力支持。

有一个学生作业字迹潦草，多次批评也不见效，一次班主任发现这个学生作业本上模糊处贴了张小纸片作为补救。这位班主任想这小纸片的背后不正蕴藏着也想把作业写整洁的心愿吗？于是老师在作业讲评时表扬了他，结果这小小的表扬产生了很大的效应，他觉得老师能从小纸片上了解他的心愿，就下决心把字写好。

这位老师又趁热打铁，指导他买来字帖练习写字，培养他养成良好的书写习惯。这个学生进步很大。

“不惜歌者苦，但伤知音稀”，学生虽然年幼却同样有这种心理，可见这位老师善于察秋毫、辨微殊。感知学生心理的点滴变化，实施有效的激励，才能取得好的教育效果。

师爱不是一种恩赐，更不是居高临下的施舍。教育的意义不只是传道、授业、解惑，更重要的是激励和唤醒内在动力。缺乏激励的师爱，同样缺乏智慧。激励是成功教育的催化剂，是促进学生孜孜不倦地投入学习的动力源泉，更是塑造健康人格的关键因素。

二、充分肯定学生的个人努力

个人努力是学生取得进步的主要原因，只有将这种个人努力对个人进步的因果关系讲清楚，使学生充分认同，他才能够坚持不懈、奋斗不止，也会永远进步。对学生因个人能力而取得的成功，表扬时一定要慎重，因为经常接受“能力取向”表扬的学生，一旦遇到挫折便容易产生较强的挫折感，而对自己的能力产生怀疑，造成“缺乏对挫折心理弹性”，而惧怕挑战性的任务。

一次上课，曹中原老师问学生：“世贸组织简称是什么?”有学生回答：“WTO”，小林插嘴说：“打屁呕”，全班哗然。老师制止小林后，继续上课。

下课后老师与小林在楼梯口相遇，小林满脸通红。曹老师却笑着说：“你的想象力很丰富，但比喻不贴切。”小林低着头说：“以后我不插嘴了。”“没关系，你再想想，看能不能比喻贴切些。”曹老师鼓励着她。

第二天，曹老师问小林，小林说：“W·T可分别比成两个陷阱和一根拐杖。说明中国入世后会遇到许多陷阱，我们用拐杖探路，但还是失败了。”曹老师说：“你想的太悲观了，我不满意……”

数日后，小林来找曹老师说：“W可分两个V，V是Victory（胜利）的缩写；T是try（尝试）的缩写；O是ok的缩写。说明中国入世后会不断走向胜利，只要我们敢尝试最后一定会ok。”曹老师为之拍手叫绝，连连夸小林聪明（肯动脑筋）。

不久，曹老师又收到小林的一张字条上面写着“……是您的宽容和鼓励，使我产生了学习的兴趣，您是我心中最好的老师。”在学生犯了错误时，曹老师首先宽容，并向他提出了要求，在学生完成要求的过程中，一旦有提高就予以表扬，激励了学生继续探索知识的兴趣,也提高了学生的学习能力。

三、把握赏识的时机

在学生取得一些进步时,应当及时给予奖励,这在心理学上称为"及时强化",能起到很好的教育作用。学生年龄小,思想单纯,他们有了进步,希望得到老师的肯定鼓励。如果对学生进步的行为置若罔闻,他们的积极性就会削弱甚至泯灭。因此班主任应该深入到学生之中,做学生的良师益友,了解他们的内心世界和精神需求,了解学生的一贯表现和思想动态,努力营造民主、宽松、和谐、温馨的育人环境。及时发现学生闪光点以便及时给以赏识。另外,有时还需要延时赏识,学生做了好事,如果我们还没有把握事情的经过和学生的行为动机,就要先进行调查了解,待一切都了如指掌后再行赏识作用会更大,效果会更好。

81. 赏识学生却适得其反怎么办
——运用恰当的赏识方法

俗话说数子十过不如奖子一长,中小学的赏识教育工作已经积累了丰富的经验。从方法上讲就有:1. 直接赏识,即班主任直接对学生行为做出正面的言语肯定和赞赏。这是运用频率很高的方法。2. 间接式赏识。这种间接的形式很多,如班级舆论阵地宣传、通过第三者(同学、父母)传达班主任的赏识。3. 复合式赏识、即前两种方式的综合运用。除此之外,笔者还运用过以下方法。

一、即时性赏识

即时性赏识是指在与学生共生活、共学习、共活动和与学生交往的每时每刻,只要发现学生的好思想、好习惯、好作风甚至点滴的优点、进步立即加以肯定、赞扬。具体赏识方法很多,有话语式赏识,如你真棒、谢谢你给班级争得了荣誉、你的进步真让我为之兴奋,等等。有体态语赏识,如见到学生做好事时给学生一个甜蜜的微笑、竖起一个大拇指,发现学生有了进步,拍拍他的肩膀、抚摸一下他的头等等。

二、书面评语式赏识

在给学生批改作业、试卷时一旦发现学生的进步或创新之处，可在作业、试卷上写下具有激励性的评语，如你的思维很敏捷、你的做法很有创新性、再努力一点儿你会进步更快，等等。

三、作业试卷讲评时赏识

每位老师经常进行作业和试卷讲评，这是赏识学生的极好机会，因为每个学生都希望老师当着大家的面赏识自己，这样的赏识更具激励作用。如后进生此次考试成绩有了提高，就可以当着全班同学的面夸夸他：你的进步大家有目共睹，我们相信你的潜力还很大。如有的学生的作业和试卷较有创意，要大力赏识：你的做法很独到，让老师很兴奋；你的思路很宽，解题的方法不一般，等等。

四、集体活动后总结时赏识

每次班集体活动之后都要做认真的总结，这也是赏识学生的好机会。总结时除了要表扬大家的集体主义精神之外，对有尚佳表现或有进步的学生也应不吝赏识。

总之，在开展“赏识教育”的过程中一定要注意和克服它所带来的不利影响，只有这样才可以增强学生的信心，促使学生达到成功的目的，从而获得愉快的教育。

82. 运用“替代”技巧转化后进生怎么办

全国优秀班主任魏书生对犯了错误的学生有三种处理方式：一是犯了小错误，罚他给全班同学唱支歌，二是犯了比较重一点的错误，要做一件好事来补偿；三是犯了严重错误，要写一份五百字的说明书。说明书不是检讨书，可以为自己辩护。如果确实认识到了自己的错误，就要把犯错误之前、犯错误当中、犯错误之后的具体想法写明白。这样处理，不给学生留下心理创伤，而给学生以进步的阶梯，所以学生乐于接受。学生犯错误是难免的，犯了错误之后去做好事，会重新得到心理平衡，形成一种精神上、心理上的变化和升华。魏老师教育的成功，就在于他根据学生的心理特点，有效地运用了“替代”艺术。这种“替代”艺术在后进生转化中尤能收到理想的效果。下面介绍几种“替代”的教育方式。

一、以鼓励赞扬替代训斥惩罚

对后进生班主任往往采取训斥与惩罚。从心理学的角度来看，训斥、惩罚只是消极禁止某种心理与行为，当其受到训斥、惩罚后，最多只能减少该种心理化行为的再次发生，而并不知道究竟表现出何种心理与行为才算恰当。其实，后进生并非一无是处。对他们表现出的闪光点，哪怕是一个小小的进步，给以鼓动和赞扬，会收到好的教育效果。因为鼓励、赞扬是积极地奖赏学生的某种心理与行为，当其受到奖赏后，学生会再次表现出该种心理与行为。所以用鼓励、赞扬来激发后进前进，要比用训斥、惩罚来威胁后进生就范，更重要也更有效果。

二、以尊重理解替代歧视侮辱

学生的成绩虽有好差之分，但其人格应同样受到尊重。学优生、后进生都是班级组织的一分子，后进生不能因其“成绩差”而受到老师或同学的歧视；相反，后进生更应得到充分的理解和尊重。在后进生教育中，有些老师一味地歧视甚至侮辱他们，结果刺伤了他们的自尊，使他们失去信心和自信，而产生自卑感和孤独感，形成对班主任或其他同学的不满甚至敌对的情绪。“哀莫大于心死”对后进生我们应多一分理解，多一分尊重，要把他们从别人的歧视和侮辱中解脱出来。只有这样，才能使他们形成良好的人格和心态，以利其成长和进步。

三、以满足需要替代压制打击

人的需要是多种多样的，人的行为总是在不断寻求需要的满足。与其他学生相比，后进生在生理心理活动、娱乐、刺激等方面的需要往往更为强烈，因而他们更多地表现出好说、好动、好奇。而班主任则常常因其“成绩差”，对他们的种种需要给以压制和打击，结果反而会使学生因需要得不到满足，而产生情绪和逆反心理，甚至故意为难、对抗老师。如果班主任能根据后进生的心理特点，采取必要的措施，满足他们的合理需要，则他们会感激教师，也会积极表现出教师所期望的行为。因此，在后进生教育中，要尽可能避免采用压制和打击的管制方式，以免他们产生敌对态度，表现出不合作的行为，应在满足他们合理需要的同时，积极加以引导，激发其前进的动机。

四、以信任支持替代指挥监督

对后进生给以必要的指挥和监督是应该的。但从行为关系上来看，指挥监督的一方是命令发布者，另一方是命令接受者，在地位上是不平等的。因此，接受命令的一方，在心理上可能会不愉快。有些后进生对老师的命令、监督不满，其原因也就在这里。对后进生，班主任若能在适当指挥监督的同时，施以更多的信任和支持，其教育效果往往会更佳。马卡连柯在教育和帮助一位有偷窃习惯的后进生时，曾让他独自去远处取一笔款项，结果他并未像有些人所担心的那样，把钱拐走，反而完成得很好。这就是他感受到了老师信任的力量。因此，班主任在教育后进生的过程中，要给他们以充分的信任和支持，使其化为自身前进的动力，并给他们提供更多的锻炼改造的机会，促使其健康成长。

五、以民主管理替代独断、放任

在对后进生的教育和管理中，班主任有一种恨铁不成钢的心理，往往容易出现独断或放任的现象。独断就是实行严格管制，一切是班主任说了算。这种方式不是引起学生的强烈反感，就是使学生形成严重的依赖心理。放任就是听之任之，不施管教。这种方式会使后进生疏懒，散漫，越陷越深。对后进生实行民主管理，一方面是指教师要以平等的身份对待后进生，并和他们交心，在融洽和谐的气氛中实行教育和管理；另一方面是指教师要发动学生和学生集体，参与对后进生的教育和帮助，形成一种民主协作、共同前进的教育环境和氛围。这种教育方式，会使后进生产生思想上的认同感、情感上的温暖感和心理上的归属感，从而不断地改造和提高自己。

六、以因人制宜替代统一要求

不光学优生与后进生情况不同，即使同是后进生相互间也存在很大差异。然而在后进生教育中，有些班主任往往忽视了这种差异，对不同的后进生提出整齐划一的要求，甚至要求后进生们也要像学优生那样，否则，就被斥之为“拖后腿”。其实，这是不可能的，也是不科学的。不少后进生就是因为屡屡达不到老师提出的过高要求，而丧失了前进的信心。实践证明，只有因人而异，提出不同的要求，采取相应的教育方式，才能收到理想的教育效果。后进生不可能一下子达到学优生的标准和要求，不同的后进生也有其各自特定的情况，不可能同步发展。因此,我们要克服后进生教育中统一要求、整齐划一的现象,要因人制宜,采取灵活多样的教育措施,从而达到切实有效地转化后进生的目的。

七、以动因分析替代结果昭示

当后进生表现出某种不良心理和行为时,班主任不应仅停留在表面的结果昭示和评判上,而应更多地对其动机和原因加以分析,帮助后进生明辨是非,弄清其所以然,并采取相应的教育措施,使其在今后的行为过程中加以避免。否则,过多的评头品足会使学生无所适从,而对不良行为结果的负面强化刺激,会产生种种形式的负效应,达不到正面教育的目的。教育后进生的关键在于帮助其分析不良心理和行为产生的原因,引导其树立正确的行为动机,从而培养良好的心理和行为习惯。

83. 不知如何科学地批评学生怎么办
——走出批评的误区　采取正确的方法

一、走出批评的误区

批评是与奖励相对的概念,是用不愉快的事件(或刺激)抑制或消除个体不适当行为的发生。比如,学生上课随便讲话,教师的批评可以抑制这种违纪行为的发生。若批评不当,非但不能改正学生的错误行为,反而会强化这种行为。批评是教育学生的一种方式,但如果运用不当,效果将适得其反。当前批评学生存在种种误区,必须迅速克服。

一是不该批评的批评。学生本无错却遭老师的批评。有以下两种情况:

其一,本来是一个人犯了错误,却"株连九族"把全班同学批评得"体无完肤",甚至迁怒于其他教师或学生:"这样的学生,班主任是怎么带出来的!班干部不起作用,简直是一帮乌合之众!"这样的批评不仅没有教育作用,而且引起全部学生反感。

其二,学生小刘热情豪爽,助人为乐,敢于向不良现象做斗争。一次自习课,一个"后进生"扰乱课堂秩序,他勇敢地站出制止,谁知在回家的路上,"后进生"把他打了,幸亏许多同学制止,才控制住事态。第二天小刘将此事经过告知班主任，谁知班主任却冷冷地说："谁让你去招惹他！活该！"请问这还有公理吗？今后那个学生还敢主持正义吗？

二是不分场合、不讲时机的批评。一次班主任上公开课，教室后坐满了领导和其他学校的老师，刚宣布上课，一个学生气喘吁吁地喊"报告"，班主任打开教室门，见这个学生局促不安地站在门口，班主任劈头盖脸地说："瞧你那熊样，睡懒觉也不挑时间！"这位学生一脸的愧疚，涨红着脸坐到座位上。此时，教室里一片哗然。显然，听课老师对这样的批评产生了质疑，而且这种不分场合不注意时机的批评，不仅伤害了学生的自尊，给班主任的形象也带来了不良的影响。

三是不留余地，不给出路的批评。为了学生的学习成绩，班主任确实费了许多口舌，其责任心可见一斑，但所见成效却不尽如人意。期中考试前的动员会上，班主任对班上几个学习落后的学生下了指标，"这次考试你们三个人不提高10分以上就滚出我这个班！"可偏偏这三个学生的考试成绩不仅没有提高，反而又退步了。在试卷分析会上，班主任气不打一处来："我算看透了你们三个，简直就是笨蛋！"

这样的批评不是批评学生的缺点，而是侮辱学生的人格，使他们感受到的不是教师的爱而是恨，而且不是恨缺点，而是恨人。这种不留余地、把话说绝、不给出路的批评往往是不能兑现的恐吓，不但降低了班主任在学生面前的威信，而且对学生造成了极大的伤害，使他们产生对抗情绪，甚至逼学生走上绝路。

四是讽刺挖苦，以势压人的批评。小伟生性活泼好动，却又粗心大意，因此，学习成绩在班里一直处下等的行列。这次期中考试不仅没有进步，还有所下降，班主任指着小伟的成绩单，没好气地说："看你挺聪明，长得也人模狗样的，没想到你的脑子却进了水。下次考试你再毫无进步，别怪我让你父母也觉得生你这样的孩子感到惭愧。"

小伟的眼里满是愤怒："是我不好，请你不要讽刺我的父母。"说完甩门跑出了教室。事情的结果这里不想详述，单就班主任的这种讽刺挖苦、以势压人的方法无疑是对学生精神的折磨。批评本是对学生不良行为的否定性评价，目的在于通过晓之以理、晓之以利害，使学生从交谈中警醒并振奋起来，而这种批评方式显然适得其反。

批评学生的失误绝非仅此四种，但不管还有哪些花样，其本质是相似的，那就是由于师德的缺失而不尊重学生的人格，并批其一点不计其余，用学生的某一错误而对学生全盘否定。

二、采取正确的批评方法

法国作家拉·封丹写了这样一则寓言:南风和北风比看谁能把一个人身上的大衣脱掉。北风首先施展威力,行人为了抵御北风的侵袭,把大衣裹得紧紧的。南风则徐徐吹动,顿时风和日暖行人只觉得春温遍体,解开纽扣,继而脱掉大衣。北风和南风采用的方法不同,结果也不一样,因此批评的方法很重要。

一位多年从事班主任工作的老师,受"南风效应"的启发,积累了许多行之有效的批评方法:

一是"由浅入深法"。他说先批评不痛不痒的小问题,使学生易于接受,然后循序渐进,由表及里、由浅入深指出症结所在。

二是"背后批评法"。他说批评学生有时当面批评不如私下批评好。在轻松的气氛下批评比在严肃的气氛下批评好,以间接方式比直接方式批评好。

三是"矛盾法"。他说有的学生"犟",总觉得"浑身是理",好说歹说就是听不进去,这时不妨让他"吃点苦头"、"碰碰钉子",在经受挫折后他就会理解老师的批评了。

四是"寓否定于肯定法"。他举了一个例子:一道数学题有多种解法,学生甲用了一种比较复杂的方法,这时老师说"他的解法很正确,大家还有没有更简单的方法?"这其中的意思是说"他的解法不是最好、最简单的。"老师的这种说法,要比"大家还有没有更简单的方法"好得多。

五是"追溯展望法"。老师不要孤立地一味地批评学生的错误,可以追溯"过去表现好的他",激发他的自尊心、启发他进行自我批评。这种方法必须建立在心灵沟通、情感交流的基础之上。上述这些方法,我们也不妨尝试一下,以避免在批评学生时出现不该出现的问题,做到用适当的方式批评学生。

84.不知如何科学地批评学生怎么办

——批评要适度

对此,教育部《中小学班主任工作规定》指出班主任"有采取适当方式对学生进行批评教育的权利"。这体现了教育部对班主任工作的高度重视,并对班主任提出了更高的要求。寄予了殷切的期望。我们应当努力探索运用好批评这个武器。

近几年来,在运用批评手段教育学生时,出现两种倾向:一是不敢批评。这样的教师和班主任认为,现在的学生多是独生子女,是在家长百般呵护下成长起来的,很少经风雨见世面,心理比较脆弱,对挫折的承受能力较差,一旦受到批评就会产生严重的“逆反”现象,甚至离家出走、寻死觅活,因此,唯恐自己的批评引起家长的不满和社会的质疑,而“吃不了兜着走”。

造成一些严重后果的批评,主要是“不适当”的批评。这种情况也是五花八门、花样翻新。如不尊重人格的讽刺挖苦式;不尊重学生主体地位,以绝对权威自居的以势压人式;苦口婆心、絮絮叨叨的重复批评式;一人犯错株连全班的连坐式;不给学生留面子、不分场合的当众批评式;事实不清或不顾事实的无限上纲式;新账老账一起算的揭老底式;批评学生株连家长式……凡此种种,不一而足。尽管这些现象出现在极少数教师身上,但造成的恶劣影响是令人痛心的。如一名学生早自习迟到,不仅受到罚站的处罚,而且这位班主任还当众嘲讽学生说:“你学习不好,长得也不好,连当坐台小姐都没资格。”该生不堪老师的侮辱,中午从教学楼跳下,结束了花季般的生命。这个惨痛的事实警示我们批评学生必须讲究方式方法。对此2009年9月教育部颁发的《中小学班主任工作规定》提出“班主任在日常教育教学管理中,有采取适当方式对学生进行批评教育的权利”,既给不敢使用批评手段教育学生的老师和班主任授权,又提出了“适当方式”的要求,给老师和班主任们以极大的鼓舞,也对班主任的专业素养提出了更高的要求。

一时间,引起了广大中小学教师和班主任的热议。他们在感受到肩上责任重大之外,也心存疑虑。有人担心一些体罚、变相体罚现象会不会有所抬头;有人质疑“何为适当?难以界定”,不好把握;有人认为“一旦方式不当引起与家长的纠纷,往往教师处于弱势。谁来为我们做主?”有位教师甚至在刊物上撰文提出谁来教我“适当”批评?文中列举了一些教师因批评学生而带来麻烦和受到的伤害,读后令人愤怒,对教师的遭遇也非常同情,但由于不了解问题的起因,也无须做出评论,但我敢相信伤害老师的学生和家长一定会受到法律制裁。至于谁来教我们运用“适当方式”批评学生,还得靠我们自己加强“师观”、“师德”、“师智”、“师能”的修炼,不断提高自己的专业化水平。靠教师之间互相学习、研讨,取长补短,共同提高。学校也要为教师搭建互动研讨的平台,组织这方面做得好的教师介绍经验。其实,广大班主任在这方面已经积累了许多卓有成效的经验,归纳起来主要有几下几点。

一、适时——把握适当时机

俗话说,打铁看火候,出门看气候。学生犯错误,当然需要批评,但是时机把握不好就会适得其反。如甲乙两学生因一点小事,怒不可遏,在教室里大打出手。班长制止不住找来了班主任。班主任走进教室,两个学生终于停了下来,班主任说:“停下来就好,都是同窗,有什么深仇大恨……”事后,班主任调查了事情的经过,是因为甲说秽语侮辱乙的人格,乙让甲道歉,甲坚决不道歉惹恼了乙,就动起手来……事实清楚之后,班主任将二人找来,引导他们从自身找原因各自作了自我批评。在这周的班会上对此事进行了公开批评,肃清打架在班里造成的不良影响。作为班主任如果不分青红皂白立即批评打架的事情,反而会火上浇油。由于事情前因后果不清,会造成更大的麻烦。

二、适境——选择适当的环境,营造良好的氛围

班主任工作对象是有血有肉、有思想、有个性的活生生的人。而且青少年学生自尊心很强,极爱面子,当他们犯了错误时,如果班主任不分场合,当众批评,很容易伤害学生的自尊,使其失了面子,我主张一定要把握批评的“度”,一般不当众批评,否则很可能会产生逆反心理,甚至“顶牛”现象。众所周知,任何心理过程不仅与人的情感有关,而且与人所处的环境有关。心理学认为,“情境影响认识”,因此,批评学生错误时一定要创设一个有利于让学接受批评教育的良好环境。有的班主任采取“关起门来批评”的方法就很好。这位老师认为:“所谓‘关起门来批评’是指不让学生的错误被第三者知道的批评,给学生留点面子,促使其悄悄地改正错误。特别是学生带有隐私性的错误,最好用这种方法批评。”

三、适情——控制住自己的情绪

批评不应是无情的指责,而是情感的交流。情感是批评的润滑剂,是打开学生心扉的金钥匙。只有情先行,理才会通。可见批评也是建立在同情、关爱、宽容伟大师爱基础上的。批评时语言要亲切点、表情要和蔼点、动作要温柔点。法官式的面孔、警察式的呵斥、武打式的动作都是与感情的灌注无缘的。当然,学生犯错班主任着急生气也在情理之中,但是班主任必须善于控制自己的情绪,让无益情绪得到抑制,否则很可能因为批评不当而引起学生的无益情绪,使问题复

杂化。另外班主任还应注意,不要因工作中或家庭出现了麻烦造成心理不愉快而迁怒于学生,使批评失去分寸或公平。有时批评学生的错误要寓情于理。比如对学生的错误及不良影响要耐心地分析透彻,表示对其错误的惋惜。这种方法对平时表现较好、偶尔犯了错误的学生最适合运用。老师批评后,学生会感到老师理深情重,难以忘怀。

四、适度——掌握适当的尺度

不管是表扬还是批评都要把握一个“度”,不然就会过犹不及。“适度”包括两个方面,一是尊重错误事实,不夸大不缩小,实事求是,不要无限上纲;学生最反感不实事求是的批评。事物矛盾是复杂的,表现形式是多样的,内在联系是密切的,这就有可能产生“眼见不一定为实,耳闻不一定为真”的现象。因此,在批评前一定要全面深入地了解事实的真相,做到万无一失。这是把握度的关键。二是不能重复批评,批评要点到为止,不可絮絮叨叨没完没了地重复批评。这样的批评,学生反感,反倒降低批评的效果。凡事过犹不及,批评一定要在把事情经过了解清楚后,才好掌握恰当的尺度,做到言之有理、言之有据、言之有节。

五、适言——语言要有分寸

批评学生时语言的分寸极为重要,语言不能过激、过火、过重,批评前要想一想话该怎么说,才便于学生接受,而且有利于解决问题。批评学生时要坚持话多不如话少,话少不如话好的原则,重视运用语言的艺术。没有分寸就没有政策,批评学生错误,不能一吐为快、不能过火,真理过了火,也会变成谬误。言语失分寸很容易使班主任陷入尴尬,以至于骑虎难下、狼狈不堪。班主任在批评学生前要做好准备,先说什么、后说什么,怎样把话说好,要有个安排,以此避免那种口若悬河、信口雌黄式的批评。我们都请楚,有时语言造成心理伤害,比棍棒造成的肉体伤害更难以康复。下面这则寓言足以说明这个道理:樵夫救了一只小熊,母熊对他感激不尽。有一天晚上,母熊用盛宴款待了樵夫。翌日早晨,樵夫对母熊说:“你款待得很好,我唯一不满意的就是你身上的那股臭味。”母熊虽然怏怏不乐,但嘴上却说:“作为补偿,你用斧子砍我吧。”樵夫照它的话做了。若干年后,樵夫又遇到母熊,问它头上的伤好了没有。母熊说:“那次痛了一阵子,伤口愈合后,我就忘了。不过,那次你说的话,我一辈子也忘不了。”

六、适人——批评要因人而异

学生性格、气质不同，所受家庭影响不同，思想水平不同，接受能力不同……这些不同就决定了对不同的学生犯了错误应采取不同的批评方式，这就是因材施教。对性格内向与外向的学生批评的方式就应当有所区别。前者要委婉一些，用暗示的或旁敲侧击的批评方式效果会好一些；对后者往往可以采取打开窗户说亮话的直接批评的方式。有的班主任还采取借他人（犯错误学生的好朋友或他乐于接触的师长）之口进行批评的方法。让他们理解班主任意图之后，主动承担批评帮助那个犯错误的学生的任务。这种方式更适合那些与班主任“顶牛”或有抵触情绪的学生。

七、适法——运用适当的方法

方法得当，讲究批评艺术，才能取得实效。批评的方法很多，如：(1)婉转法。面对学生犯的错误，有时可不必严厉批评，或绕个弯子，言在此而意在彼；或打个比方、讲个故事启发学生自己思考、自我批评，不失为一种有效的选择。这就要求班主任具备语言含而不露或含而少露的本领。(2)暗示法。有时批评不必单刀直入、不必打开窗户说亮话，可用暗示的方式表达自己真正的意思。这种在师生间不存在对立情绪的情况下的暗示批评，效果会更理想。如考试后，老师发完试卷，一学生说：老师您给我判错一道题，应该给我加分。老师发现她明显地改了答案，但还是满足了她加分的要求，并在涂改处加了一个红圈，暗示她下不为例。既保护了她的自尊，又对她进行了暗示性批评，使这个学生很受感动，并决心做个诚实的学生。(3)幽默法。利用这种方法批评学生的错误，会使其轻松接受批评。一个学生的手机上课时响了起来，老师说：我是坚决反对上课带手机的，因为它会搅乱熟睡同学的美梦。学生在笑声中接受了批评，而且达到了一箭双雕的目的……批评学生的方法还可以举出一些，限于篇幅这里就不一一列举了。

班主任工作是科学的、人文的、艺术性的工作。科学就是敢于坚持真理修正错误；人文就是关注人的生命价值，促进人的精神文明和文化修养的可持续发展；艺术性则是以正确“师观”、“师德”、“师能”为基础的教育方式与技巧。当三者集于班主任一身时，他便是一位优秀的教师。《规定》中所要求的“适当方式”这个度也就不难把握。因此，当教师和班主任热议“适当方式”的界定和如何“操作”时,我觉得我们应从《规定》中提出的“班主任任职条件”和“职责”入手,加强自身“专业素养”才是关键。因为“适当方式”绝不仅仅是单纯的方法、技巧问题。只要班主任们有了正确的教育观念,能够把六条教师职业道德规范变为自觉的行动,并不断在工作实践中更新知识结构、提高专业能力,方法技巧问题便可迎刃而解。因此,我们大家需要共勉的是加强自我修炼,不断提高自己的专业化水平。

85. 不知如何科学地批评学生怎么办
——批评要讲究艺术

许多班主任最怕班上出事,因为出了事就要花时间精力去处理,有的事情处理起来很棘手,而且还会影响班集体的荣誉,影响班主任的业绩。我认为这是一种消极的态度,有时越怕出事,反而事件接连不断。我们应以一种积极的态度对待它。预想到未来,防患于未然。教师管理工作做在前头,就可以减少问题的发生。出现了问题,也不要大惊小怪,更不要烦躁不安、火冒三丈,而应该利用所发生的事件,运用工作的艺术,妥善处理,既达到教育当事人的目的,又起到教育大家、引以为戒的作用,把坏事变为好事。在这方面陶行知给我们做出了榜样:有一次,古圣寺老和尚向陶行知反映:佛堂里的一个小木鱼不翼而飞了,可能是学生偷的。陶行知知道后,亲自到音乐组教室,以一种诚恳温和的语调对大家说,有的同学喜欢用敲木鱼来作为乐曲的节奏,动机是好的。但现在古圣寺里丢掉了一只木鱼,而木鱼又是和尚的“吃饭家私”,我们总不能只顾自己欣赏音乐,却断了人家的生路吧。我相信拿人家木鱼的同学是一时糊涂,希望他在没人的时候仍旧把木鱼还到原来的地方去。菩萨会保佑你的,我们也不要责怪他。在这以后,老和尚的木鱼果然失而复得。当事者还特地到陶先生那儿恳切地反省错误。陶行知抚摸着他的头说:“人非圣贤,孰能无过。知过即改,必是好人。”

为什么陶行知在学生心目中有崇高的威信?就是因为他对学生怀有一颗“赤子之忱”。

《后汉书·列女传》上还记载了一个久传不衰的故事,即“乐羊子妻”的故事。乐羊子,河南人氏,一介书生,看样子是很穷的。有一次他在路上拾到一块金子,赶忙回家交给妻子,大约是想借以聊补无米之炊。不料妻子却严肃地对他说道:“妾闻志士不饮盗泉之水,廉者不受嗟来之食,况拾遗求利,以污其行乎?”几句话说得乐羊子羞愧万分,连忙带着金子找失主去了。又有一次,乐羊子外出求学,七年不归。大概是家里好久不沾腥味儿了,乐羊子的妈妈犯了馋,看见别人家的鸡跑到她家园子来了,就偷偷地宰了来吃。乐羊子妻面对香味扑鼻的炖鸡肉,“不餐而泣”。婆母问其故,她十分难受地讲道:“自伤居贫,使食有他肉。”意思是说,怪咱们家穷,我没有把婆婆侍候好,因而使桌上有了别人家的肉,令婆母几乎无地自容。

乐羊子妻的高尚品德自然应该是我们的楷模,她那娴熟的批评艺术,也很值得我们班主任学习。聊举三点,作探讨。

第一,批评学生时,要紧的是首先发现并善于肯定他的长处。乍一看,乐羊子妻对其丈夫的批评是火辣辣的。但细细分析一下,就不难看出她是以肯定为前提的。你听她开口第一句话就是:“志士不饮盗泉之水,廉者不受嗟来之食。”这就是说她首先肯定了乐羊子是一位“志士”和“廉者”,一向品行高洁,怎么会一时糊涂了起来呢?这样,乐羊子当然就比较容易接受了,而且还会促使他以“志士”和“廉者”的道德标准来衡量自己。这样的批评方法不值得称道吗?鲁迅说过:“倘要完全的书,天下可读的书怕要绝无;倘要完全的人,天下配的人也有限。”学生更是如此,再好的学生也有他的弱点,再差的学生也有他的长处。特别是对于差生,我们往往很不耐烦,一犯错误,劈头盖脸就是一顿指责。这样很容易形成心理上的对立情绪。你越是生气,他越是顶牛。所以这个时候最要紧的是首先静下心来,指出他的长处,先恢复他的自尊心,然后再给予批评,他才有可以承受批评的基础,批评才会奏效。这个道理就像治病一样,如果病人久病不愈,体质很差,就不能下急药了。否则他的身体承受不了,欲速则不达。有经验的医生总免不了要在药方里加几味补药的,边补边治,缓而图之。

第二,引咎自责,动之以情。乐羊子妻批评其婆母的方法更为巧妙。明为自责,实是批评,采取了一种迂回战术。不过她这种自责,建立在一种真挚的感情基础之上,不是故意耍花招。

看她面对香喷喷的炖鸡肉,“不餐而泣”,“泣”什么?这是发自心底的内疚,如果自己有能耐把日子过得好一些,怎么会使婆母落到偷吃人家鸡的地步呢?因此,乐羊子妻首先想到的是自己的责任,怪自己不孝,使得婆母偷了人家的鸡。这确实令人感动,我想就是最不通情理的婆婆遇到这样孝顺的媳妇,听了这样的批评,也断断不会有气的,孟子说:“治人不治反其智,礼人不答反其敬。”批评学生没有效果,那就回过头来检查一下自己,是批评方法不当呢,还是自己尚不足甚至不如人呢?如果能像乐羊子妻那样,批评学生之前首先诚恳地检查一下自己的责任,不是更好吗?这样,学生才能感到温暖,感到老师与自己是站在一个平等的地位上,他才能与老师在心理上产生共鸣,老师的话才能听得进去。《淮南子》上论军事战术时讲道:"善用兵者,必先修诸己,而后求诸人。"我们把它引申为一种批评方法,也不无可取之处。

第三,善于激发学生的羞耻心理。一个人最伤心的事莫过于良心的死灭。只要他稍具有廉耻之心,其自我思想斗争就不会停止。乐羊子妻之所以高明,就在于她看到了犯错误者的这种内部思想斗争,把批评作为推动和激化这种斗争的手段。她的丈夫、婆母能被她一席话说得幡然醒悟,其实是因为他们自身的良心和正义感战胜私心利欲的结果,并非乐羊子妻具有某种神奇的感召力。古希腊著名哲学家德谟克利特说:"对可耻行为的追悔是对生命的拯救。"羞耻之心,人皆有之。学生也一样,不管他差到什么程度,毕竟还是一个孩子,羞耻心还是有的,上进的要求还是有的,关键是教师要使他看到自己的光明前途,而不要使其落到绝望的境地。

其实我们广大班主任在其工作中,也积累了丰富的经验,创造了许多行之有效的批评方法,现归纳如下。

一、委婉式批评

委婉式批评。对那些脾气暴躁、行为容易受情绪左右的学生,班主任可采取委婉式批评。以温和委婉的语气把批评的信息传递给学生,以平等的态度,心平气和地与学生商讨如何纠正错误的办法。如:在处理学生早恋这类问题时,要采用委婉式的批评,讲清早恋的危害,相信学生会自己解决,如果教师采取简单化,或以停课、处分相威胁,或通报家长,弄得满城风雨,那么,反而会引起学生的对抗心理,不能达到教育学生的目的。

二、激励式批评

著名教育家陈鹤琴说:"无论什么人,受激励而改过,是很容易的,受责骂而改过,是不大容易的,而小学生尤其喜欢听好话,不喜欢听恶言。"因此,尤其对于那些自尊心受到严重挫伤、丧失上进心、破罐子破摔的学生,批评根本起不了任何作用。班主任可采用先表扬后批评的方法,这样既保护了学生的自尊心,又使学生看到了前途和希望,还让学生感觉到班主任的公正。使用这种方法,要做深入细致的调查研究,从后进生身上找到闪光点,从其所犯的错误中发现积极因素,以此作为由头,一分为二地分析问题,表扬时要恰如其分,不夸大其词,不轻描淡写,待学生有好转时再善意地指出其缺点,让其改正错误。

对于自尊心很强而又容易产生对立情绪的学生,也可采取激励式批评教育。首先对其优点加以肯定,以此激发他们改正缺点、争取进步的信心和勇气;然后有层次地、步步深入地指出其不良行为及其危害性,将批评信息由浅到深、循序渐进地传输给学生,让他们在较轻松的气氛中认识问题的性质和危害性,心平气和地接受批评。例:班内有几个高个子男同学,午饭后经常去打篮球,以致上课迟到,影响了学习。班主任没有采取直接批评的方式,而是利用星期六下午的时间组织了一次篮球友谊赛。老师自始至终在场外为学生加油、鼓劲,欣赏他们的球技。比赛结束后,先肯定了他们的球技,表扬了他们奋力拼搏、团结协作的精神,然后激励他们:有了良好的身体素质和篮球技能,如能学好文化课,很有可能成为体育特长生,特招进高校。这次谈话对这几位学生触动很大,他们较清醒地认识了自己的长处和短处,同时也看到了自己的希望,从而激发了学习的积极性,迟到现象也迎刃而解。

三、表率式批评艺术

班主任工作千头万绪、任务繁重,难免出现顾此失彼的状况。因此,班主任与学生谈话时,应主动承担责任,诚恳地向学生作检讨。这样容易引起师生双方感情上的共鸣,犯错误的学生就能心甘情愿地剖析自己的言行,并接受教育。身教重于言教,班主任自身的行为表率会比单纯的言语批评更有感染力、说服力。从心理学的角度看,被批评者最爱用批评者的言行去观察批评者,如果发现批评者违背自己的言行,他们就会自然地去抵制批评。因此,班主任在批评学生的时候,首先要考虑自己是否为学生做出了榜样。

例如对那些做卫生扫除偷懒的学生,班主任批评就不如为其做出表率。当班主任身先士卒,学生会受到感染,以班主任为榜样克服偷懒行为。但是,利用榜样也应注意方法,动辄说“某某是个人,你也是个人,看看人家看看你吧!”或者“看某某怎么做,你不能像那样吗!”这种褒一贬一的话,很容易使学生产生自己处处不如人,自己一点讨人喜欢的地方都没有的想法。甚至使学生产生自卑与逆反心理。

四、攻心式批评艺术

班主任对学生的批评应建立在对学生关心和爱护的基础上，特别是对待那些意志薄弱、屡教屡犯的学生，班主任可采取攻心式批评，做到既有爱心又有耐心。有道是“一口口的热气也能溶化冰”，真诚地对待学生，往往会有奇迹出现。班主任在批评学生时，切忌以势压人，简单粗暴，伤害学生的自尊心。班主任不宜在课堂等公众场合点名批评学生，不向家长“告状”，而是通过摆事实、讲道理，引导学生平心静气地认识自己的错误。班主任只有走进学生的心中，做到以理服人，寓情于理，以心交心，以心换心，才能收到良好的教育效果。使学生做到心服口服，从心底里接受班主任的批评，并在行动上改正自己的错误，这是“知、情、意、行”有机整合的转化过程。因此，班主任仅仅靠运用几种批评的方式是难以完全奏效的，还需加强科学化、民主化的班级管理，不断健全和完善班集体建设的机制，让学生在良好的班风熏陶下，逐步从他律转化为自律。这是我们每个班主任应努力追求的德育目标。

五、幽默式批评艺术

批评寓于讲故事之中，打比方中要善举实例，阐明道理，讲清问题的性质和产生的后果。老师可采取旁敲侧击的方式，寓批评于讲故事、举例子，或意味深长言语之中，促使学生深思、自责、改正错误。

六、建议式批评

建议性的批评是指在批评时带有商量、讨论的口气，与学生交换意见的批评。老师以商量问题的态度，把批评的信息传递给学生，与学生交谈时，平心静气，创造一种宽松、愉快的气氛，使学生打消顾虑，与教师配合，达到圆满解决问题的目的。学生是幼稚的，常在主动工作和做好事的时候犯错误。对于这种由于想得不周到顾此失彼的错误，决不能简单否定、讥笑。老师要热心提出一些建议性的意见，在他们面临失败的时候，帮助他们取得成功。或者老师用带有强烈的感情色彩的惋惜来表示自己的批评态度。如“你什么都好，就这方面存在不足，实在可惜”，“你要是不犯这个错误，那该多好啊”。这种方式既达到了批评学生的目的，又体现了老师对学生的理解和爱心，寥寥数语，效果却很明显。

七、铺垫式批评

批评之前，要做好使学生愿意接受批评的铺垫工作。利用晨会课，讲讲面对错误的正确做法；树立榜样，讲讲名人在错误面前是怎样做的；在班级里反复强调勇于接受批评是学生的美德；讲讲有些学生那种“闻过则悲”、“闻过则闹”的危害。从多方面提高学生对批评的承受能力，逐渐在班上形成自觉自愿接受批评的风气。

八、暗示式批评

暗示是在无对抗的条件下，用含蓄诱导的方武，对学生的心理和行为产生影响，从而使他们按照一定的方式去行动，或接受老师的意见使自己的思想和行为与暗示者（班主任）企盼的相一致。这种方法所产生的结果也称之为“暗示效应”。暗示性的批评的方法很多，如教师用语言、神态、人格等手段都可以作为暗示的手法。教师语言内容多为点拨提醒之类的话，主要适用于心细、敏感、自尊心强、能知错就改的学生。只要老师稍稍给予指责信号，略作点拨，他们就会立即改正错误。如有的班干部一向表现不错，但在上自习讨论时，却与好友高声谈笑，其行为影响了他人的学习。这时，可利用他到办公室领取作业本时顺便暗示他，作为班干部要树立自己的形象，做同学们的榜样。这样点到为止，就能收到良好的效果。反之，如果不注意场合而乱批评一通，就达不到应有的效果。

九、冷处理与热加工式批评

打铁看火候，穿衣看气候，有时学生所犯的错误，不一定要及时处理，放一放搁置一段时间再解决，效果反而会好，这叫冷处理。有的事情处理方式恰恰相反，必须趁热打铁抓紧时间及时解决，这叫热处理。究竟选择何种方式，一定要依据处理问题的效果如何来决定。有时处理同一件事，既要“冷”又要“热”。比如班上两个同学打架，首先要及时制止，防止事态进一步向恶化方面发展。在不甚了解原因、是非难以断定，或起因只因一些鸡毛蒜皮小事的情况下，班主任一定要冷静，不要急于进行裁判，支持某一方反对某一方。而是采取冷处理的方式，让双方平息下来，火气下去以后，再慢慢启发学生自我反思、自我教育、自我解决。如果不是原则性问题，不必细抠情节，而是从道理上进行分析引导化解矛盾。

十、宽容式批评艺术

青少年正处于发展变化时期，难免发生这样或那样的问题，即使犯了比较严重的错误，班主任也要满腔热情地去关心、帮助教育他，不能轻易下定论、戴帽子、一棍子打死。比如班上发生丢钱丢物的事件，班主任在班上公开讲这件事情的时候，一定要注意用词得当，不能用“贼”、“小偷”、“品德败坏”等定性的词语，这显然是一种把人一棍子打死的态度，不利于学生承认错误、改正错误，甚至有可能影响犯错误学生的一生，产生破罐破摔的想法。如果班主任用“有些同学一时糊涂做了错事”，“一时喜欢别人的东西，没经人家同意自己就拿去玩了”、“贪占便宜的不好习惯”等比较温和的词语，并认真分析这种习惯发展下去的危害性，今后成人走上工作岗位之后对自己对国家的严重后果，以及一些贪污、盗窃犯的下场，这样教育的效果肯定会比较好，既没有给犯错的同学定性戴帽子，又讲明了事态的严重性，让大家引以为戒。

为了达到较好的教育效果，对有些事情的处理要注意保密性的原则。比如对偷东西的学生、偷看不健康书籍画册的学生，教育过程要注意保密，不宜将此事在学生、老师中宣扬。教育犯错误学生时，要耐心细致，从真正关心他的未来，关心他的前途的角度进行说服教育，使他认识到问题的严重性，同时又给予其改过的机会，照顾他的自尊心，培养他的上进心。

十一、严厉与温和式批评

俗话说“严师出高徒”，“严”要严得有理，对学生严格要求、严格管理是非常正确的，这里的“严”指的是要把握原则，该管的要管，该说的要说，不能放任自流，听之任之，但绝不是指“态度蛮横”、“用词刻薄”、“大声吼叫”、“严厉训斥”。我们的教育对象是学生，是正在发育成长阶段的青少年，他们涉世不深，对是非有时分辨不清，犯错误难免。对犯错误较严重的学生严厉批评，使他认识问题的严重性是必要的，但决不能使师生双方对立起来，僵持不下。应该是从严肃批评出发，经过认真分析摆道理讲危害，最后以关心、爱护的角度，指出努力方向这样温和的态度收尾。这样的教育过程才会使教育达到较好的效果。

除此之外，还有“语言的艺术”、“表情运用的艺术”、“谈话的艺术”等等，在处理班级发生的问题中都有不可忽视的作用。要想提高班主任管理班级、处理问题的能力，我们必须不断学习，掌握工作艺术。

总之,批评的技巧绝不止这十种,这里不再一一介绍,只想再谈一个共性问题,那就是坚持在原则问题上不动摇。

兵法上讲"致人而不致于人",强调的是人际博弈中始终居于主动性的问题。在与学生的交往中,有些事情是不可以做的,特别是无原则(无视班规)地放纵学生,做了就是失去了做老师的原则和立场,不但老师不赞同,学生也会打心底里小瞧你。比如有些教师,主要是任课老师,碰到学生违反纪律,睁只眼闭只眼,事不关己高高挂起,这种做法必然招致学生的轻视和不尊重,最终自食其果。接触具体工作我们发现,违规犯纪的学生,总有许多理由是可以原谅的。不根据具体情况施以适当的教育,就是不懂教育之道。但考虑具体情况不能排斥原则性,违规犯错就要接受批评这样一个大原则,在任何时候都需要遵循。

坚持原则性首先表现在管理上要谨言慎行,做事公正。"沉病用猛药",对于一些出了名的"问题班级",要敢于下重手整治。学生一般不会很在意你说了什么,但当你尝试着去做的时候,他们就会目光炯炯地盯着你,不是怕你,是看你对那些出了名的问题学生是否动真格的。谁都知道,压力越大,学生反弹也会越大。学生是聪明的,他们能找到班级以至学校管理的任何一个漏洞。因此要谨防来自学生中的"暗箭",关键是要做事公正,对事不对人。你可以对一个学生进行无数次的批评,但要切记,每一次的批评都应该是新的。如果让学生感觉到你针对的不是具体的事,而是某个个人时,教育就归于失败了。对事不对人不容易做到,但只要我们时刻提醒自己,教育学生是职业需要,我们和学生其实没有什么私怨,就可以把对问题学生的每一次批评当做第一次。

作为班主任,如何把握批评的"度",也是一门艺术。金天斌老师为我们总结了他在工作实践中"八不批评"的经验,很有借鉴价值,现简介如下。

一是学生能自我认识、自我纠正的问题不批评。批评的目的,在于引导学生转变思想认识,改正错误。因此,在学生已经认识了自己的缺点、错误,并能积极、自觉地在行动上予以改正的情况下,老师的批评不仅是多余的,而且还会激起学生的反感,打击学生认识错误的自觉性。

二是通过耐心说服能解决的问题不严厉批评。批评的效果一方面决定于批评者的方法、态度,另一方面又决定于被批评者的心理状态。因此,教育者应该努力创造一个平等、轻松、和谐的批评氛围,促进双方在批评过程中的情感交流,增强批评的说理性和可接受性。

三是学生暂时认识或接受不了的问题不当时批评。学生犯了错误一时不能认识，教师应该给他们以反思的机会，而“不要急于对他作出或好或坏的评判”（卢梭《爱弥儿》）。否则，就有可能由于学生认识上的障碍，形成心理上的防御，导致师生的僵持对立。而有意把问题提一下，过几个小时或一两日再找学生解决，就可以使学生在这段时间内通过反思找到正确的答案，以冷静的态度参与到解决问题的共同活动中来，达到理想的教育目的。

四是课堂上发生的问题不占教学时间批评。有些老师以为，课堂上发生的问题当即停课批评，让学生本人认账，而且还能因占用教学时间而激起其他同学对批评者的不满，形成集体攻势，有利于教育学生。这种看法片面地理解了苏霍姆林斯基“集体教育的思想”，是不正确的。因为在大庭广众之下给学生以难堪，会损害他的自尊心，容易激起逆反心理。而且多数学生也会因耽误课堂时间而对老师不满。同时，随着课堂教与学气氛的变化，学生的情绪、兴趣、注意力等心理状态也会发生变化，由兴奋到抑制，由积极变消极，直接影响教学效果。有经验的老师一般是用目光、手势，巧妙的语言等信息给以暗示，如有必要，课后再找学生谈一谈。这样，效果会更佳。

五是偶发性问题不重复批评。偶然出现的问题一般不带有必然性和一贯性。一提示或批评一次即可，不必重复批评，不然会给学生造成心理负担，不利于他们心理的健康发展和学习情绪的持续稳定。

六是非普遍性或严重问题不当众批评。有的老师为了追求“惩一儆百”的效果，凡学生有了错误，一律当众批评，结果，不仅容易伤害学生的自尊心，久而久之，还会使学生形成一种不以为然的心理适应，使本来十分严肃的教育形式成了学生的“家常便饭”。这对学生的成长很不利，应力戒使用。

七是无特殊情况上午不批评。

八是一般情况周初不批评。上午、周初属于一日、一周的起始，此时学生的心境如何，会不同程度地影响一日或一周的情绪。为了给学生创造一个良好的客观环境和积极的主观心态，教师一般不要在上午或周初批评学生。

当然，上述做法也不是绝对的。要切实运用好“批评”这一教育手段，最根本一点就是要因人、因时，因事而异，区别情况，以诚相待，注意效果。

86. 表扬与批评有机结合提高教育效果该怎么办

美国人本主义心理学家马斯洛的“需要层次理论”认为，人的生理需要、安全需要基本得到满足之后,就会产生强烈的自尊需要,即渴望得到别人的肯定和尊重,甚至渴望得到他人的赞美和崇拜。古今中外,男女老少概莫能外,尤其青少年学生,这种受尊重、顾面子的需要更为强烈。这种精神需要是人性深处的渴望。尊重学生,热爱学生,信任学生,是教育好他们的前提条件。众所周知,尊重包括他尊和自尊。来自老师和伙伴们的热爱和尊重(他尊)与其自尊是相互依存、相互作用的。自尊是他尊的前提条件,他尊又能激起更强烈的自尊。学生的自我评价通常是凭借老师和伙伴的反应而作出自我判断的。他们的行为也受老师期待的影响。当老师和伙伴对其表示关心和尊重时,他的自尊心就会增强,就会努力约束自已以适应老师期望的效果。因此,我们班主任要力求通过表扬、肯定等正强化激励,来满足学生正确的心理需要,使他们增强自尊心,自觉地克服自已缺点和错误。

有的班主任担心,多用赞美之词会把学生"惯坏了",这种担心是没有必要的,即使这种情况可能出现,也不能因噎废食。值得我们研究的是如何恰当地运用赞美之词,对此,笔者谈几点看法。

一、变对有不良行为学生的批评为对有良好行为学生的表扬

有位班主任对不能按时完成作业的学生进行了公开的批评,并责令其"站起来"接受教育。学生尽管站起来了,却表现出对班主任的不满情绪,不能按时完成作业的现象仍然没能杜绝。有的老师则要求完成作业的学生"举起手"来。学生们齐刷刷地举起了手,各个脸上绽着笑容。此时,这位老师高兴地说:"很好,按时完成作业是一种良好的学习习惯,也是巩固所学知识的好方法。但是,还有个别同学没有举起手,这也是一种诚实的表现。而且我相信,他们没完成作业,一定是有原因的,否则谁能有意不完成作业呢?希望这几位同学能抓紧时间补上。"

"站起来"是一种惩罚,使学生丢了面子,"举起手来"是一种表扬,满足了学生获得尊重和赞扬的心理需要。而且,这位老师的一番话说得十分巧妙,既晓之以理,赞扬了完成作业是一种好习惯,又动之以情,表扬了没完成作业同学的诚实,既给没完成作业同学找了个台阶,又为其改正缺点指明了方向,效果自然大相径庭。

二、变批评错误行为为对错误行为动机的正确指导

笔者还遇到这样一个例子:小康平时写作业龙飞凤舞,难以辨认。任课老师

多次批评帮助也不见效。一次,课代表把他的作业张贴出去,小康十分生气,立即把作业撕了下来。课代表把情况向班主任作了汇报,班主任肯定了课代表的责任心。当班主任走进教室的时候,小康情绪有些紧张,做好了挨批评的准备。可是,班主任却平和地说:“你们知道小康为什么把自己的作业撕掉吗?他是在为自己作业写得潦草而生气,撕下来正是为了把作业抄写工整。小康的作业是能写好的,我们应当相信他。”只见小康惭愧地低下了头,可同学们的脸上却表现出将信将疑的样子。第二天,小康真的把一份写得工工整整的作业重新贴在了“批评栏”内,并在作业下面写道:“请看我以后的实际行动吧!”

看,表扬有多么大的“神力”!这位班主任对小康的错误行为可能具有的正确动机作为一种希望,提出来进行激励,并给他指明了应该怎样做,保护了他的自尊心,激励他去实现老师的希望,这确实是一种令人佩服的教育艺术。

三、变批评学生的短处为表扬他的长处

期中考试成绩单下来了,小冯的数学才考了55分,任课的王老师很着急,批评小冯说:“就是你的数学成绩拉了全班的后腿,你是笨呢,还是学习偷懒?”小冯委屈地哭了。班主任在期中考试情况分析时却对小冯说:“从你的成绩单上看,各科成绩都那么棒,唯独数学考砸了。王老师说你的话你可能感到委屈,但也是为你好,争口气,你的数学成绩也会呱呱叫的。”这番话确实激励了小冯,正如小冯自己所说:“我就不信我学不好数学!”

这位班主任用表扬学生长处来激励学生战胜困难学好数学,确实不失为有效的方法。

四、发现学生闪光点,及时给予表扬

对待后进生不要吝啬您的赞美之词。道理很简单,那就是后进生平时接受的多是负强化刺激,教师的批评甚至讽刺、挖苦,家长的怒其不争,进而非打即骂,使他们产生强烈的自卑心理,甚至觉得自己不是学习的材料。因此,恰当地使用一些正强化刺激,效果会更好,因为这样可以唤醒他们的自尊心,增强他们的自信心。这就需要教师善于发现后进生的闪光点和优势,积极地进行优势诱导。下面不妨举个例子:一名后进生,老师们几乎对他失去了信心,一次,班主任发现他不仅完成了作业,而且在写得乱的地方用小纸条贴上加以改正,对此班主任心里一亮,觉得这张纸条的背后蕴藏着他有学好的心愿,于是在全班表扬了

他,效果十分显著。事后笔者问这个学生,他说:“其实我不是不愿意提高学习成绩,可有的老师老是讽刺我,我就没信心了。是班主任理解我,帮助我,我一定要摘掉后进生的帽子!”事后,班主任又与任课教师一起帮助他补习功课,有了进步就表扬,出现反复就帮助找原因,使他的学习成绩稳步提高。

我们主张不吝啬赞美之词,赞扬是诚心诚意的,发自内心的,而不是廉价的无原则的奉承。我们的赞扬是学生确实有值得赞扬的地方或可能有值得赞扬的地方,否则他们会觉得你的赞扬是虚伪的,甚至是用反语对他进行讽刺,这样将会事与愿违。当然,有的赞扬实属一种策略(如前文对撕作业学生的表扬),是为了给学生指出改正错误的方向,进行正确的引导。这就更需要班主任深思熟虑,切不可滥用。

另外,我们强调多用赞美之词并不意味着对学生的缺点、错误听之任之,放任自流,更不排斥使用批评。相反,在一些学生麻木不仁、尊重和表扬对他们不起作用时,或因表扬使其忘乎所以、骄傲自满时,就应当利用批评这种负强化激励的手段,在其背上猛击一掌,使其清醒。但是,这种批评也应当以尊重学生人格为前提,并注意以下几点:一是批评要注意分寸,不讽刺,不挖苦,要动之以情,晓之以理;二是批评要有确凿证据,实事求是,不夸大,不缩小;三是批评要注意场合,尽量不在大庭广众之下批评学生;四是批评要晓之以利害,尽量含蓄地暗示学生注意到自己错误的危害,做到语重心长,言词切切。

87. 想超出学生对老师的批评预期怎么办

陶行知先生在育才小学任校长时,一次他在校园里看到男生王友用泥块砸自己班上的男生,当即制止了他,并让他放学后到校长室去。放学了,陶行知来到校长室,王友已经等在门口准备挨训了。可一见面,陶行知却掏出一块糖果送给他说:“这块糖是奖给你的,因为你很守时应该奖励。”说完又掏出一块糖说:“我不让你打人时,你立即住手了,这说明你很尊重我,也应该奖你!”王友惊疑了,眼睛睁得大大的。陶行知又掏出一块糖果送给他说:“我调查过了,你用泥块砸那些男生,因为他们不守游戏规则,欺负女生,你砸他们说明你正直善良,有跟坏人坏事作斗争的勇气,应该奖你!”王友感动极了,流着泪愧疚地说:“陶校长,你……你打我两下吧,我打的不是坏人,而是我的同学呀!”陶行知满意地笑了。

我们不禁为陶行知先生的批评策略拍案叫绝,其批评虽无说理,更无指责,却使学生深刻认识到自己的错误,自我反省。

这种超出学生预期的批评,引发了学生的惊奇情绪,进而产生强烈的内省心向,达到出奇制胜的效果。

预期是一个人根据自己的经验、习惯对客观事物作出的事前估量。可以说,人的一切行为活动都伴有预期,这是人的意识活动的超前性的反应。例如,学生犯了错误,就会预期教师的批评行为,甚至有了“对策”。心理学研究发现,客观事物与预期的关系会直接决定“惊奇”一类中性情绪的发生。惊奇情绪是人类重要的基本情绪之一,它的产生仅仅与客观事物是否超出预期,以及超出的程度有关。只要客观事物超出个体预期,就会引起惊奇情绪。“惊奇是认识的开端和引向认识的途径。”(高尔基语)批评时,超出预期的刺激会引发犯错学生的惊奇情绪,惊奇情绪发生时,往往会在心理上产生冲动感,即产生强烈的内省心向,内疚、自责,认识错误,改正错误。超出学生预期的批评不是故弄玄虚,而是一种“既在情理之中,又在意料之外”的技巧性批评。

要想达到超出学生预期的批评,提高教育实效,主要从以下三个方面做起。

一、谈话的内容超出预期

像陶行知先生那样在对学生的过错行为作充分了解的基础上,把握其行为动机,进行批评性谈话时,先行表扬,表扬其思想上的闪光点。这样的谈话出乎意料,学生会感到惊奇,体验到老师的信任、期望与关切,感动的同时会产生一股强劲的向上的动力,自新迁善。

二、批评方式超出预期

一般来说,学生预期的批评方式是直截了当的批评,他们预期教师的批评将是——数落指责、吹毛求疵、生硬说教,于是便有压力没动力,紧张被动,“对策”多为“徐庶进曹营——一言不发”,有的则会找出许多理由为自己开脱,甚至与班主任对抗。批评要产生激励效果,不妨在方式上下些工夫,以便超出学生的预期,使他们由惊奇感而发生“自己人效应”。超出预期的批评方式有:

1. 委婉渐入。班主任的批评信息是有层次、逐步输出的,表现为与学生一起分析错误行为产生的原因和危害,耐心引导,使学生逐渐悔悟。

2. 旁敲侧击。班主任的批评不是正面进行,而是寓于讲故事、打比方或意味深长的动作、言语之中,巧妙地使学生领悟、领会,进而深思、自责。

3. 以退为进。学生犯错误,班主任知晓后并不急于批评,而是有意“冷落”,耐心“等待”。这无形中会使学生产生压力,自我批评,随后就会“负荆请罪”。

4. 从虚到实。班主任的批评先务虚再务实,暂不触及学生的实际错误,先讲一些能够启发其发现问题、思考问题的道理,再逐步向实际问题过渡。

三、惩罚超出预期

著名的解剖学专家麦克劳德在上小学的时候,有一天,他突发奇想——想亲眼看看狗的内脏是怎样的,于是偷偷地套住一只狗宰杀后,把内脏一件件地分割、观察。这件事情很快被校方知道了,麦克劳德沮丧地等待惩罚决定。很快,校长的惩罚决定出来了,罚麦克劳德画一幅骨骼图和一幅血液循环图。惩罚超出了麦克劳德的预期,他甘愿受罚,非常认真地画了两幅图交给了老师。这超出预期的惩罚被麦克劳德主观上感到是满足其需要的,从而既达到了教育的目的,又保持了其对解剖学的浓厚兴趣。班主任和任课教师,应该向这位校长学习,对有过错的学生进行必要的惩罚时,要讲究教育性、发展性,惩罚措施要超出学生预期,要使得“新鲜的惩罚”变为学生自己修身养性的需要,进而激发学生自律的心向。

88. 保证惩罚的科学性该怎么办
——谈教育惩罚

惩罚作为学校思想教育中控制学生不良行为的一种辅助手段,是必不可少的。重视对惩罚的研究,对于增强学校思想工作的科学性,减少教育的失误,具有重要的实践意义。但是,惩戒只适用于学生的越轨行为。学生的越轨行为一般包括以下类型:不服从管教(如反复不听教师训诫、作弊、逃学、擅自离校等)、反抗教师权威(如在课堂上无事找事、扰乱课堂秩序等)、扰乱学校秩序(如携带危险品或管制刀具入校、酗酒、吸毒等)、侵犯他人人身权利或者财产权利(如殴打同学、偷盗、勒索、放火等)、破坏公物(如故意破坏学校的花草树木、蓄意打碎玻璃等)。当然,上述这些越轨行为必须造成一定程度的破坏性,才能予以惩戒,轻微的学生越轨行为则不属于惩戒的对象。需要说明的是,学生在学习上达不到要求,一般应采取教育性措施,而不能采取惩戒措施。比如:不能因为学生在课堂上答错问题或做错了作业而让学生罚站,不能因为学生未完成作业而不让学生上课。因为这些都属于学生个人的能力或认知问题,而不属于越轨行为。

惩戒原则上适用于学生在校内的越轨行为。怎样使惩罚具有科学性,这里想谈以下几个问题。

一、惩罚必须坚持以下原则

(一)惩罚必须遵循目的正当性原则

体罚重在"罚",惩戒则重在"戒",因此惩戒必须遵循目的正当性原则,即学校或教师所采取的惩戒措施,要有明确而正当的理由,应有助于达成其所追求的教育目的,不能单纯为惩戒而惩戒。例如:一天熄灯后,某男生宿舍有两人说话,致使班级德育分数被扣。第二天早自习时,班主任拿到扣分单,很是生气,便将该宿舍的八个男生叫到教室外面,想查出是谁在熄灯后说话。结果八人都说不知道。班主任一气之下,让八人都在教室外面站着。又如:上课时一同学不遵守课堂纪律,任课教师批评时,该同学非但不接受批评,反而顶撞教师。该教师盛怒之下,拿着教科书和备课本摔门而去。在这两个案例中,教师所采取的措施缺乏正当理由,使无辜的学生被惩戒,属于教师对惩戒权的滥用。

(二)惩罚必须遵循最少侵害原则

最少侵害原则是指,如果有多种手段可以达到目的,学校或教师应该选择对学生权利侵害最少的手段。例如:一天晚饭后,学生吴某和其他几名同学在操场因贪恋打球,耽搁了上晚自习。班主任一气之下,强令该生用刀子割破自己购买的篮球。这种惩罚措施显然不当,侵犯了学生的财产权。班主任完全可以采取其他措施,如暂时将篮球没收,这样既可达到管理目的,又可以避免给学生财产造成损失。

(三)惩罚必须遵循法益均衡性原则

法益均衡性原则是指对学生的惩罚要与学生所犯的过错成比例,如果某一惩罚措施在达成教育目的的同时,给学生带来了更多的权利损失,那是不当措施。法益均衡性原则要求教师在对学生进行惩罚时,除了要考虑学生所犯错误的程度外,还应充分考虑学生的体质、年龄、性别、生理、情绪状况、过去的行为记录以及学生的承受能力等。例如:赵某系某中学初一学生,比较调皮,曾因违反学校纪律而被班主任批评教育。某日,上数学课时,赵某又因不遵守纪律与数学老师顶撞,学校进行批评教育后将其送回家中。其后赵某多次要求返校上学,但学校却要求赵某向数学老师认错,而后才能返校上学。赵某认为数学课上与老师顶撞,并不都是自己的过错,双方因此产生分歧。赵某因返校上学的问题不能马上得到解决,便诉至法院,法院判其胜诉。在这则案例中,赵某的行为并未达到影响大多数学生受教育权的严重程度,学校将其送回家中,并长时间不让其回校上课,剥夺了赵某的受教育权。学校的惩戒措施明显不符合法益均衡性原则,属于对惩戒权的滥用。

(四)惩罚程序必须正当

如果学校或教师对学生的惩罚措施会严重损害学生的利益,那么惩罚就必须符合程序正当性原则。一般而言,这类惩罚应按下列程序进行:(1)实施惩罚前,由学校学生管理部门书面告知当事学生及监护人,并告知惩罚事由和将要采取的惩罚形式　如果学生留校会对他人、学校财产、教育秩序构成即时危害,也可立即加以惩罚而事后尽快通知。(2)允许学生进行陈述和申辩。(3)学生可要求举行听证会。参加听证人员应当包括当事学生本人及其监护人、学校负责人、知情的学生代表和教师代表,必要时可邀请社区知情人员参加。(4)对学生作出严重的惩戒,要经校务会议集体讨论作出决定。需要备案的,按规定备案。(5)将学校处分意见尽快通知被处分学生,并告知学生享有申诉权。当然,像言语责备、口头警告、短暂的停学这类惩戒措施,不会对学生的权利造成很大损害,因此可以不具备上述正当程序要件。

惩罚权属于班主任的职业权力之一,但是,惩罚权的行使不能超越其适用范围,必须确保惩罚目的的正当性、手段的妥当性和程序的正当性,否则,就可能使合法的惩罚质变为体罚等违法行为。学生未完成家庭作业的行为不属于越轨行为,不属于惩罚的对象。教师未考虑学生的承受能力、身体状况而对学生进行长时间罚站,不符合惩罚措施的最少侵害原则,因此,此案例中的罚站不是惩罚,而是一种变相体罚的侵权行为,学校应该为此承担责任。学生李某在上课时捣乱喧哗,影响到教师上课及其他同学听课,其行为属于越轨行为。教师为了保障其他学生的受教育权利,让李某到教室外罚站,将该生与其他学生暂时隔离,符合惩罚目的的正当性原则。虽然该惩罚措施致使李某在短时间内未能听老师上课,但是并没有给李某造成很大的权利损失,况且李某的这些权利损失与全班学生的受教育权相比,不能相提并论,因此,教师采取的惩戒措施符合最少侵害原则和法益均衡性原则，属于合法的惩戒行为，学校不需为此承担责任。

二、惩罚还必注意几个问题

（一）惩罚的时间

传统观点认为，惩罚开始的时间无关紧要，惩罚时间的早或晚不会影响惩罚的最终效果，而惩罚过程时间越长，对矫正不良行为越有益。我们曾请十名受到“处分”的学生填写被惩罚后的感受测定表，并依据受惩罚时间进行分类，对他们接受惩罚后不良行为得到矫正的程度进行了对比分析。结果发现，六名在不良行为发生后很快受到惩罚，而且受惩罚过程时间较短的学生，对发生问题感知较清楚，对惩罚方法的认可程度也比较高；而延时受到惩罚并且受惩罚过程时间较长的四名学生，则不同程度地表现出对立情绪。同时，我们还发现，接受不同时间惩罚的学生，矫正错误行为的程度也不同。六名很快受到惩罚的学生没有再犯类似错误，而延时受到惩罚的四名学生中，则有二人重犯。这一研究表明，不良行为发生后要及时处理。

（二）惩罚的指数

当学生有了不良行为时，我们应侧重惩罚他的行为。还是惩罚他的动机，或是兼而有之，这是决定惩罚正确与否的一个重要问题。我们曾先后对受过不同程度惩罚的二十名学生进行了调查，发现由于不良动机导致不良行为的有十五名（占75%），由非不良动机导致不良行为的仅有五名（占25%）。因此，在惩罚中，我们应加强动机与行为的关联分析。对于“好心办了坏事”一类性质的问题，应侧重于对行为本身的惩罚；而对于“坏心办了坏事”一类性质的问题，则应把动机与行为联系起来一起惩罚，尤其要注重对于动因的分析，从根本上消除不良行为的根源。

（三）惩罚的强度

一般认为，惩罚强度应该与不良行为成正比，惩罚强度越强，抑制不良行为的效果越好。但是，真正做到惩罚的度与不良行为的度等量，却不是件简单的事。我们在执行惩罚任务时，首先应对环境进行考察，着重分析环境对行为人的诱因大小，以及在行为过程中当事人是否产生过抵触不良诱因的积极行为。二是对动机因素进行考察，着重分析当事人的动机是属于受怂恿或暗示而产生的动机，还是自发性动机。三是对后果因素进行考察，着重分析该行为对学校、班级和他人造成的损失程度以及不良影响面的大小。四是对认知因素进行考察，着重分析行为人在接受惩罚前对不良行为的认知程度。

（四）惩罚的方式

惩罚方式与惩罚的有效性有着密切的关系。惩罚方式正确可以减缓惩罚对象的紧张情绪，提高惩罚对象的认识。所以，我们在惩罚过程中，应高度重视惩罚方式的效应。首先，惩罚方式要适应学生个性特征。对于性格内向、善于思维的学生施以对比性惩罚；对于性格开朗、成就感较强的学生给予直接式惩罚；对于独立意向和自我意识能力较强的学生应予以商讨式惩罚。其次，对于偶然的不良行为应采取商讨式和对比式惩罚；对于严重违反纪律，以及多次重复不良行为的学生，应进行强制式惩罚。

（五）惩罚的态度

被惩罚者与执行惩罚者相互间情感密结性如何，往往制约着双方的态度；而双方的态度，又直接影响着惩罚的最终效果。我们发现，教师执行惩罚时态度温和、言辞很有分寸时，被惩罚学生的态度也会相应受到感染和控制；被惩罚的学生在接受惩罚过程中往往还伴随着对执行惩罚教师言行的回顾、对比、评定等思维活动，并对于平时个人行为较好的教师的教育行为常常表现出较高的认可态度，从而减少防御心理；反之，则表现出抱怨心理以及增加潜在的对抗情绪。因此，教师应在日常工作生活中，加强个人思想修养，重视与学生的感情积累，注意以自己的模范行动影响学生。

（六）惩罚中的说理

惩罚中的说理，是一个重要的变量。它对惩罚的时间、强度、态度、方式等因素都具有一定程度的限制作用和调节作用。执行惩罚的班主任在实施惩罚前，应进行充分的说理准备，要在对案例进行深入调查分析的基础上，选择具有严密逻辑性的论点和论据，才能有效地提高说理质量。实践证明，惩罚前向受惩罚的学生深入细致地讲清问题的因由、行为的性质是非常重要的。它可以促使被惩罚的学生进行自觉地反省，并能有效地抑制被惩罚学生在发生不良行为之后，仍然潜存的错误动机与攻击心理，这对于提高惩罚的效应是极为有益的。

89.掌握不好惩罚的度怎么办
——再谈教育惩罚

奖励和惩罚是管理中常用的手段和方法,古今中外概莫能外。可如今在学生管理中,班主任似乎谈"惩"色变,那么,惩罚究竟是什么呢?教育家说:惩罚是针对道德的,当学生的道德行为有悖于道德规范时,惩罚是对其行为进行否定性评价。

传统的观点认为:惩罚越严厉越有效。例如在我国古代,教师总备有一把戒尺。民间中流传的"棍棒底下出孝子"亦传达出对惩罚手段的肯定。这种情况不仅出现在中国,西方亦然。斯巴达人的学校正是以严酷教育的手段培养出斯巴达式的战士。甚至1970年美国盖洛普民意测验结果表明,三分之二的人认为,教师或学校可以体罚学生。

现代的观点认为:惩罚适度为好。如果惩罚过度,对学生进行体罚、变相体罚,就会失去你的道德权威。你的学生可能会因为你的脾气捉摸不定而害怕,但你永远无法赢得他们的尊敬。陶行知说过,体罚"是权威制度的残余,在时代的意义上说,它已成为死去的东西,它非但不足以使儿童改善行为,相反地,它是将儿童挤下黑暗的深渊"。在我国的法律中明确规定:禁止对学生体罚和变相体罚。

因此,有些班主任为避免虐待性惩罚,常常会以完全不进行惩罚而告终。目前最好的观点并不是主张这种逃避现实的做法。大教育家马卡连柯说过:"合理的惩罚制度不仅是合理的,而且是必要的。"应该说惩罚和奖励一样也是对学生进行教育的必要方式,奖励是教育工作者常用的工作方法,而惩罚则是一种不可或缺的辅助方法。这两者都是用于学生表现中的特殊行为。奖励是一种肯定性评价,惩罚是一种否定性评价,惩罚教育可引起受教育者不愉快的情感体验,从而调节心理、规范自己的行为,提高个体的抱负和志向水平。在日常教育活动中如何对学生进行惩罚并且罚出效果,是很值得探讨的一门艺术。

一、惩罚目的是为了教育

夸美纽斯说:"犯了错误的人应当受到惩罚。但是他们之所以应受惩罚,并非因为他们犯了错误……而是为了要使他们日后不去再犯。”马卡连柯也曾讲过:“惩罚应当是教育,被惩罚者应确切认识,为什么要惩罚他,并且理解到惩罚的意义。”这就告诉我们,惩罚不是目的,而是手段。惩罚的目的是让受惩罚的学生控制、改正自己的错误行为,任何惩罚中都应蕴含丰富的教育内容。魏书生在惩罚学生时常用的方法有三:唱一首歌;做一件好事;写一份说明书。取其“唱歌可陶其情;做好事可以促其行;写说明书可练其功”之意。从表象上看魏书生是在“惩罚”学生,其实质则是别开洞天的教育,罚与育和谐地统一起来,既促进学生的主体能动作用的发挥,让学生在接受“惩罚”中主动认识到自己的错误,还可以使学生在知识和能力上有所提高。

二、惩罚要有针对性

马卡连柯在《教育过程的组织方法》中说:“在惩罚问题上,不能定出一般的方案,每一种行为都是带有个别性质的。在某些情况下,即使为了非常严重的过失,用口头责备就是最正确的了,在另一些情况下,为了不很重大的过失,也应给予严厉的惩罚。”惩罚的针对性要求我们在惩罚时应因人因事因时因地去进行,这就要求教育者在具体情况下,发挥高度的教育智慧。惩罚不对症下药,即使是“神药”也非良药,不仅不会收到药到病除的效应,而且还可能使“病情”激化。

三、惩罚要适度

天竺僧加斯那的《百喻经》中第一“喻”讲,过去有个蠢人去做客,主人招待他以佳肴,他吃了一口,嫌淡而无味。主人加了少许盐,他再吃顿觉味美矣。他想之所以味美,是因为加了点盐,稍加点就如此鲜美,再多加点呢?他豁然明了菜肴味美之“真谛”,于是,干脆空口吃起盐来了。联想起教育工作中也有少数教育工作者不讲适度,一味搞绝对的事。要求学生“师云亦云”,一越雷池便雷霆万钧,罚字当头,还振振有词地谓之曰“严是爱”。洛克告诫我们:“无论什么人,受激励而改过是很容易的,受责骂而改过,相比较是不大容易的。而小孩子尤其喜欢听好话,而不喜欢听恶言。”教育心理学也告诉我们,表扬总比惩罚容易接受。宽容有时比惩罚更具震撼力。因此惩罚只能是一种辅助的教育手段,只有在必要的情况下才加以运用,以使其认识到不良行为的严重后果,并且决心改正。“在某些情况下,如果破坏者说明他服从集体命令,准备以后再不重复自己的错误(当然,只要这种声明不是显然欺骗的话),惩罚应当取消。”(马卡连柯语)

四、惩罚的非伤害性

心理学家雷德尔认为,惩罚是通过使人经受不愉快的体验,以影响其行为或发展的一种有计划的意图。这里明确了惩罚是一种不愉快的心理体验,而不是一种心理的和身体的损伤。然而在实际工作中,常有人用罚抄作业、完成繁重的劳动任务、经济制裁、有损健康和侮辱人格的体罚或变相体罚等手段来惩罚学生,这是不恰当的,是必定要引起学生反感的。它不但摧残了学生的身心健康,而且也较为严重地影响着学生的成才。想象一下,刻薄的语言伴随着身体的惩罚,这绝不是任何主张平等的学生所能接受的,因为这是教育上最不适用的一种方法。任何教育手段都离开不了人的情感,没有人的情感,也不可能有"心理相容"的情感气氛。

公正的、考虑周到的、非伤害性的惩罚,我认为远比过度地宽容更能使学生适应有序竞争的社会。对学生而言最重要的事情就是:在他们走上社会之前教会他们清楚地认识到不良行为会产生严重的后果。当然在我们的教育过程中,应当永远杜绝体罚和伤害学生。对学生施以有损人的尊严的惩罚,乃是失败了的教师的象征。

90. 德育过程中不会运用隐性教育怎么办

在德育工作中,要淡化教育痕迹强化教育效果,一度被我们视为德育工作的"秘密武器",在新的形势下愈发显示出其巨大的威力和独特的魅力。所谓淡化教育痕迹,是指教育者要把教育目的隐蔽起来,使学生在不知不觉中,潜移默化地受到教育,因此,也称隐性教育。怎样才能巧妙运用隐性教育呢?

一、了解隐性教育的特点

(一)教育目的是隐蔽的

班级举办主题班会、开展团队活动、班主任找学生谈心等等,教育目的都是公开的。而隐性教育,学生并不清楚有什么具体目的。特别是有的时候,班主任为了避免引起学生的反感情绪,而把教育目的隐蔽起来,通过一些有意识的活动方式来完成一定的教育目的。比如,学生们观看《小兵张嘎》时,并不了解自己在接受爱国主义教育，而这个被隐蔽着的教育目的却往往会收到奇效。

（二）教育方法是间接的

一般说来，显性教育的目的是明确的，其教育方法也是直接的。如请公安干警讲法治，就是如此。而隐性教育的方法是间接的，往往需要“转弯子”。同样是为了掌握学生的思想动态，不是采取家访、谈心等直接的方式，而是通过某项精心设计的活动让他们主动地暴露思想，这样就可以避开学生的反感情绪或戒备心理，比较真实地了解到学生的思想情况。比如带领学生去春游，表面上就是玩，但其中既可陶冶学生情操，又能使学生体验祖国江山之美。

（三）师生关系平等和谐

隐性教育方法成功的条件是教师要有民主的教育思想，和师生和谐的关系，这是在学生没有意识到的情况下开展教育的，班主任与学生之间是平等相处，是在无对抗状况下进行的，其最重要的手段是运用暗示。这样能收到事半功倍的效果，比如组织学生参观几家大型的现代化企业，让他们了解企业发展的历史和前景，学生并没有意识到谁在教育他，可这种无形的教育是任何说教所不可及的。

（四）学生成了真正的主体

学生可以以主动者的姿态出现在教育过程中。由于这种隐性教育，有效地消除了师生之间的地位差别，因而学生可以以主动者的姿态出现在教育的整个过程之中，充分发挥自己内在的积极性和主动性，有利于班主任调动他们的积极性，挖掘他们思想和行动中闪光的东西，使教育活动更生动、更有实效。

（五）教育效果的多层次性

隐性教育是通过某项活动，使广大学生在不知不觉中受教育的，其效果不强求达到某一标准，每个人之间存在很大的差异。比如全班同学都去烈士陵园瞻仰，听英雄事迹，各人受教育的程度就大不一样，有较高层次的，也有低层次的。有的学生在这方面深受教育，也有的在那方面颇受感动。

二、掌握隐性教育的有效方法

隐性教育能使学生在无意识中受到教育。教育的目的隐蔽性，即把目的“藏”在各种活动里面，这种将教育目的寓于各种有益的活动之中，归纳起来，主要方法如下。

（一）寓教于乐，以乐陶冶

通过丰富多彩的文化娱乐活动，把教师与学生融为一体，消除了学生的戒备心理，使他们在自觉的活动中不自觉地接受教育。德育的特殊性就要求寓教育于学习之中、生活之中、娱乐之中，使之成为有实体、有物质的活动过程。如看电影看戏、召开联欢晚会、开展体育竞赛、组织参观现代化建设成就或其他展览、有计划地进行春游、秋游，组织参加集体劳动，等等。班主任与学生一起参加，同欢共乐，必能收到较好的教育效果。

（二）寓教于情，以情感化

人们的行为受到情感意志的制约，青少年学生也是这样，隐性教育可以使其高高兴兴地接受教育。爱是教育的营养，没有爱就没有教育；没有情的滋润，没有友好、愉快、和谐的人际心理气氛，就没有教育的成功。所以，隐性教育中要动之以情，要善于与学生产生感情上的共鸣，以心换心，换取学生的信任。寓教于情，班主任首先要对学生充满友情、亲情，以真情感染学生；其次，还应了解学生之情，从而有目的地动情，使两者相互共鸣。再次，班主任一定要平等待人，使学生在感情的交流中受到熏陶、启迪。

（三）寓教于行，以行诱导

这里所说的“行”是指班主任之行为。常说的“无声的命令”就是一种隐性教育，班主任为人师表，处处以身作则，导之以行，为学生做好榜样，这样可使学生从教师的行为中不知不觉地受到无声的教育。

1. 寓教于励，以励促进

这里指的是通过“正强化”实现隐性教育。“正强化”是指对于人的某种正确行为给予肯定和奖赏、表扬、鼓励，使其得到巩固。“正强化”作为一种教育方法是实现隐性教育的理想手段，能使学生从积极的方面体会到学校和老师的关心、信任。这种教育方法最易唤起他们的上进心。寓教于励，要注意科学性，激励得恰到好处，即使他在无意识中受教育，也要使他意识到今后该怎么做。另外要坚持实事求是，不戴高帽子，不盲目鼓励。

2. 寓教于“境”，以“境”感染

这里指的是班级要努力创设一个良好的德育环境，使学生受到潜移默化的影响。潜移默化具有强烈的渗透性，因此，要抓好环境建设，优化班级学习、生活的物质环境、心理环境和舆论环境，搞好人际环境，开展创文明班级、三好标兵等活动,注意发现、培养、总结先进典型,让他们在学生中产生积极影响和导向作用。

作为班主任,不论进行哪种教育,都是有意识的。所以,隐性教育并不是说,教育也是无意识地去开展,而是要求班主任有意识地更自觉、更高一个层次地去实施教育。

三、隐性教育应注意的问题

(一)不能放任自流,要有计划、有步骤地进行

班主任要独具匠心地创设一个个隐性教育的条件和机会,要及时总结隐性教育的经验,对其中出现的问题和偏向,及时反思解决,以保证其健康发展。

(二)不能凭空想象,而应从学生的实际出发

有人认为反正是隐性教育,就凭想象搞些活动算了。这是误解。隐性教育是以教育实践活动为基础,以具体教育形式为内容的教育实践,必须从学生的思想实际出发,使这项教育活动内容实在、形式灵活,具有针对性和时效性。因此,要求班主任多深入学生实际,多搞调查研究,及时了解学生的真实思想,随时掌握其思想脉搏,再在这基础上决定隐性教育的具体形式和内容,使之取得实效。

(三)不能没原则,而应坚持生动性与思想性的结合

娱乐活动也好,动之以情也罢,都要注意摆脱和抵制庸俗的低级趣味的东西,以正面教育为主,使学生从活动中真正受到积极的教育与感染。

(四)不能单枪匹马,而应与显性教育相结合

一个优秀的班主任,往往善于把显性教育与隐性教育结合起来,相互促进,相得益彰。

91. 不知怎样开展人文素养教育怎么办

人文素养教育,就是将人类优秀文化成果通过知识传授、环境熏陶使之内化为人格、气质、修养,成为人的相对稳定的内在品格的过程。人文素质教育的目的,就是教育人们学会做人,做一个高尚的人,一个有道德的人,一个有益于人民的人,教育人们处理好人与自然、人与社会、人与人的关系,培养和锻炼人自身的

理性、情感、情操和意志等等。

重视人文素养教育,是我国教育的优良传统。我国儒家经典《四书》中第一部《大学》开宗明义指出:“大学之道,在明明德,在亲民,在止于至善。”这里的“大学”是指平定天下治理国家的学问,今天,我们可以理解为“大学”是培养高层次人才的学问,是培养“大家”、“大师”、“权威”、“专家”的学问,其目的在于使受教育者提高思想道德素质,净化个人灵魂,陶冶高尚情操,进而去教育群众,唤起群众,振奋精神,实现人类“天下为公”的崇高理想。《大学》还明确提出“修身为本”的思想,“修身”,就是要努力做好内化工作,加强自我修养,练好内功,培养全面素质,特别是思想道德素质。

当前,由于受市场经济的冲击,“金钱主义”“自我中心主义”泛滥,使青少年无所适从,道德素质逐渐滑坡,因此全面实施素质教育具有重要的现实意义,班主任应义不容辞地肩负这一使命。有些中小学开始设置《修身》课,就是一种很好的人文素养教育,出现了许多新气象,学生的精神面貌更加振奋了,校园环境更加美丽了。

既然人文素养教育对人的全面发展如此重要,那么,怎样实施人文素质教育呢?

一、利用祖国优秀文化遗产向学生进行人文素质教育

我国《教育法》明确规定:“教育应当继承和弘扬中华民族优秀的历史文化传统,吸收人类文明发展的一切优秀成果。”我国是世界文明发展最早的国家之一,有几千年悠久历史。勤劳勇敢的各族人民在漫长的生产斗争、阶级斗争和科学实验中,既创造了辉煌的物质文明,又创造了丰富的精神文明,一句话,创造了光辉的中国文化。灿烂的中国文化积淀着丰富的人文精神和人文素养教育的传统。孔子是我国古代伟大的思想家、教育家,他一生中拥有弟子三千,贤人七十二,他是很重视人文知识传授和人文素养教育的,主张“为政以德”,讲求“忠恕之道”,他的教育内容是“六艺”:“礼、乐、射、御、书、数”。分析“六艺”之内容,用现代观点看,就含有德、智、体、美全面发展之内容,并且把礼义、法律、道德教育放在“六艺”之首,说明他是相当重视人文素质教育的。范仲淹幼年刻苦自学,终成文豪,又做过北宋大臣,他的“先天下之忧而忧,后天下之乐而乐”的名句表达了他忧国忧民的思想,至今仍为天下人传颂。革命先驱夏明翰的诗句“砍头不要紧,只要主义真。杀了夏明翰,自有后来人”更是激励着一代又一代人成长。中

国共产党继承祖国优秀文化遗产，提出把“全心全意为人民服务”作为自己的宗旨，培养了像张思德、雷锋、焦裕禄、孔繁森等一大批“毫不利己、专门利人”的优秀共产党员，他们的高尚品德和完美人格无不体现着中华民族的崇高人文素养和人文精神。

利用祖国优秀文化遗产进行人文素养教育，不是简单地学习，盲目地继承。正确的态度应该是深入地学习，科学地继承，大胆地超越。中华民族几千年文化遗产博大精深，浩瀚无穷。后人要超过前人，必须站在前人的肩膀上，深入地学习前人，勇敢地超越前人；如果只是躺在前人的怀抱里，甚至跪在前人的面前，谨小慎微，不敢越雷池半步，那么后人只会重复前人的梦，到头来，将一事无成。在这方面，我们特别要学习毛泽东，学习邓小平。毛泽东同志高举马克思主义旗帜，把马列主义思想科学地运用于中国革命和建设的实际；邓小平同志接过毛泽东思想的完整体系，批判“凡是”，提倡“求是”，大胆提出建设有中国特色的社会主义理论，终于迎来了国家的兴盛。

二、利用世界优秀文明成果向学生进行人文素养教育

人类文明包括物质文明和精神文明两个部分。广大劳动人民，尤其是其中的优秀人才、杰出人才在创造物质文明的同时，也创造了精神文明。在世界文明宝库中，同样有许多优秀部分可供我们积极地去采用，用以向学生进行人文素养教育。

科学需要智慧，需要勇气，更需要献身精神。公元1600年，布鲁诺由于坚持哥白尼的新说——“日心说”而被活活烧死在罗马广场。临刑前，他说：“黑暗即将过去，黎明即将到来，真理终将战胜邪恶。”布鲁诺为真理献身的精神永远激励我们前进。

历史巨人往往是既站在自然科学制高点，又站在人文社会科学制高点上的人。笛卡尔是杰出的数学家，又是著名的哲学家，数学给了他精密的思维，哲学给了他开阔的视野。马克思是马克思主义理论的创始人，同时对数学又有相当深入的研究，一百多年前他写的《数学手稿》是造诣颇深的数学专著，当今仍是数学家和数学工作者的必读之书。爱因斯坦是20世纪最伟大的科学家、相对论的创始人，同时又是出色的小提琴手，琴声曾呼唤出他大量的科学灵感。爱因斯坦科学素养极高，人格人品极好，他的遗嘱也是一份很好的教材。他说：“我死后，切切不可把梅塞街112号变成人们朝圣的纪念馆。我在高等研究院里的办公

室，要让给别人使用。除了我的科学理想和社会理想，我的一切都将随我一起死去。”

数学与哲学、数学与马克思主义、相对论与小提琴……这些看似联系不大、甚至毫无关联的内容，却在一些伟人的身上得到和谐的统一。从现代生理学角度考察，人的大脑分为左右两半，其中左半脑专司逻辑思维，用于计算，用于推理，用于分析；右半脑专司形象思维，用于文学与艺术。左右两个半脑间虽有分工，但也互相联系，彼此支持，形成一个整体。基于此，一些知名的学校，都比较重视人文素养教育，但是目前不少中小学受应试教育影响，出现了重科技教育、轻人文教育的倾向，造成学生人文素养的缺失，必须引起足够的重视。

三、在教育方法上，提倡言传身教

教师特别是班主任是学校的主导力量，要提高学生人文素养，教师是关键。在校园里，天真的学生把老师当做知识的化身，不仅学其形，还要学其神。所以，要求教师一定要言传身教，身体力行，须知学高为师，身正为范。教师除了把自己的业务知识毫无保留地传授给学生外，还要将人文精神渗透其中，把人生观、价值观、思维方法、思维作风、治学态度有形或无形地传授给学生。（这个问题已有专题论述）

92. 不知怎样运用心理效应构建和谐的师生关系怎么办

——谈师生关系

和谐的师生关系是构建和谐校园的重要组成部分。和谐的师生关系的核心是教师要尊重学生，尊重学生的个性与人格。然而，在平时与学生的交往和对学生进行教育的过程中，许多教师不能把握学生的心理，导致师生关系紧张，矛盾加深，进而产生学生与教师之间的情绪对立与言行对抗，这样不仅达不到教育的目的，还会对师生的心理产生不良影响。如果教师能准确地把握学生心理，合理运用一些心理效应，就能有效规避师生之间的冲突，建立起和谐的师生关系。那么，哪些心理效应值得我们关注呢？

一、"自己人效应"

心理学中有个效应叫做"自己人效应",是说要使对方接受你的观点、态度,你就要把对方与自己视为一体,同时使对方把你与他归于同一类型的人,保持"同体"。在教育教学中,如果教师能够真正走进学生心灵,把自己与学生视为一体,即保持"同体"的关系,与学生共同去完成课堂学习任务及学校分配的各项任务,共同去享受学习、生活中的欢乐,让学生切身感觉到你是他们的良师益友,能够帮助他们、信任他们并尊重他们的合理需求,这样学生就会切切实实地喜欢你、亲近你,消除对你所持的戒心,从而拉近师生间的心理距离。教师在处理问题时要换位思考,"己所不欲,勿施于人",多从学生的角度来思考处理问题的方法,设身处地地变成"学生",成为学生的"自己人"。这样,学生便会乐意接受你的观点和态度,建立和谐的师生关系也就不再是难事了。例如,为矫正中学生"早恋"行为,有的教师对"早恋"的学生极尽讽刺挖苦之能事,要么在班里曝光、讨论,"狂轰滥炸"一番,使学生非常狼狈;要么告知家长,大有"将'早恋'萌芽扼杀在摇篮里,舍我其谁"之架势。有个教师在和学生谈"早恋"问题时,开场白却是这样说的:"记得我上高中时,班上有一个漂亮的女同学,不知怎么搞的,我总是会想到她,在上课时也会禁不住多看她几眼……"这个教师指出这是青春期性萌动的正常反应,再接着谈自己对"早恋"的看法,继而对"早恋"学生提出忠告,这样的效果就非常好,学生们会觉得亲切可信,从而愿意听取和采纳这个教师的建议。

二、"南风效应"

有一则寓言,讲北风和南风打赌,看谁能把行人的大衣脱掉。北风强劲,可越刮行人把大衣裹得越紧;南风徐徐,轻柔温暖,行人便自觉地把大衣脱下。南风之所以能达到目的,就是因为他顺应了人的内在需要,使人的行为变为自觉。这种以启发自我反省、满足自我需要而产生的心理反应,心理学家称之为"南风效应"。这则寓言告诉我们一个教育的"秘诀":有时候用温和的方法处理一些事情往往比强制的手段更有效果。大家都应该读过《永不凋谢的玫瑰》中苏霍姆林斯基教育摘玫瑰花的小女孩的故事。试想,假如苏霍姆林斯基刮起"北风",对摘花的小女孩一顿训斥,后果将是怎样的呢?恐怕我们每个人都能想象得到。所以,教师在工作中应多扮演"南风"角色,多一点人情味,面对学生的错误能心平气和、通情达理地去解释和分析，这样做何愁不会产生“南风效应”？何愁学生不向你敞开心扉？何愁不能达到预期的教育教学目的？何愁不能构建和谐的师生关系？

三、避免“刻板效应”

生活中常常可以见到这样的现象：青年人往往认为老年人墨守成规，而老年人往往认为青年人举止轻浮；人们总是认为教授应该白发苍苍、文质彬彬，认为工人应该身强力壮、举止豪爽等。人们头脑中存在的关于某一类人的固定印象的心理现象被称为“刻板效应”。这一效应在群体心理中比较多见，在不少教师心中也存在。例如，一个平时学习成绩不佳的学生，有一阶段学习特别刻苦，考试成绩突飞猛进，而此时教师委婉地对学生说：“如果你能够通过自己的努力取得这样的成绩就好了。”言外之意是对该学生取得的好成绩表示怀疑。学生听了教师的话后自然非常委屈，因此非常气愤地对教师说：“在您的眼里，丑小鸭永远是丑小鸭！”这件事是由于教师已对学生有了“刻板印象”，在学生进步后还是以原来的眼光和标准去衡量、评价学生，这样不仅伤害了学生的自尊心，还使学生产生对立情绪，从而失去了师生间和谐的谈话氛围，和谐的师生关系也就无法建立起来。在平时的教育过程中，如果教师能够避免“刻板效应”，用发展的、欣赏的眼光去看待每一个学生的点滴进步，让学生在教师由衷的赞赏中感受成功的喜悦，享受教师的关爱，那么构建和谐的师生关系也就不会是一件难事。

和谐的师生关系是构建和谐校园的重要组成部分。和谐的师生关系的核心是教师要尊重学生，尊重学生的个性与人格。如果教师能准确地把握学生心理，合理运用一些心理效应，就能有效规避师生之间的冲突，建立起和谐的师生关系。

93. 师生关系不和谐怎么办
——再谈师生关系

多项调查表明，目前师生之间的沟通状况普遍不能令人满意。有的师生之间是一种公式化的、表面的关系。有的师生连表面关系都不能维持，出现了师生对抗、互相伤害等现象。怎样营造和谐的师生关系是班主任履行好班主任职责，搞好各项工作的关键。怎样才能使师生关系和谐相容呢?

一、分析师生关系不良的原因

师生关系不良原因肯定在双方,这就需要对这两方面做认真的分析。原因找准了,解决问题的方法也就应运而生了。

(一)学生心理问题

1. 闭锁心理使然

青少年期的学生自尊心强,思想情感、个人秘密不愿轻易向他人吐露。如果我们不能正确对待,极易造成他们心理的闭锁性。这种闭锁性导致了他们与师长之间产生距离。遇到问题和麻烦时宁可闷在心里,也不愿求助于教师,于是就会产生一种难以名状的孤独感。这种状态与其生活空间扩大而出现的强烈的交往需要,构成了一对难以排解的矛盾。

2. 逆反心理作祟

中小学生正处于"过渡期",其独立意识和自我意识与日俱增,常以成人自居。但是,由于他们看问题比较偏激,个别学生常与班主任"闹别扭"、"唱反调"。这种逆反心理也是造成师生关系不和谐的主要原因之一。

3. 沉溺人机对话,正常交往退缩

许多青少年不能很好地解决其在现实社会和网络社会这样两个不同世界中的角色和行动协调问题,沉溺于人机对话,疏离了现实生活中的人与人的交流,而导致了网络上瘾、网络孤独等各种心理疾病产生,如果不能将他们从沉浸虚拟化网络世界解救出来,通过班级各种活动引导他们做正常的人际交往,对其正常发展是有很大危害的。

(二)班主任的问题

1. 班主任自身有品格缺陷

那些言行不一、心胸狭窄、自我中心、自高自大的班主任,是学生所嫌弃的。有的班主任缺乏职业道德修养,在家长面前故作矜持,摆架子,或得理不饶人,令人反感,也间接损害了师生关系。

2. 班主任工作失误

有的班主任把自己关在办公室里,不经常跟学生接触,对学生关心不够。有的做事不认真,教学效果差。有的以简单、粗暴、武断的方式处理问题,都会引起学生反感。

3. 师生之间有“代沟”

有的班主任与学生年龄相差比较大,在思维方式、价值观念及行为方式上存在着明显的差距,因此,对同一问题观察的角度不同,所得的结果也不一样。这就容易造成师生冲突。

4. 缺乏民主观念

有的班主任凭借其“闻道在先”的优越地位和权力,往往以知识和真理的占有者与代言人的身份自居,不能与学生平等相处,总习惯于对学生耳提面命,谈不上对学生敞开自己的心扉。这就必然导致学生对教师敬而远之。此外,社会风气不正,家庭教育不当,教育体制不完善,都是造成师生关系不良的外部因素。

二、优化师生关系的方法

(一)提高自身的素质

提高自身素质是优化师生关系的关键。主要是提高思想道德素质、心理素质和业务素质这三个方面。这方面在自我完善卷中有专题论述,这里不再赘述。需要强调的是:

1. 要有对教育事业的热情和对学生的爱心

这是改善师生关系的有力保证。没有爱就没有真正的教育,就不会有良好的师生关系。

2. 要有良好的心理承受能力和自制力

在频繁的接触中,师生之间难免会发生一些小矛盾、小摩擦等。教师要有自制力,克制消极情绪,理智地处理好师生冲突问题。

3. 要有宽容心

古人提倡“以责人之心责己,以恕己之心恕人”。教师作为教育者,更应懂得这些道理。如果教师缺乏宽宏大度的、父母般的明智态度,不理解青少年的行为、思想和看法,与学生心理上不能相容,师生关系当然就会出现问题。

4. 要提高能力

教师的才能是其影响力的主要构成因素,一位有才能的教师会给学生和学生集体带来成功,学生会由此而产生敬佩感,从而自觉地接受教师的影响。对教师的能力要求包括教学能力、说服教育能力、教育科研能力、自学能力、开拓创新能力等。

5. 要讲究方法

教师要利用现代教育科研的新成果，贯彻科学的教学原则，恰当地运用讨论法、谈话法、实验法等教学方法，提高学生的学习兴趣。要合理运用现代化教学媒体，优化教学手段，从而打破讲台与课桌的界限，促进师生之间、学生之间的立体多向交流。

（二）要主动发展师生友情

教师要成为学生的朋友，最重要的是平易近人。如果一个教师待人接物总是满腔热情、平易近人、和蔼可亲、幽默风趣，学生就会被他深深吸引，产生亲切感，愿意与之交往。具体来说，有以下几点：

1. 要了解学生个性爱好，细心观察其心理状态，寻找沟通的时机；

2. 要和学生一起开展文体活动，缩小师生之间的距离；

3. 要对学生进行有针对性的心理辅导，纠正其心理偏差，开启其封闭之心，驱散其内心阴影，使他们更主动地接近教师，乐于师生交往；

4. 要把握流行趋势，跟上时代步伐，避免出现师生“代沟”；

5. 不要害怕暴露自己的不足。

心理学家发现最讨人喜欢的人物是精明而带有小缺点的人。因为，一般人与全然无缺点的人相处时，总难免因己不如人而感到不安全。如一旦发现精明人也和自己一样有缺点，他也就会因为两人都具有平凡的一面而感到安全。

心理学研究指出，人与人相处中，彼此的互酬水平越高，关系越是稳定、密切。这里的“酬”不仅包括物质方面的内容，而且也包括情绪情感等心理方面的内容。从班主任方面来说，应多考虑学生的需求和困难，及时伸出援助之手，给予精神上和物质上的支持；要树立为学生服务的意识，维护学生的合法利益。另一方面，当自己遇到困难时也不妨向学生求助，给予他们接近教师的机会，增进师生的友情。

（三）教师要合理使用奖惩手段

造成师生关系恶化的主要原因之一是滥用惩罚。必须明确奖惩目的。捷克教育家夸美纽斯在其著名的《大教学论》中说：“犯了过错的人应当受到惩罚。但是，他们之所以应受惩罚，并非因为他们犯了过错……而为的是要使他们日后不去再犯。”奖励是对学生良好表现的肯定，起到强化的作用。多鼓励、严要求是优化师生关系的有效途径。

奖惩是否能取得预期的效果,关键在于奖惩是否公平合理。必须以事实为依据,以规定或规则为准绳。班主任不要轻易惩罚学生,因为学生犯错误,并非全是出于恶意,有时是出于无知,或出于某种挑动或怂恿。所以在性质尚未完全清楚之前,不分青红皂白地一律施以惩罚,就难免损害他们的自尊心,引起对立情绪。严禁对学生进行体罚和心罚。体罚有损学生的身体和心理健康,它会损伤学生的自尊心,使学生形成不正常的人格,是教学无能的表现,是一种违法行为。心罚虽不直接伤害学生的身体,但却有损于学生的心理。冷嘲热讽、呵斥、恐吓、不理睬等,会损害学生的自尊、情感与人格,给学生心理上带来很大的创伤。体罚和心罚不但不会使学生尊重班主任,反而会使学生躲避学校、教师与学习。

总之,班主任应当是学生的朋友、知己和指导者。师生之间要相互理解、相互尊重。邓小平曾指出,教师要成为学生的朋友,提倡建立尊师爱生、教学相长的师生关系。许许多多的班主任针对改善师生关系问题做了大量工作,获得了很多宝贵的经验,值得大家学习。当然,建立良好的师生关系还涉及很多其他因素,需要全方位的努力。

94. 不知如何用心理施压法转化后进生怎么办

在一次班主任研修班上,一位年轻班主任对我说:“一位有经验的班主任向我介绍了一种转化后进生的方法——心理施压法,我试着做了一下,效果很不好。您是否帮我诊断一下。”我详细问了她是如何做的,然后就两个问题和她进行了探讨,现记述如下,请读者进一步研究。转化后进生的方法多种多样,因人而异。对有的后进生来说,说服诱导似乎无关痛痒,一时很难奏效;纪律处分则显得过于严厉,容易使其产生抗拒心理。我们真的不妨一试心理加压法,所谓心理加压法,是指教育工作者在教育管理过程中,有意识地创设一定的环境,从心理上对后进生施加一定的压力,迫使其自省转化的这种教育方法。但是,实施心理加压法要注意以下问题:就了解后进生转化的阶段性掌握好度。压力过小,不能从内心深处触动后进生,达不到教育的目的;加压过度,会使后进生感到进退两难,挫伤其进取心,甚至会造成严重后果,因此,必须巧用心理施压方法。

一、了解后进生转化的阶段和施压的度

后进生的转化过程大体分为三个阶段。一是提高认识阶段,这个阶段要对后进生施加一定的压力,使其在心理压力下认识自己的错误,并进行正确的归因,从而产生改正错误迎头赶上的愿望。只要达到了这个目的即可逐渐减压或停止施压。并把工作的重点放在与其建立感情上,使人消除其对班主任(施压者)的戒心,取得后进生的信任。此时此刻他会有一定的改错的行动,应及时给予鼓励。

二是反复阶段。反复是后进生进步过程中的一种正常现象,这是由于进步过理中所遇困难和自身意志力薄弱或其他因素(如对错误认识不深刻、不良环境的影响)造成的。这时需要班主任沉住气、莫急躁,认真分析原因,多做鼓励工作,使他们坚持不懈,严格要求自己。并在因自己缺乏竞争力而功亏一篑的严重后果方面,讲清道理,进一步施压。

三是进取阶段。后进生经过前两个阶段后,多数都能产生很强的上进心,决心从头做起,这时,班主任要利用有利时机,给他们以热情的鼓励和充分的信任,逐步提高对他们的目标要求,发挥目标的导向激励功能,也给其一定的压力,以便保持上进的动机,从而引导他们不断进步。切忌歧视他们,更不能翻旧账,揭伤疤。

二、心理施压的基本方法

心理加压法有多种,如说理批评、纪律处分、调动群体压力、权威加压等。其中,调动群体压力和权威加压为其核心内容。

(一)调动舆论压力

群体有共同的规范,它是群体成员共同活动中所必须遵守的,谁违反了它,就会受到舆论的谴责,或被其他成员疏远、孤立。可见,群体规范对群体成员的行为具有一定的约束力,即舆论压力。班主任可以通过强化群体规范、调动群体压力来促使后进生转化。

群体规范即法律、制度、道德、规定等,它是一种强大的社会力量。群体对其成员施加的压力大致有四种:一是理智压力,通过摆事实讲道理,进行思想教育,使之口服心服;二是舆论压力,通过各种舆论施加压力,使之坚持正确的行为,改正错误的行为;三是情感压力,班主任与班级成员建立真挚的感情,以此征服其

心,使其服从群体;四是强制压力,即对屡教不改者采取强制的办法,如处分、惩罚等,强制其改正错误,归顺群体。可见,班主任要调动群体压力去影响和改变后进生的思想和行为,实际上就是要调动集体对后进生的理智压力、舆论压力、情感压力和强制压力。那么,教师如何去调动这些压力呢?一要加强班级建设,建立健全各项规章制度,建立一支得力的班干部队伍,保证各项规章制度的严格执行;二要开展丰富多彩的集体活动,培养学生的集体观念,营造优良班风;三要教育引导学生自觉地开展批评与自我批评,弘扬正气,抑制歪风;四要对学生以诚相待,注重情感投入,建立真挚的师生情谊;五要严明纪律,一视同仁。

(二)权威加压

班主任的权威或影响力,是由权力性影响力与非权力性影响力所组成的。权力性影响力属于强制性影响力的一种,它是由法律法规和学校赋予班主任的权力决定的。非权力性影响力属于自然性影响力,它是由班主的人格和专业智能决定的,后者的影响力要比前者广泛得多,而且常常能发挥前者所不能发挥的约束作用。班主任的品行、感情、作风等会给班主任带来巨大的影响力,使学生产生敬重感。班主任的智能因素,即领导者的才能会给集体带来成功的希望,能够吸引学生自觉地去接受其影响,使他们产生一种敬佩感、信赖感。感情因素,是指班主任要与学生建立融洽、平等的关系,它所带来的影响力也是很大的。

班主任是班级工作中的管理者和组织者,其权威会对成员产生一定的影响力。具体表现在:一方面,班主任可通过正确行使组织上赋予的权力、发挥专长、加强修养等途径,不断提高自身的影响力,从而对后进生产生更大的促其转化的压力;另一方面,班主任可通过创设一定的情境,如说服批评、冷淡疏远等,使后进生产生一种明显的冷落感,从而加重其心理负担。后进生为了解除心理压力,取得班主任和集体的信任,大都会产生认识自己错误、改变自己行为的要求。

必须说明,心理施压法的运用需要班主任自身不断提高人格魅力和理论,以保证这种方法的科学运用,切忌超限效应,千万要防止过犹不及。

95. 让主题班会活动充满魅力该怎么办

人们常说没有活动就没有教育。社会的期望、素质教育的目标要求,就不可能内化为班级成员的价值目标,就不可能把学生培养成为具有远大理想和社会主义道德,以及创新精神和实践能力的社会主义建设者和接班人。因此说活动育人的魅力是无限的。

为什么一个好的班会活动最突出特点的是魅力无穷呢?什么样的班会活动才能调动学生参与的积极性,才能使学生在具有魅力的班会活动中受到潜移默化的教育呢?本文就此谈点浅见,以供老师们在设计、组织班集体活动时做到思路更加开阔、选题更加丰富、主题更加鲜明、内容更加充实、形式更加新颖多样。具体谈以下几个观点。

一、教育目的的隐避性

苏霍姆林斯基说,学生“是不愿意感到有人在教育他们”。而组织班里活动恰恰既能强化教育目的,又能淡化了教育痕迹,有效地防止学生产生逆反心理,使他们在参加活动中受到潜移默化的影响。这便是活动魅力之所在。

人们常说:“纸上得来终觉浅,绝知此事须躬行。”中小学蓬勃兴起的体验教育已经充分证明了这一点。学生思想品德的形成与发展,良好行为习惯的养成,必须经过知、情、意、行的发展过程。离开了社会实践活动,学生难以形成辨是非、明美丑、懂善恶的能力,也很难使所学的文化科学知识内化为真正的能力。

我们的教育不只是要告诉学生怎么做,更要为他们提供可以做的舞台。班会活动就是最好的舞台。在丰富多彩的班会活动中,学生可以学会与人交往、学会关爱生命、关爱他人,养成负责精神;可以磨炼意志、增长才干,提高实践能力。

总之,当学生思想处在活跃不定时期,一种思想能否被其接受,要看他是否满足了下列条件:第一,是否适合于学生意识中贮存的要求。第二,是否对其渴望解决的问题提供可直接见及的解决方案。第三,是否能激起其受情绪影响的幻想。第四,能否吻合其残存的正确的价值取向。这四条无不与学生的情感有关。因此,情通则理达,理达则行至。只有活动才能满足这四条。下面举一个例子说明。

面对学生大把大把地花钱,大手大脚地浪费,越来越厉害地任性自私,不难看出当前的学生不同程度地存在着情淡如水,只知被爱,不知爱人的问题。怎样才能解决这种情感下滑的现象呢?一位班主任的做法:开展“读万金家书”的主题教育活动。具体做法是期中考试前向学生家长发出一封信,告诉他们期中考试后,开展一次读家长信的主题班会,希望家长务必写一封语重心长、动情晓理的信,以此来感染自己的孩子,沟通父母与子女的感情,架起理解的桥梁。信要直接寄给班主任，待到开会时再把信交给学生。请同学自愿向全班宣读并发表简短感想。

家长们很珍惜这个机会，都能把积在心里的话通过信说了出来。孩子们从父母信的字里行间看到了拳拳之心。负情的内疚、忘情的自责，一下子爆发出来。全场人人泣不成声，泪水冲散了娇、骄二气，良知赶走了冷漠的情怀。痛定思痛，学生发现了自己身在福中不知福，进一步明白了不去爱人，终究也不会被人所爱的道理。这样的活动比耳提面命式的说教更有魅力。

二、活动的趣味性

只有学生对活动感兴趣，学生的主动性和积极性才会被充分调动，才能变被动参与为主动参与。因此，组织班会活动不能考虑学生求新、求美、求异、求乐的心理特点，只有充分考虑学生心理特点的活动，才能使他们的愉悦感和成就感油然而生，而且会潜移默化地使他们将兴趣从活动的形式转移到活动的内容上来。同时，兴趣也是学生成才的起点，是发挥潜能、取得成功的动力。在参与班集体活动中所产生的良好情趣和积极的情感体验，又会强化他们坚持不懈、努力向前的意志品质，并产生一种艰苦奋斗的积极行为。

快乐带来和谐，活动促进发展。在丰富多彩的活动中能使学生在寻找一个岗位、扮演一个角色、亲历一种场景、浸润一种氛围等多种形式体验中，获得一种感受，明白一个道理，学习一种本领，培养一种习惯，享受一种快乐。那些寓教于乐的文化体育活动（文化节、体育节、联欢会），那些启迪智慧、开发智力的科技活动，那些促进思想品德形成与发展的社会实践活动和学生以身边发生的具体事情（好的、坏的）为素材自编自演的小品剧和模拟法庭等活动，学生也都是乐于参与的。

由此可见，使学生兴趣盎然的活动才能产生魅力。而且活动的兴趣能激发学生的潜能，最大限度地培养学生人格的成长。

三、活动主题的激励性

激励是通过外界令人感奋的刺激诱因去调动学生的积极性、主动性和创造性。班会活动能够形成一系列令学生感奋的刺激，能触及他们的多种需要，并引起其心理活动的一系列变化，从而在活动中形成有效的激励。

活动的主题是衡量活动是自觉还是自发，是理性还是感性的标志，是体现德育水平的指标,也是学校培养目标在平时教育活动中的体现。突出主题在技术上要求每一个活动都能有一个中心和具体目的。而班主任对目标的导向与激励功能的认同是广泛的。

某重点中学年年都有英语节活动,但主题却年年不同,都在根据学年的德育工作与教学中心有所变换。有的定位在世界文化交流,了解语言背景,在中西方比较中,开拓文化视野,强化人类共同利益,以及和平与发展的思想与意识。2002年他们又联系加入WTO的现实形势与中国对外开放的政策,强化外语交际工具在对外开放中的作用与价值,以凸现活动的自觉性和目的性。主题确立之后,活动的内容、形式及环境布置就可迎刃而解了。活动主题是师生为活动提炼出来的口号或警句。其本身具有时代性、鲜明性和感召力,发挥着导向激励的作用。

四、活动内容的知识性

好的主题要靠好的内容来表现。内容的来源有借用的材料,如名人名言、历史故事、英雄模范人物事迹、优秀诗歌、歌曲、寓言故事……有学生自己创作的材料,如文艺习作、演讲材料、文艺小品、诗歌、快板、三句半……内容上有骨干材料、辅助材料;有庄重材料、活泼材料。内容的选择至少要注意四点:一是切合主题;二是主次结合,最能表现主题、直接展开主题的内容要显得充分、突出,起烘托作用的次要内容也不可少;三是要有多种角度,有利于生动活泼地表现主题而且显示知识的丰富性;四是内容要力求新颖符合时代精神,给学生以新的知识信息、新的感受、启迪。内容知识含量的丰富性,可以更吸引人,满足学生的求知欲。如一位班主任在开展"我爱我的祖国"这一主题班会时,他选择的内容包括我爱学校板块,选择了学校的可爱之处和材料;提升板块,选择了诸如未来的建设者要懂得爱、爱校是爱国的起点,爱国是爱校的升华、归宿之类的材料;典型人物板块,特别选择了爱家爱国的英雄模范人物的典型;诗词板块,选用了与班会主题相宜的诗词、歌曲和学生自己创作的歌颂祖国的文艺作品、演讲稿。作为活动的衔接材料,这样使内容丰富、知识多样,更能使活动具有魅力。

在活动中,学生通过各种感官去感受事物,也可从接触各种人与事中获得知识,开阔视野,增强思考能力。

五、活动形式的多样性

班会活动内容选定之后,紧接着就要选择为内容服务的、符合学生年龄特点和求新、求异、求变心理特点的活动形式，以增强活动的吸引力。从而使学生在充满魅力的活动中长知识、增才干。例如，每年教师节，班主任都要组织以尊师为主题的活动。对这个传统主题活动，形式与内容就不能一成不变，否则对学生就缺乏吸引力。周英剑老师介绍了他连续三年的活动情况：2008年教师节前他组织学生开展调查访问，然后以"我们喜欢这样的老师"为题展开讨论，待同学们统一了认识后，又组织同学们到师范大学和师范生联欢，联欢会上学生们以诗歌、故事等多种形式给师范生讲了自己的心里话——我们喜欢的老师是什么样的。这个活动对师范生鼓舞很大。2009年教师节，这个班开展了"为白发老师贺生日活动"。同学们把自制、自买、自采的小礼物逐一送到老教师的手里，并附上一句甜蜜的祝语，尊师气氛融融。到了去年教师节，同学又别出心裁，搞了一个"校友来信话尊师活动"。每位同学给一位老校友写一封信，请老校友谈尊师。而后，同学们又把收到的回信拿到班会上宣读，并把信编印成册，发到全校师生手中。这样做扩大了活动的影响，也让同学们感到自豪。三年的同一主题活动，由于形式的新颖变化，不仅使学生乐于参加，而且活动效果大大提高。

六、活动过程的主体性

德育作为一种对学生思想素质、道德素质、政治素质和法纪观念的养成教育，是教育的核心问题之一。早在上个世纪20年代，美国的著名学者和教育家杜威就在他的著作《民本主义与教育》一书中阐述了教育即生活的观点，他认为教育进入新的世纪以来，如何在新的教育背景下让学生能够获得更加自主的空间，让学生在更大的舞台上自主地生长和发展，让德育过程变得更加科学化、生活化和自主化，从而提高德育的实效。活动过程的主体性的实践，主旨在于探索发掘学生的主动性和积极性，合理运用德育模式，最大程度地发掘学生的创造能力，从而弥补传统德育中忽视学生的主体作用。

活动的主体性是指活动要充分发挥教师特别是班主任（教育主体）的主导作用，并尊重学生（学习主体）在活动中的主体地位，发挥他们的能动性和积极性，形成两个主体的互动。

1. 学生是活动的真正的主人

马克思主义哲学认为：主体是指从事实践活动和认识活动的具有意义特性的人，客体是进入人的活动领域，成为人的活动对象的事物。主体和客体最本质的区别在于客体是被动的消极的，而主体是主动的、积极的、创造性的。这种主动的、积极的和创新性的特性,即人的主体性,包括自主性、自为性、主动性和创造性。另外,从学生的个体来说,“他的行动的一切活力都一定要通过他的头脑,一定要转变成他的愿望和动机,才能使他行动起来”。因此,学生只有作为活动的真正主人,充分发挥其在活动中的主体作用,才能体现主体性原则。可见,开展班会活动,仅靠班主任和任课教师的主观努力是不行的,遵循主体性原则,就必须把活动的主动权交给学生,这也是符合青少年自身特点的。青少年的自主意识在不断增强,他们具有独立的个性,不盲从、不苟同,希望自己的事情自己处理、自己的事情自己干。从教育的特质来看,在活动中充分发挥学生的主体能动性,更有利于促进他们身心的健康发展,也有利于培养他们的创新精神和实践能力。

2. 尊重学生在活动中的主体地位

皮亚杰在批评学校不尊重学生主体地位时说:“传统教育方法与新的教育方法的对立,乃是被动性与主动性的对立。”(见皮亚杰《教育科学与儿童心理学》,傅统先译。文化教育出版社,1981 年,第 13 页)在他看来,儿童活动的自主性是儿童认识发展,尤其是个性形成的关键。他还说,“传统学校无论在理智方面还是在道德方面,都把一切社会化的过程归结为一种约束机制”,他认为,儿童能够在他们自己的社会(班集体),特别是在他们的集体活动中,学习到一定的规则。“他们对于这种规则比对成人所发出的命令还要更加坚强地和自觉地予以尊重”。这种活动最有利于促进儿童养成“批判态度、客观性和推理思考的行为方式”(见《教育科学与儿童心理学》第 184 页)。可见,在活动中,只有当学生以主人翁的姿态出现的时候,班集体活动才是生机勃勃的;学生对自身的思想品德的要求才会更高,更严格;他们的思想境界才能提升,他们的创造性个性品质才能得到充分的发展。尊重学生的主体地位,班主任就不能以教育的权威者出现,而应当是活动的平等参与者和引路人。只有这样,学生才能摆脱来自班主任有意无意的束缚,消除对老师的依赖,成为真正的道德生活的主体。

3. 激励学生主动参与班会活动

学生以主人翁精神参与班集体活动是“现实主体”的一个基本内涵。因为只有主动参与才是真正的主体,不主动参与还谈什么主体?活动能够满足学生的多种积极的心理需求,是学生人际交往的主要形式,是战胜挫折、体验成功喜悦的实验场,是展示才华发展创造性品质的舞台。学生只有主动参与各项活动,真正成为活动的策划者、组织者、实践者,才能真正成为班集体活动的主体,才能充分展现主动性、独立性、敢为性和创造性。

遵循活动过程的主体性,实际也包括发挥教师特别是班主任的主体性问题。能否顺利地开展班会活动,是断然离不开教师特别是班主任的指导的。在活动的结构要素中,最积极、最活跃的要素是“群体主体”,指的就是班主任(包括任课教师)和学生。班主任在组织开展班会活动中是“教育主体”,发挥着主导作用。其主要任务是调动学生主动参与班集体活动的积极性,使学生在活动的过程中,自己制订计划方案,自己组织贯彻实施计划方案,自己组织活动的总结与评价。在这个全过程中,班主任(教师)作为“教育主体”、学生作为“学习主体”,他们之间应该是互动的关系,是相互促进“教学相长”的关系。

总之,按上述六条创新班会活动能够满足学生好奇、求知、交往、发展、创造等多种积极的心理需求,使班会活动更具魅力。

96. 写出高水平的操行评语该怎么办
——谈撰写操行评语的艺术

班主任心理因素对学生操行评定的科学性、艺术性及其影响的大小是显而易见的,它直接决定着评语的客观公正性。因此,班主任必须具有正确的教育心态,要不断克服以下几种不良心理。

一、要克服不良的心态

(一)偏爱心理

班主任对每个学生产生的情感不均一,因学生生活背景和本身存在的个性特征的差异,班主任对一些学生抱有一种特殊的期望和关怀,个别班主任甚至将操行评定当成一种回报或奖赏,不惜在评定中弄虚作假,罗列肯定的不实之词、拔高评定等级,但对另一部分学生则多用苛刻语言或降低应定等级。

(二)定型心理

班主任根据以往的经验和头脑中的固定模式,在总结评定中先入为主,轻易下结论。对于有改过苗头的学生的进步表现视而不见。特别认为后进生是出窑的砖——定型了。

（三）求中趋势

班主任为避免对学生进行极端的评定，从而使评定接近中等的倾向。这种倾向造成评价不分高低、优劣、千篇一律，使评定缺乏针对性、层次性，不能真正反映学生的变化和学生之间存在的差异。

（四）对比误差

班主任对与自己的个性倾向相反的学生操行给予较差评价的一种误差。例如，一个酷爱整洁的班主任可能对不大讲卫生的学生的其他方面也给予较低评价。另一方面班主任可能对两个形成鲜明对比的学生给出两个极端的评定。如评价某学生为诚实、有理想、关心人，而相对的另一个学生为虚伪、固执、好斗。

（五）惩罚心理

后进生，可能会影响班级的声誉，或各项评比的成绩，因此在评语的客观公正上大打折扣，教师甚至以此来惩罚学生，达到向家长告状的目的。

操行评定是肯定成绩、诊断问题、探索进步途径的教育与自我教育的过程。而班主任心理因素所导致的上述评定误差，在教育和实际评定中是比较常见的。它们都有损操行评定的可靠性和可信程度，不利于学生的健康成长。班主任应自觉地努力设法避免。

二、要积累好的评价方法

常用的方法有以下几种。

（一）赞美长处，引起学生成功的体验

学生最喜欢的评语大多是那些自己的特长或进步被老师肯定、欣赏的评语。老师对学生的长处写得越细，学生印象就越深。有位老师这样赞美学生："林栋，你是八年级的乒乓球冠军，同学们都很佩服你，老师向你祝贺。打乒乓球有许多学问，你一定常常在思考怎样发球有威力，怎样防守万无一失，怎样攻打使对方措手不及，你也常常在球桌边挥洒汗水。学习与打球有很多相通的地方，也要多动脑筋、多练习……希望你在假期里想一想还有哪些相通的地方。下学期也像对待乒乓球那并对待学习。"

（二）理解宽容，引起学生信任的体验

如果老师在评语中对后进生的缺点、失误持理解宽容态度，引起学生内心震动,那么他们就会对老师产生信任感、亲切感。有位老师这样对待落后的学生:“老师非常理解你,每次拿到批阅好的考卷时,你总是遮住考卷上的成绩,抬不起头。你不必责备自己,你确实已经尽力了,尽力本身也是一种成绩,何况你一次比一次进步呢?放下包袱,奋发努力定会迎来更大的进步。”

(三)推心置腹,引起学生反思的体验

学生间的关系是个很微妙的问题,我们既不能放任不管,又不能横加干涉,只有与学生推心置腹,交换意见,才能让学生去反思自己的言行,从而修正自己的行为。例如:“松颖,你犹如一汪清水,清澈见底,为人光明磊落,快人快语,但你常常对同学过分严厉,这难免让同学生厌,使自己孤立,你能否学会赞美别人、宽待别人、克制自己、不因小事而与同学争吵呢?到那时,你会觉得天空是那样蓝,心情是那样好,同学是那样亲。”

(四)鼓励进步,引起学生自信的体验

对于个别自卑的学生和退步明显的学生,可抓住其细微的闪光点,加以肯定,增强其自信心。有位老师写给一名自卑、胆小的七年级男学生:“在众多的手臂中,老师惊喜地发现了你举起的手臂,虽然还有些犹豫;在众多的发言中,终于听到了你的声音,尽管还有些微弱。你终于战胜了过去的你,你是我班的骄傲,希望你继续努力,像你的同桌那样,该出手时就出手,手臂再举高些,声音再响亮些,你定会成为一个真正的男子汉。”

(五)体贴入微,引起学生关爱的体验

性格内向、腼腆的学生,平时经常遭受冷落,也引不起班主任关注,这类学生的操行评语往往较难写:一位老师从细微处入手,从困境中入情,让他(她)感受到老师关注的目光:“老师已经知道了一切。爸爸妈妈分开了,你也不必再难过,你就安心地跟奶奶过吧!其实,爸爸妈妈分开也是出于无奈,他们也还是爱你的。除了爸妈,老师和同学会更加爱你,暑假想与你一起玩、一起学习的同学不是很多吗?把这个阴影从你的脑子中抹去吧,你应该比别人更坚强、更出色。”

(六)开导劝诫,引起学生自律的体验

对成绩好的学生,不要褒其过多,要针对其成绩背后的隐性问题,开导劝诫。这是一位老师写的评语:“国庆节过后,老师发现你的笔盒盖上添了四个字——注意检查。这一定是你对自己提出的新要求。是啊,你聪明、反应快、接受能力强、学习努力,可有时成绩却不是太理想,就因为缺少‘检查’。你要知道‘山外有山，天外有天’。时刻注意检查，不仅仅检查学习，还要检查自己的行为，只有对自己高标准、严要求，才能成为真正的领头雁。”

97. 写出高水平的操行评语该怎么办
——二谈撰写操行评语的艺术

记得上个世纪六七十年代，我在当班主任时，给学生写的操行评语基本上是鉴定式的，用语是冷冰冰的，如该生如何如何，某某同学怎样怎样。内容空泛，多是套话、空话、官话，千人一面、千篇一律，根本谈不上针对性。文字是呆板的，给学生的印象是严肃有余，美感不足，学生及其家长基本上是不爱看的。因此，起不到什么作用。到了九十年代，评语改革提到了日程，也引起了学校和广大班主任的高度重视，取得了可喜的变化和成绩。综合我们的经验和体会，针对如何才能写出高水平的、受学生欢迎的操行评语，谈几点看法。

一、坚持评语正确的价值取向

众所周知，评语是班主任综合广大同学和任课教师对某位同学一学期德智体美诸方面突出进步和存在问题，进行科学准确的综合评价，以激励学生更上一层楼的一种评价方式。因此必须坚持正确价值取向。这种价值取向大致包括以下内容。

（一）追求真实

这是评语最基本的价值追求。只有真实，才能感染人、教育人。陶行知先生说：千教万教教人求真，千学万学学做真人。评语则是觅教育之真，育时代真人的有效手段。在撰写评语时，对任何学生都必须实事求是，既要尊重学生的个性，又要坚持不夸大、不缩小。把学生的真实情况，有重点地体现出来。

（二）引导学生趋美向善

评语的教育功能就是引导学生趋美向善，树立正确的荣辱观。对学生良好的思想品德和行为习惯要鼓励，对那些不好的思想和习惯要批评制止，使他们具有明善恶、知美丑的能力，以便在生活中不断发扬优点、战胜缺点、实现自我完善。

（三）指引学生的行为方向

评语的导行功能是显而易见的。班主任希望学生保持并发扬哪种良好行为，抵制与战胜哪些不良行为，都会通过评语表达出来，体现班主任的殷切期望，也定会产生期望效应。因为，作为学生评价的主要形式之一的操行评语，其价值不在于甄别，而在于激励学生发展，导行的价值取向要求班主任要做到评语有针对性。因此，就学生德智体美诸方面有具体深入的了解，在导行上要具有可行性。

（四）评语要能彰显个性

彰显个性是与以往评语的最重要的区别之一。那种千人一面、千篇一律的评语是绝无个性所言的。要在充分了解学生的基础上，突出学生自身的特点，彰显个性还表现在并非面面俱到，而要突出重点，写出学生的个性，即抓住学生区别于其他学生的鲜明的、最主要的特征和个性心理品质，抓住学生操行内部相对突出的内容和长处，优势和劣势。以便激励学生健康个性的发展，培养学生的创新精神。

二、坚持正确的撰写原则

操行评定，是一项极其严肃和重要的工作，不能有半点的疏失。评定学生的操行必须遵循以下各项原则。

（一）全面客观性原则

全面。指评定的内容要包括德、智、体、美、劳诸多方面的发展情况。评定时，既要看学生的思想认识，又要看其行为、作风表现；既要看身体健康状况，又要看体育锻炼的意志品质和卫生观念；既要看学习成绩的进步大小，又要看学习态度、习惯和方法。班主任评定学生的操行，坚持全面性原则，才能多方位、客观地反映学生的全貌，反映出学生的素质。当然这种评定还必须是客观的、实事求是的，丝毫不能带有个人好恶而厚此薄彼的倾向。

（二）公平、公正性原则

公平公正是指班主任在评定学生操行时，既不偏袒，也不捏造，力求恰如其分。现实中，有些教师总认为好学生一切都好，“差生”什么都差，在实际的操行评定中存在着不公正性，这不利于对学生的教育与引导，容易使优秀的学生产生骄傲情绪，后进生失去进步的信心。因而，在评定学生操行时，班主任必须去掉

"有色眼镜",坚持公平公正性原则,抓住学生日常操行中本质的东西,客观地、公正地进行评定,这样,才能使优生再接再厉,后进生奋起直追。公平公正的评价还能使班主任在学生心目中建立崇高的威望。

对于班主任的评语,家长和学生是十分重视的。评语像一面镜子,家长想通过它了解子女在校各方面情况,学生想通过它看到自身存在的缺点和优点。因此,班主任评语措辞一定要避免随意性和盲目性,坚持一丝不苟的态度,反复斟酌,力求言简而意赅,能概括地反映出学生各方面的表现。

(三)以表扬为主的激励性原则

操行评定的目的在于促进学生健康、全面地发展。要求班主任在评语中要用发展的眼光去评价学生,要充分发现学生的优点、特长和潜能,坚持以表扬激励为主,批评为辅的方针,特别是后进生的评价,不能离开学生原有的基础,不能用静止的、孤立的观点去衡量学生。班主任要把操行评定作为一种有效的教育手段,积极地对学生进行鼓励、表扬,维护学生的自尊和自信。总之,班主任不要吝啬您的赞美之词,要多给他们一些美丽的标签。

(四)针对性原则

一个学生就是一个世界,每个学生都有其鲜明的个性特征,班主任在给学生写操行评语时,不能千篇一律、言之无物,应该抓住学生的不同点,有针对性地写,做到有的放矢。这会使学生感到老师对自己的了解是全面的,理解是深刻的,自己的一言一行都在老师的注视之中,自己生活在班主任温暖的怀抱里。坚持"针对性原则",使操行评定不再流于形式,讲究了实效。同时,也会使家长从心里感激老师对子女的负责的态度。要做到有针对性应在以下三方面下工夫:一是平时注意积累学生的第一手材料;二要广泛听取其他老师和同学的意见,做到博采众长;三要注重语言的个性化。

(五)艺术性原刚

对学生操行的评定还应具备艺术性。具有艺术性的评定语气应是诚恳、亲切的,批评中饱含着关怀和期望,表扬中体现严格和激励。对于优生的肯定不可拔高,缺点不可隐讳,对后进生的鞭策是必要的,但不可讽刺、挖苦。如有这样一则评语:看到你在篮球场上奔跑的身影,老师为你如此喜爱体育活动而高兴,可一想到,你为了打电子游戏荒废了学业,浪费了大量的宝贵时间,老师又暗暗替你伤心。老师相信你一定能改正缺点,发扬优点……这两句评语,一句批评,一句表扬,都体现了委婉中肯、关怀、鼓励的语气,充满了语言的艺术。

总之,坚持操行评定的六原则,能使操行评定不流于形式,真正成为一种有效的教育手段。

98. 用好“诗教”该怎么办

我国是一个有悠久历史传统的诗歌的国度,诗教,堪称我国教育史上的一枝奇葩。老一代教育家们在“诗教”方面也为我们留下了宝贵的遗产。而被称之为“三千年前孔夫子,三千年后陶行知”的伟大的人民教育家陶行知,也是一位伟大的人民诗人,郭沫若先生说:“陶先生的诗,委实使我心悦诚服。他不仅是开创时代的哲人,而且是一位伟大的人民诗人。”陶行知先生不仅给我们留下了669首诗篇,而且他发扬了孔子诗教的优良传统,为我国创造了宝贵的教育财富。他的“诗教”涉及德智体美各个方面,成为我们学习的楷模。尽管目前有一些一线教师和班主任也在探讨把诗教用于学生教育工作,并积累了一些经验,但毕竟为数不多,因此,有必要谈谈怎样用好诗教,提高教育实效性的问题。

一、精心指导读诗陶冶学生

读一首好诗就是进行一次精神的洗礼,开展诵读诗词活动无疑是一种思想教育的好方法。指导学生读诗,不是让学生像小和尚念经似的简单地读背诗作,而应认真研究导读的方法。引导学生透彻地理解诗的内容,体会诗中的感情,从而受到感化、教化和真善美的熏陶。读诗只有真正达到情的感染、理的启迪、义的塑造,才能得到多方面的培养和教育。

为此班主任要做好导读,要根据诗作的特点,以及学生的认知规律,探索出有创造性的方法,有效地加强对学生的指导。正如贺敬之先生倡导的“诗歌教学中教师自身要满怀诗情”的理念,要做到“以心度心心更明”、“以情激情情更浓”、“以诗解诗诗更美”等一系列艺术性的导读方法。

二、引用诗作教育学生

引用诗作教育学生,关键是教师要熟读成诵大量诗词佳作,并具有较高的对诗歌的理解能力和鉴赏能力。这是必备的前提条件。这样在遇到学生出了差错需要教育时,才能得心应手引用名篇佳作,收到良好的效果。如,有的学生学习上比较懒惰,不爱读书,作业拖拉,就可赠他一首颜真卿的《劝学》诗:“三更灯火五更鸡,正是男儿立志时。黑发不知勤学早,白首方悔读书迟。”学生在老师进一步讲解后,就可能会受到启发,学习上变得认真勤奋起来。通过孟郊的《游子吟》、李绅的《悯农》、范成大的《四时田园杂兴》等经典诗作,对学生进行孝敬父母、勤俭节约、热爱劳动等方面的思想教育的做法,都会使学生有深刻感悟。

三、教师赋诗启迪学生

如果单纯地引用别人的诗作教育学生,在自己头脑中缺乏适当的诗作时就会影响教育效果。如果引用的诗作缺乏针对性,更会给人牵强附会的感觉。因此教师要提高自己的诗歌创作水平,经常精心构思,反复琢磨、反复推敲,一定会有“工夫不负有心人”的效果。写出一些诗作,用于启迪学生。

在这方面,陶行知先生为我们做出了榜样。他“诗教”用得十分娴熟,出神入化,有很多生动的例子。在他的一首《中国人》诗中说:“我是中国人/我爱中华/中国现在不得了/将来一定了不得。”通俗易懂,学生读了民族责任感、义务感、自豪感油然而生。

育才的一名学生企图以“吃得苦中苦,方为人上人”的话,说服同伴要努力学习。陶行知得知后,把该生找来,启发他自己纠正。那名学生感到错了,并改成了“吃得苦中苦,方为人下人”。陶先生笑了,耐心地说:“这也不好,在公平合理的社会,不应该有‘人上人’和‘人下人’只有‘人中人’。”他说:“教学生做人中人的道理很多,最要紧的是‘富贵不能淫,贫贱不能移,威武不能屈’这种精神。必须具有独立意志,独立思想,独立的生计和耐劳的筋骨,耐饿的体肤,耐困的身体去做他坚实的基础。”而且那“推己及人的恕道和大公无私的容量,也是做人中人的重要精神”,即“大丈夫精神”,而且用《诗的学校》启迪学生:“不是桃花源/不是神仙府/只做人中人/无问他我汝。”多么形象生动啊!有两个学生为一件小事吵了起来,互不相让,对骂起来。对此,陶先生没有惩罚他们,而是写了一首小诗送给了他们:“你骂我/我骂你/骂来骂去/只是借人的嘴巴骂自己”。当时就有一个学生“和”了一首《打人》诗:“你打我/我打你/打来打去/只是借人的手打自己”。由于陶先生生动有趣的教育方法,使育才学校学生间很少有骂人打人的事了。

在以诗育德、以诗促学、以诗明理诸方面陶先生都有生动的诗作,在此不一一列举。我们广大的人民教师,一定会从陶先生的诗教中获得有益的启迪,让诗教之花开满校园。

四、指导学生写诗自育

教师指导学生写出思想性较强的诗作,不仅能提高他们的写作水平,而且有利于他们的自我教育,能取得更好的教育效果。记得我曾带领初二四个班学生支援农村秋收。城市孩子见到这美丽的丰收景象,无不感慨万千。由于每天只有五个小时的劳动,我和班主任老师商量对学生作息时间作了重新安排,决定教学生们写诗、诵诗,鼓励学生注意观察农民的淳朴、丰收景象的壮美、农民生活的美好,把自己的灵感化作文字,我还用我和老师们的诗作为例讲解诗词写作的知识。出乎意料的是,当场就有学生作诗请老师修改。为了提高学生的积极性,我们决定以语文老师和班主任为主负责本班学生诗作的修改,由孟老师负责刻印出版,每周召开两次诗歌朗诵会。就这样短短半个月的支农劳动,学生们写成诗歌三百多首,印制诗集两本,召开五次朗诵会。一首首小诗都成了学生自我教育的好教材。学农结束后,好评如潮,还受到教育局的表扬。

另外,有的老师为了培养学生的爱国主义精神,在升国旗时,指导学生联系以前看过的抗战影视片,仔细观察,丰富想象,放飞思绪,深入思考……一个学生很快就写出了《升国旗》一诗:"鲜艳国旗血染成,心潮澎湃涌豪情。将来国界烽烟起,弹雨枪林敢纵横。"受到学生较高评价,小作者也受到更加深刻的教育,有力地激发了他的爱国热情——他的理想由当一名挣大钱的包工头,改变为保卫祖国的飞行员……麻雀变成了雄鹰,显示出诗教的价值。

99.新班主任不会家访怎么办

家访是班主任工作的重要组成部分,在学校与家庭之间沟通信息方面,它起着重要的作用,同时也是密切师生关系的方式之一。那么,怎样开展家访工作呢?

一、家访要有明确的目的

家访的目的一般有以下几种。

一是了解情况。如了解学生在家里的表现,活动规律和兴趣爱好;了解学生家庭的一般情况(家庭经济情况、家庭成员的思想、文化、兴趣爱好)和家庭教育存在的问题,要特别注意了解家庭成员中对学生影响最大的是谁,以确定工作重点;了解家长对学校、班级工作的意见和建议以及对子女的期望。

二是汇报情况。通过家访及时向家长汇报学生的情况(包括思想品德、日常行为表现、学习等方面),向家长介绍班级工作计划及情况。

三是指导家庭教育。帮助家长端正教育思想,纠正错误的教育方法(如溺爱、纵容、粗暴),共同制订教育措施。

根据家访的不同目的,可将家访归纳为如下几种类型。

调查型:了解学生的家庭情况。

采访型:了解学生在家庭及校外的表现。

联络型:班主任与家长交换教育学生的方法以及对学生的看法。

关怀型:对学生生活、学习、工作上的困难给予关怀。

慰问型:对学生家庭中的特殊变故进行慰问。

鼓励型:鼓励学生在学习、工作等方面进一步努力,以取得更大的成绩。

二、家访要讲究艺术

家访是一门学问,班主任应潜心研究家访的艺术。家访之前,必须摸透被访学生的心理(欢迎、恐惧或抵制)和学生家长对子女的要求和态度,这样才能使家访工作收到事半功倍的效果。

中小学生的家长最关心的是自己的子女在学校的成绩和表现。所以,家访时班主任须带着学生的成绩(平时成绩、阶段测验成绩、期中期末考试成绩)以及平时表现(纪律、师生关系、同学关系、体育等)的情况跟家长汇报,交换意见。

由于家长的文化素养、工作性质、教育子女的方法各不相同,因此,班主任在进行家访时,谈话的方式和侧重点应有所不同。例如,对积极要求子女进步的家长,与之谈话时应首先从学生学习成绩和其他方面的优点谈起并予以充分肯定,以树立家长对子女的信心。然后再共同商讨如何进一步严格要求学生的问题。对满足现状的家长,除了向家长汇报学生的成绩和其他优点之外,应着重讲清学生的潜力和存在问题,使家长正视现实,打消自满情绪。

对不关心子女成长的家长,应向家长介绍班内学生的成长过程,及其子女进步的情况和潜力,启发家长急起直追,激发家长对子女加强教育的责任感。

对班干部和优秀学生的家长，在家访时除了肯定学生的成绩和优点之外，还要着重找出学生的不足和弱点，要求家长不要放松对子女的教育。

对于存在旧教育意识的家长，不妨多介绍学生的优点和进步，以免班主任走后给学生带来不必要的皮肉之苦，导致师生感情的对立。至于学生的不足之处，可以用个别谈话来解决。

对于“护短型”的家长，班主任要多多提醒家长正确对待学生的缺点、错误，使学生努力改正。

对于“单亲家庭”和“继父(母)的学生家庭”，班主任要用慈母的心肠去关怀学生，激发学生的上进心。

对于“隔代家庭”的学生，班主任要向家长提出严格要求，希望家长严格要求学生，不要过分溺爱孩子或放任不管，对学生的思想品质和学习要多加关心。

总之，通过家访，班主任要使自己成为学生和家长欢迎的老师。

三、家访时应注意的几个问题

班主任在自己的工作中，遇到以下几种情况必须进行家访：学生突然缺课而又原因不明，学生因病不能到校上课，学生情绪起伏较大而又原因不甚清楚，学生家中出现特殊困难，或学生受到学校的某种处分。

家访时，还必须注意以下几个问题：

一是家访要有计划、有准备、有针对性，不要走过场。

二是反映学生情况要实事求是，不夸大不缩小。对“差生”要充分报喜，恰当报忧，不要“过量告状”。

三是与家长有了分歧意见，不要急躁、埋怨，要虚心检查自己的工作。

四是家访要经常，不要等到学生犯了错误时才去家访。学生有了进步也应及时家访通知家长。

五是要恰当运用现代通讯工具进行家访，电话家访或在互联网上与家长交流也有其特殊功效。

100. 提高问题生家访效果该怎么办

家访是加强学生品德教育和班级管理的重要环节。其中对“问题学生”的家访是次数最多、时间最长、难度最大的。“问题学生”是指有着各种问题的学生：或迷恋上网，或沉醉早恋，或小偷小摸，或打架斗殴……与这些问题相伴而生的是成绩低下或下滑。我们不难推想，如果对这类学生失去信心而放任自流，那么，他们除了给自身的前途带来问题，同时还可能给班级、他人和社会带来诸多问题。对这类学生实施教育，尤其需要家长的配合与支持。因此，要通过家访实现教育目的。

班主任应如何通过家访与这类学生的家长交流和沟通呢？

一、把握时机

访问问题学生家长，应选择适当的时机，其中包括以下三层意思：

1. 突发事件及时访。比如，某位男生因同桌同学拒绝让他抄袭作业而将其打伤，班主任应对该生进行批评教育，并及时与其家长联系，最好当晚进行家访。这不仅能赢得教育的时机，而且还会避免发生纠纷。

2. 视家长时间预约访。做问题学生的家访工作，与其家长的谈话不是三言两语的事儿。介绍情况、分析原因、研究办法……要把工作做得扎实有效，没有较长时间恐怕不行。若不是像上述突发事件需当晚家访，班主任应事先与家长预约，在一个较为宽松的时间里，才能谈得更为深入。

3. 心情好时专程访。家长工作顺利、孩子学习进步，都会产生良好的心情，这时家访，一方面表示祝贺，一方面谈孩子的教育，他们大多会耐心听你讲述，与你沟通，并用一种积极的心态参与。相反，因为丈夫赌博正闹着要离婚……此时你若去跟他们谈孩子在学校的问题，如果不是修养极高的家长，大多没有什么好结果。

二、杜绝埋怨

1. 承担责任。访问问题学生，陈述学生问题时，首先应承认，学生的问题与自己（班主任）经验不足、教育不当有关。身为班主任，自己应负一定的责任。同时也要指出，教师的能力毕竟是有限的，此次家访的目的就是希望得到家长的帮助与支持，在老师和家长的共同努力下，研究出一套针对学生的科学教育方法，从而使之健康发展。

2. 不告状。家访最忌告状式的数落或诉苦式的责怪，这种方式不仅无助于对学生的教育，反而会引起学生的对立情绪和失去家长的信任。有一位班主任做家访,一进门便冲着家长一一列举这位学生的“劣迹”,并且埋怨他影响了本班的荣誉……数落完学生又将怨气撒向家长:“你也不管管你的儿子!真是太不负责任了!我从没见过像你这样的家长!”家长听罢也火了:“你怎么知道我们不管孩子?你去问问,谁家大人像我一样打过孩子?我是管不了,我要是管得了,还要你们老师干什么?”家访不欢而散。

在人际交往中,有一种“逆向定律”,这就是,你如果主动承认错误,人家反而会原谅你;你如果竭力推脱责任,别人反而会指责你。班主任如果善于使用这一定律,将会使家长心悦诚服。

三、先扬后抑

人都渴望得到别人的尊重和赞美。对于问题学生及其家长而言,他们对于赞赏的渴望程度要比其他学生和家长强烈得多,因为他们很少从别人那里获得赞赏。面对问题学生的家长,班主任在向他们反映学生问题之前,先表扬他的优点及长处(尽管他的优点并不多),这样家长就会觉得自己的“不肖之子”还有点儿盼头,于是就会重新燃起希望之火。如果只是列举“罪状”,那么,学生在心理遭受打击之后,容易自甘沉沦、破罐破摔,而家长的心理也极易产生负面倾向:或由于痛恨至极而对其施暴,或由于丧失信心而任其发展,或由于感到无望而令其辍学,或由于自尊心受伤害而为其护短。

四、坦言问题

到问题学生家里访问,真正目的还是说问题、解决问题。“选择时机”、“承担责任”、“肯定优点”,这些都是为营造良好的谈话氛围所使用的交际手段,而所做的这一切为的是能够更好地谈问题。当良好的交际环境已经营造好,接下来就是对学生的各种问题实话实说,以免淡化家长对问题严重性的估计。打架了就说打架,不必说成“逗着玩”;早恋了就说早恋,不必说成“关系不错”。一般来说,在通过精心营造而获得了良好的谈话氛围之后,坦诚直言的谈话方式,多数家长还是能够接受的,更何况谈这些问题多是与家长单独进行的。但有一点必须做到,班主任在陈述学生问题的过程中,丝毫不能流露出对学生反感与厌恶的情绪,而应该显露出对学生真心的帮助与爱护。

五、共商良方

家访不仅“说病”,更应“开药”。反映问题之后,班主任应与家长一起,认真分析造成某一问题的原因，寻找解决问题的办法。比如，学生的成绩差，如果是因为家里经常打牌、搞家庭酒会和家庭舞会这些不利于学习的家庭环境所致，那么，班主任要劝说家长，要么戒掉这一爱好，要么易地活动；如果是由于家长的工作太忙而无暇监督所致，则建议家长尽量挤点儿时间照顾孩子；如果是因为学生迷恋网吧，则须为家长制订监管措施；如果是因为早恋，则需要家长对其委婉艺术地耐心劝导，一定不要指责挖苦，尤其对于女孩子。班主任还应帮助家长树立科学的教育观：溺爱纵容难以成材，棍棒相加也不利于孩子的发展。对问题学生，“打”，不仅违法，也实难解决问题。